茶馆设计与经营

New Concepts of Teahouse Management

主编 吕才有

副主编 朱海燕

主要编写人员 尹霖霞 李瑞虹 沈雪梅 林治 周玲 董萍

「十二五」职业教育国家规划教材
经全国职业教育教材审定委员会审定

中国出版集团
世界图书出版公司
西安 北京 上海 广州

图书在版编目(CIP)数据

茶馆设计与经营/吕才有主编. —西安:世界图书出版西安有限公司,2014.7(2025.1重印)

ISBN 978-7-5100-7953-5

Ⅰ. ①茶… Ⅱ. ①吕… Ⅲ. ①茶馆—室内装饰设计—教材 ②茶馆—商业经营—教材 Ⅳ. ①TU247.3 ②F719.3

中国版本图书馆 CIP 数据核字(2014)第 125252 号

茶馆设计与经营

主　　编　吕才有
责任编辑　李江彬
封面设计　西安朗润图泽广告文化传播有限公司

出版发行　世界图书出版西安有限公司
地　　址　西安市雁塔区曲江新区汇新路355号
邮　　编　710061
电　　话　029-87214941　029-87233647(市场营销部)
　　　　　029-87235105(总编室)
网　　址　http://www.wpcxa.com
邮　　箱　xast@wpcxa.com
经　　销　全国各地新华书店
印　　刷　西安市久盛印务有限责任公司
成品尺寸　185mm×260mm　1/16
印　　张　19.75
字　　数　430 千

版　　次　2014 年 7 月第 1 版
印　　次　2025 年 1 月第14次印刷
书　　号　ISBN 978-7-5100-7953-5
定　　价　58.00 元

《茶文化学》系列教材编辑委员会

朱海燕:湖南农业大学园艺园林学院茶学系博士、副教授、硕士生导师

余　悦:江西省社会科学院首席研究员、赣南师范学院历史文化旅游学院特聘教授、南昌大学中文系硕士生导师

何普明:浙江大学茶学系教授、博士生导师

吴言生:文学博士,现为中国禅学主编、陕西师范大学佛教研究所所长、博士生导师

宋少华:中国社会科学院研究生院(深圳)特邀教授、博士

张丽霞:山东农业大学园艺科学与工程学院茶学系主任、博士、教授

李　伟:浙江树人大学茶文化专业讲师、博士

肖力争:湖南农业大学园艺园林学院副院长、博士、副教授

陈　暄:南京农业大学园艺学院茶学系讲师、博士

陈奇志:湖南省茶业协会副秘书长、湖南省茶馆协会常务副会长

周圣弘:武汉商学院中国茶文化研究所所长、教授

周　玲:云南农业大学教授、硕士生导师、中国国际茶文化研究会常务理事

郑忠堂:陕西省供销合作总社副主任、陕西省茶业协会副会长

姜含春:安徽农业大学管理科学学院教授、中国茶文化研究所茶叶经济研究室主任

郗恩崇:长安大学经济与管理学院教授、博士生导师

郭雅玲:福建农林大学茶学系副主任、副教授

徐　懿:浙江大学茶学系博士

屠幼英:浙江大学茶学系教授、博士生导师、浙江省生物化学与分子生物学会理事长

熊昌云:浙江大学茶学系博士、云南热带作物职业学院讲师

蔡镇楚:湖南师范大学中文系教授、博士生导师

前　言

中国是茶的故乡，茶是中国人的重要文化符号，茶馆是茶叶终端消费的特色场所，是连接茶叶消费者和生产者的重要纽带。一片神奇的东方树叶，承载着国人的梦想，传承着物质、精神、生态和政治文明，四大文明一杯装，一杯茶呵护着人类健康和地球健康，成就了一种生活方式。盛世兴茶，茶馆就是茶的生活方式的产物，茶馆业从远古走来，与时俱进，在新时代焕发出新的生机与活力。在传统茶叶生产加工业快速发展的今天，作为茶产业终端消费窗口之一的茶馆业迅速兴起，茶馆成为茶产业发展的重要组成部分，成为茶文化传播和品饮健康的中心。

茶馆萌芽出现在晋元帝时，形成于唐代，宋代初具一定规模，明清之际终成时尚。在茶馆的形成与发展历程中，茶馆始终与民众相连，与生活相伴，承担着广泛而又重要的社会功能。茶馆曾是人们喝茶解渴、歇脚小憩的地方，也是调解民间纠纷的场所，还是民间社会信息传播的集散地。现今茶馆在继承传统的同时，已成为一个集饮、食、娱、购、游为一体的综合性服务行业，一个充分体现现代科技文明、物质文明、精神文明的经济实体。随着现代茶馆业的兴起，茶馆业的竞争也日益激烈。因此，如何提高茶馆的经营与管理水平以满足消费者不断增长的物质和精神需求，使传统产业在现代社会实现华丽转身并焕发新春是一个亟待解决的课题。为提升茶馆的经营管理水平、弘扬民族茶文化，以传统、特色结合现代科技来拓展茶馆业，提升竞争力，满足不同消费者的需求，为从业者提供科学指导和借鉴参考，我们特组织相关专家和从业者共同编写了本书。

本书从从业者、学习者和消费者的角度出发，编写过程中不仅注重学科的理论性和科学性，又兼顾茶馆经营与管理实践中的实用性和可操作性；既注重管理理论与方法的系统阐述，又强调茶馆实务的管理与经营实证分析，为的是让本书的读者对茶馆管理的理论知识有一个全面的认识，同时也能领略当代茶馆管理的实践运作技巧。为社会培养专业的茶馆经营与管理工作人员、茶馆经营者以及为茶文化爱好者提供指导和参考。

编者结合专业理论教学的研究，深入调研茶馆设计与经营的实际运作的具体情况，参考借鉴了诸多业界专家的研究成果和经验，编写出本书。考虑到茶馆业的实际和学习者的需要，总体编写上弱化了设计方面内容，强化了经营管理方面内容。全书共分十章，在逻辑框架、内容编排上，笔者做了以下尝试。

1. 采用传统教科书的编写方法，对茶馆的发展简史、茶馆经营与管理研究的目的与内容、茶馆经营与管理的理论与方法、茶馆经营策略与谋划等用专章的形式进行系统全面的分析与阐述，力求能让学生由表及里地对这些内容有全面的了解和认识。

2. 根据茶馆资源的类型和茶馆实际运作中所涉及的人力资源、财力资源、物力资源等进行系统和全面的阐述与分析，力求既能以新的研究视角对茶馆的资源管理进行讨论与研究，又能利用茶馆各种资源管理间的逻辑关系，把茶馆管理中涉及的方方面面内容有机地结合起来，使学生“既见树木，又见森林”。

3. 针对茶馆经营管理的实际需要，对茶馆管理中日显重要的服务管理以专章的形式进行分析和讨论，主要阐述茶馆服务的流程、方式，对突发事件的处理和服务质量的评价等内容。

4. 对现代茶馆管理中日益凸显的茶馆服务管理和消费者普遍关注的饮食卫生安全等问题进行了详尽的讨论与阐述，以满足茶馆管理者提升管理技能的需要和本专业学生知识拓展的需要。

5. 针对现代茶馆经营类型丰富多彩，探讨了不同特色茶馆的经营之道，为广大茶学专业学生增长知识面、为广大茶馆经营者开拓经营思路提供参考。

6. 针对品牌建设在企业经营中的重要战略地位，探讨了茶馆品牌塑造和维护的方法，为茶馆可持续经营探讨有效途径。

编　者

目　　录

第一章　茶馆业概述 …………………………………………………………（1）

第一节　茶馆的发展简史 ………………………………………………（2）

第二节　茶馆的社会功能 ………………………………………………（8）

第三节　茶馆的经营特点 ………………………………………………（11）

案例与习题 ………………………………………………………………（14）

第二章　茶馆运营与策略 ……………………………………………………（15）

第一节　茶馆运营 ………………………………………………………（16）

第二节　茶馆运营策略 …………………………………………………（19）

第三节　茶馆开发 ………………………………………………………（20）

第四节　茶馆的特色和创新 ……………………………………………（23）

案例与习题 ………………………………………………………………（24）

第三章　茶馆室内设计 ………………………………………………………（27）

第一节　概论 ……………………………………………………………（28）

第二节　室内设计的风格与流派 ………………………………………（33）

第三节　茶馆的室内设计 ………………………………………………（62）

案例与习题 ………………………………………………………………（86）

第四章　茶馆形象与品牌打造 ………………………………………………（89）

第一节　茶馆形象与品牌的类型 ………………………………………（90）

第二节　茶馆形象与品牌的塑造 ………………………………………（95）

第三节　茶馆形象与品牌维护 …………………………………………（105）

案例与习题 ………………………………………………………………（107）

第五章　茶馆经营与管理理论基础 ……（113）
第一节　茶馆经营与管理的基本原理 ……（114）
第二节　茶馆经营与管理理论体系 ……（116）
第三节　茶馆经营与管理的方法 ……（123）
案例与习题 ……（127）
第六章　茶馆人力资源管理 ……（129）
第一节　茶馆人力资源概述 ……（130）
第二节　茶馆从业人员的招聘 ……（133）
第三节　茶馆员工培训 ……（144）
第七章　茶馆财力资源管理 ……（151）
第一节　茶馆财力资源概述 ……（152）
第二节　茶馆投资管理 ……（159）
第三节　茶馆资产管理 ……（167）
第四节　茶馆成本利润管理 ……（175）
第五节　茶馆财务报告与财务分析 ……（184）
案例与习题 ……（187）
第八章　茶馆物力资源管理 ……（189）
第一节　茶馆物力资源概述 ……（190）
第二节　茶馆物资的配置与选购 ……（195）
第三节　茶馆物资的保管 ……（209）
第四节　茶馆物资的控制 ……（215）
案例与习题 ……（218）
第九章　茶馆服务管理 ……（219）
第一节　茶馆服务的基本知识 ……（220）
第二节　茶馆服务程序 ……（224）
第三节　茶馆服务的基本内容 ……（229）
第四节　茶馆服务质量评估体系 ……（236）

案例与习题 ……………………………………………………………………………………（240）
第十章　他山之石——经典案例 ………………………………………………………（241）
案例一　老舍茶馆——北京的一处文化地标 ………………………………………（242）
案例二　和静园——以微笑创美好 ……………………………………………………（245）
案例三　第一滴水茶馆——功夫在茶外 ……………………………………………（248）
案例四　瓦库——一个喝茶的好地方 …………………………………………………（250）
案例五　元泰红茶屋——中西合璧的温馨茶屋 ……………………………………（254）
案例六　泊园老茶馆——茶馆里的艺术馆 …………………………………………（256）
案例七　六如轩茶艺馆——健康、诗意、时尚生活的摇篮 ………………………（259）
附　　录 ……………………………………………………………………………………（262）
茶馆业企业经营服务规范 ………………………………………………………………（262）
食（饮）具消毒卫生标准 …………………………………………………………………（268）
中华人民共和国价格法 ……………………………………………………………………（273）
中华人民共和国食品安全法 ……………………………………………………………（281）

第一章

茶馆业概述

【导读】

茶馆业是一个历史悠久的行业，虽然不同时代各有特色，并衍生出许多附属功能，但都属于以出售茶水为基本活动的餐饮服务行业。作为商业性的专用饮茶场所，茶馆除提供茶饮、茶点等有形商品之外，还提供休息、娱乐、社交等无形服务，并且根据经营对象的差异，逐渐形成了自己的经营特点。本章首先对茶馆的发展历史做一梳理，然后对茶馆的社会功能和经营特点进行阐述。

第一节 茶馆的发展简史

茶馆是随着茶饮行为的普及逐渐兴盛起来的公共饮茶场所，其雏形可以追溯至两晋的茶摊。一般认为，茶馆萌芽于两晋时期，形成于茶文化勃兴的唐代，经历了宋元的发展、明清的兴盛、近现代的畸形化发展等阶段，直到20世纪70年代，茶艺馆兴起，从此茶馆发展进入新的历史阶段。茶馆几乎浓缩了中国历史的变迁，不再是一个微不足道的生活空间。熟悉茶馆的发展历史，对把握当代茶馆业的发展方向有很大意义。

一、两晋茶馆的萌芽

两晋是茶馆的萌芽时期。饮茶行为有很长的发展历史，茶之为饮，发乎神农氏，原始社会时期，茶已经进入人类视野。随着生产力的发展，茶叶不再只是一种自给自足的食品、饮品、贡品，而是成为一种商品，用来售卖交换以获得利润。茶饼、茶叶通常在茶店或茶铺售卖，西汉时期王褒《僮约》中有"烹茶尽具，武阳买茶"一说，可见当时已有茶店专卖茶叶。但是，将茶饼或茶叶煮成茶粥、泡成茶汤，然后再售卖出去，就属于茶馆的经营行为了。

随着茶文化的普及，便出现专门为人煮茶、供人解渴和品饮的服务人员和场所，一般认为，最早使饮茶成为营业性和服务性行业的是茶摊，并非茶馆。据史料记载，这种茶摊起源于两晋时期，南北朝神话小说《广陵耆老传》中载："晋元帝时，有老姥每日擎一器茗往市鬻之，市人竞买。自旦至暮，其器不减。茗所得钱，散路旁孤贫人。人或异之，执而系之于狱。夜擎所卖茗器，自牖飞去。"从这则神话中，我们可以推断，晋朝时已经有这种手提、肩挑或者推着简易小车去街市售卖茶汤或茶粥的行为。这种货郎担式的售卖方式，属于典型的商品经济早期阶段的市场行为。两晋南北朝时期，茶文化已经走出大西南，沿着长江流域向东扩散，甚至随着南北人口融合开始向北方传播。在茶文化大潮席卷全国的背景之下，出现专门售卖茶粥或茶汤的场所也就顺理成章了。但是该时期，茶粥或茶水的售卖还没有固定和成形的营业场所，茶摊仅仅属于简易的流动式茶馆，是茶馆的雏形，茶馆还处于萌芽之中。

二、唐代茶馆的形成

唐代是茶馆的形成时期，这与当时饮茶之风大行天下密不可分，陆羽《茶经》的问世更是起着难以磨灭的作用。唐代是茶文化确立并得到长足发展，作为茶文化的重要宣传场所和载体之一，茶馆也开始成形。

唐代封演的《封氏闻见记》卷六中记载："开元中(713—741)，泰山灵岩寺有降魔师大兴禅教，学禅务于不寐，又不夕食，皆许其饮茶。人自怀挟，到处煮饮。从此转相仿效，遂成风俗，自邹、齐、沧、棣，渐至京邑，城市多开店铺，煎茶卖之，不问道俗，投钱取饮。"可见当时，河南、山东、河北、陕西等地已有煎茶出卖的店铺。唐代禅学的兴盛促使茶饮之风大兴，在此背景之下，煎茶售卖脱离流动式的茶摊时代，开始拥有固定的营业场所，只是当时还没有命名为茶馆，只称茶铺，但是茶铺已有茶馆之实。

随着茶铺的发展，又出现了一些茶馆的形式，比如茶坊、茶肆、茶邸、茶寮等。它们虽不能简单地与茶馆相提并论，只是茶馆在特定时代下的一种名称或形式，可能在一些服务上有所不同，但在提供茶水这一基本服务上是一致的。牛僧孺《玄怪录》记载："长庆初，长安开远门十里处有茶坊，内有大小房间，供商旅饮茶。"茶坊既加工茶叶又售卖茶水，还为商旅提供房间休息。《旧唐书·王涯传》记载榷茶使王涯仓皇出逃时，"至永昌里茶肆，为禁兵所擒"。肆是店铺的意思，茶肆也就是茶的店铺。另外《封氏闻见记》中也提及"茶邸"，茶邸的建筑规模可能要大于茶肆、茶坊，除供应茶水之外，还兼营住宿，与茶馆的性质较为接近，可视为茶馆的雏形。唐代禅宗盛行，寺院专设有茶堂，是禅僧探讨佛理、招待施主宾客、饮茶品茗的地方，西北方设有茶鼓，专门负责煮茶的僧人称为"茶头"，寺院的茶堂后来又被称为茶寮。

茶馆业的发展，离不开经济的繁荣。唐朝是中国封建史经济繁荣的巅峰，城市经济有很大发展，以市民阶层为代表的茶叶消费群体开始兴起，他们逐渐成为茶肆、茶坊的老主顾。另外，茶税制和贡茶制的确立也极大地刺激着茶叶经济的发展，同时也把茶馆业推向兴盛。

唐代茶馆拥有多种形式，茶肆、茶铺、茶坊、茶寮，还有乡间马路上的茶棚、茶亭，农家的茶灶、茶房，这些不同的茶馆形式宣告着茶馆业的兴起和茶馆的初步成型。唐代茶馆主要以卖茶为主，设备简单，主要是为一般市民茶饮需要服务的，从陈设到装饰再到服务功能都处于起步阶段。唐代的茶馆和茶文化一样，虽然气势恢宏，但也才刚刚踏上前进的道路。

三、宋元茶馆的发展

宋代是茶馆的成熟时期。随着饮茶之风日趋兴盛和商品经济的进一步发展,宋代茶馆业开始繁荣兴盛,为我国茶馆业奠定了坚实的基础,成为茶馆业历史上的一个高峰。

唐代时,茶已成比屋之饮,宋代的饮茶之风比之有过而无不及。一个原因是茶叶生产技术在宋代有很大进步,由于贡茶制度的确立,很多官员将毕生精力投入钻研种茶、制茶技术上,出现了一些颇有影响力的茶书。更重要、也更直接的原因可能是上层社会嗜茶成风,王公贵族经常举行茶宴,皇帝也将茶叶当成一种对群臣的赏赐。虽然宋徽宗和唐太宗不一样,并不是一个雄才大略的帝王,但却是一个修养很高的艺术家,精通茶艺和茶道,并撰书《大观茶论》。在上行下效的古代社会,这对茶饮行为的普及是一种很大推动。“盖人家每日不可阙者,柴米油盐酱醋茶”“君子小人靡不嗜也,富贵贫贱无不用也”“夫茶之物,等于米盐,不可一日以无”。宋代是对唐代茶文化的进一步发展,唐时的基础,五代十国的加固,撑起宋代茶文化的发展局面。宋代,饮茶已经是一种国饮。举国上下,不同社会阶层都将茶视为不可或缺的生活必需品。茶馆的繁荣,茶馆业的兴旺发达也就顺理成章。

茶馆业的兴起还有一个条件,就是城市商品经济的发展。城市发展是商业繁荣的一个标志。从《清明上河图》中描画的景象可以窥见宋代城市经济的繁荣景象。北宋时期,商业经济的突飞猛进,市坊格局的打破,使大量人口进入城市,市民阶层迅速膨胀。市民中的很大一部分人是商人,既有小商客和店老板,也有经济实力雄厚的大富商。商业的繁荣和人口的急剧膨胀刺激着饮食、娱乐、住宿等行业的发展。在如此强大的市场需求下,宋代茶馆从设施装饰、经营方式、服务内容等各个方面都日趋完善,相比唐代茶馆更加成熟。宋代的都城,茶肆茗坊林立密布,遍及大街小巷。城内的朱雀门大街、潘楼东街巷、马行街等繁华街巷开设有很多茶坊。孟元老的《东京梦华录》记载:“旧曹门街北山子茶坊,内有仙洞、仙桥,仕女往往夜游,吃茶于彼。”马行街“约十余里,其余坊巷院落,纵横万数……各有茶坊、酒店、勾肆饮食”。可见这种茶馆建筑上别出心裁,如仙洞、仙桥一般,增强了品茶的情趣,远非唐代的茶馆可比。宋代,接洽、交易、清谈、弹唱都可在茶馆看到,以茶进行人际交往的作用逐渐凸显起来。

元代茶馆业一度受到重创,蒙古贵族喜食奶酪,前期,统治者又对中原进行残酷的等级统治,对中原茶叶经济发展带来很大负面影响。不过,为巩固政权,元朝统治者也施行了一些促进农业生产的政策,茶叶经济得到恢复,茶馆业也得到了进一步的发展。

马致远杂剧《吕洞宾三醉岳阳楼》有言:“在这岳阳楼下开着一座茶坊,但是南来北往经商客旅,都来我这茶坊中吃茶。”可见当时,茶馆接待四面八方来的旅客,茶馆业主要因往来商人才繁荣起来。

和唐代相比,宋元茶馆依然沿用茶肆、茶坊、茶店等称呼,但是茶馆装饰更加精致,服务也更加完备,除提供茶水、茶点之外,茶馆的休闲娱乐功能进一步加强,装修更讲究,环境营造更具艺术性。同时由于茶馆业的繁荣,第一次出现茶馆的职业雇工茶博士,他们拥有专业的煮茶技艺,对茶的专业知识有一定了解。这种茶馆职业人员的出现是茶馆成熟的一个典型标志。

四、明清茶馆的兴盛

明清是茶馆的兴盛时期,茶馆一词也正式出现,此后其流行程度逐渐超过茶寮、茶坊、茶楼、茶肆等传统叫法。明清是中国封建社会的末期,也是巅峰时期,传统茶馆业也进入封建农耕时代的鼎盛时代。

茶馆业的兴盛离不开茶饮文化的风行,明代一改唐宋时期饼茶的煎煮烹点,改为直接冲泡散茶,贡茶也废除饼茶,“唯采芽茶以进”。散茶的普及极大地推动了饮茶的流行,同时也促进了茶馆业的发展。商品经济的进一步发展也是茶馆业兴盛的一个条件。明代中后期,资本主义萌芽开始出现,市民阶层逐渐壮大,为茶馆业提供了庞大的消费群体。明代茶馆不同于唐宋时期,而是开始有了明确分化,逐渐形成不同类型的茶馆,按消费人群分,大致可分为大众性普通茶馆和专业性高端茶馆。

大众性普通茶馆。该类茶馆是为满足一般市民饮食和消费玩乐的需求,不仅售卖茶水、茶点,还提供说书、曲艺等娱乐项目。田汝成在《西湖游览志余》中记载:“杭州先年有酒馆而无茶坊……嘉靖二十六年三月,有李氏者,忽开茶坊,饮客云集,获利甚厚,远近仿之,旬日之间,开茶坊者五十余所,然特以茶为名耳,沉湎酣歌,无殊酒馆也。”这种茶馆即属于大众性普通茶馆,通常以娱乐消费赢利为目的。

专业性高端茶馆。该类茶馆一般主要面向精通茶道的文人墨客、达官贵人,环境优美,茶具高档,名茶好水齐备。明朝茶文化逐渐倾向于雅致逸韵,文人士子通常品茶明志,促使一部分茶馆向高端雅致的方向发展。明末张岱在《陶庵梦忆》中记载:“崇祯癸酉,有好事者开茶馆,泉实玉带,茶实兰雪,汤以旋煮,无老汤。器以时涤,无秽器。其火候、汤候,亦时有天合之者。余喜之,名其馆曰‘露兄’,取米颠‘茶甘露有兄’句也,为之作《斗茶檄》。”张岱所说的露兄茶馆就属于专业性的高端茶馆,这种茶馆与大众性茶馆有本质不同,主要以谈茶论道、修身养性为宗旨,多一些雅韵,少一些俗气。

清代茶馆上承晚明，逐渐呈现出集前代之大成的景观，茶馆的数量、种类、功能皆蔚为大观，完全融入了中国各阶层人民的生活。就北京而言，有名的茶馆多达30多所，上海更是多达60多座。乡镇茶馆中，比如太仓的璜泾镇，全镇居民只有数千家，而茶馆就有数百家。

清人徐珂的《清稗类钞》在“茶肆品茶”和“饮食类”中均有对茶肆饮茶情形的描述：“茶肆所售之茶，有红茶、绿茶两大别。红者曰乌龙、曰寿眉、曰红梅；绿者曰雨前、曰明前、曰本山。有盛以壶者，有盛以碗者，有坐而饮者，有卧而啜者。”可见当时茶馆中茶品丰富，自然吸引不同口味嗜好的茶客光临。

作为一个饮茶历史上非常著名的嗜茶皇帝，乾隆不但举办“万古未有之盛举”的千叟宴，还曾于皇宫禁苑的圆明园内建了一所皇家茶馆——同乐园茶馆。“同乐”者，与民同乐也。乾隆这么做，不仅为赏玩，亦是想借此了解民间饮茶风习。清代戏曲十分流行，茶馆与戏园都是民众娱乐常去的地方。有人将其合而为一，财源自然滚滚来。宋元之时已有戏曲艺人在酒楼、茶肆中做场，及至清代才开始在茶馆内专设戏台。清代末期北京茶馆有一主要特色就是和曲艺结合，对于茶馆业和戏曲的发展都有很大的促进作用。

明清茶馆是中国传统茶馆的巅峰，鸦片战争之后，中国逐渐沦为半殖民地半封建社会的国家，加上外来文化的冲击，传统茶馆业一度趋向式微。

五、近现代茶馆的式微

茶馆业的兴衰与时代有很大关系，社会繁荣，茶叶经济发达，茶馆业也就相对兴盛。相反，社会动乱，茶叶经济被人掠夺，茶馆业自然就趋向衰败，或者向畸形发展。

清末民初，中华大地上硝烟滚滚，资本主义国家通过逼迫清政府签订不平等条约掠夺中国的经济资源。英人为逆转贸易差额，向中国输入鸦片。从此，茶馆不得不为烟馆让出一部分客源。20世纪，中国茶业是逐渐衰败的，1918年茶叶出口量是2.45万吨，1949年仅0.75万吨。相对于茶业的衰败，茶馆呈现出一派乌烟瘴气的繁荣。酒吧、咖啡馆进入之后，逐渐占据茶馆的消费市场，传统茶馆的风流儒雅也开始被洋化色彩所取代。清末民初动荡的社会条件同样在数量上刺激了茶馆业的发展，大中城市的茶馆数量呈上升趋势，而且还波及小城镇和乡村。以四川成都而言，人口仅40万，茶馆却有千余家，平均每400个人就有一家。成都郊区苏波乡，人口约2.8万，茶馆却多达340多家。从数量上看，当时茶馆业不是一般的繁荣。

上海的工商业十分发达，商贾云集，茶馆是进行商业洽谈的最佳场所，这是近代茶馆的一大特色。江南地区的茶馆还是解决民事纠纷的地方,也就是吃讲茶。《清稗类钞》中记载,广东茶馆茶叶讲究、茶具精致、服务周到,“兼卖茶食糖果,清晨且有鱼生粥,晌午则有蒸熟粉面、各色点心,夜则有莲子羹、杏仁酪。”

在动荡的社会环境的刺激下,虽然近代晚清民国时期的茶馆有着短暂的畸形繁荣,但是随着爱泡茶馆的八旗子弟、遗老遗少的消失和鸦片、赌博、土匪、帮会的猖獗,随着西洋的咖啡、汽水、蛋糕等的输入,随着电影院、剧场、舞厅的兴起,随着咖啡馆、酒吧、饮冰室的侵袭,随着此起彼伏的隆隆炮火,茶馆的生意暗淡了,茶馆的娱乐、休闲、解渴的作用削弱了,茶馆的清俭、雅致的文化气息减退了,茶馆由兴盛走向了衰落。

1949 年新中国成立之后,茶叶生产开始恢复,茶馆业也有短暂的好转,但是在计划经济时代,商品经济受到抑制,茶馆业很难有大的发展。尤其在工商业改造中,茶馆被当作私营企业进行改造,有的改为水站,有的被撤销,1957 年仅剩下 276 家,由于政治运动的冲击,1959 年仅剩下 81 家,“文化大革命”时期,传统茶馆业几近消亡。

由于时代原因,近现代茶馆业开始走向衰败,也是传统茶馆向当代新型茶馆的转折和蜕变,时代呼唤着新的茶馆业,呼唤着更符合时代节拍的新型茶馆。

六、当代茶艺馆的兴起

兴起于 20 世纪末叶的茶文化热潮依然余威不减,相反正以强劲的姿态席卷着社会每一个角落,其主要原因就是新型茶馆的出现并成为茶文化传播的主要阵地,茶艺馆是当代新型茶馆,与传统茶馆有很大不同,且深深刻着时代赋予的特殊印记。当代茶文化复兴必须借助茶馆业的复兴,茶馆业复兴要求出现与时俱进的茶馆。茶艺馆顺势而生,自然就承担起无比光荣的历史任务。

台湾迈出了茶馆业复兴之路的第一步。1977 年,法国留学回来的管寿龄女士在台北市开了一家“茶艺馆”,这是茶艺馆招牌的首次出现,具有划时代意义。1979 年正式取得营业执照,开始对外开放,主要经营国画、陶瓷等艺术品,客人可以一边品茶一边欣赏艺术品。在此之前,台湾已有几家文化品位相当不错的茶馆,但没有一家叫茶艺馆,因此,“茶艺馆”的名称是管寿龄女士开创的。可以说,管寿龄女士是第一个吃螃蟹的人。随后,台北市同时出现很多家茶艺馆,并采用周渝先生提议的“从咖啡厅到茶艺馆,从西方情调走进东方境界”广告词做宣传,号召大家走进茶艺馆。1982 年,台北地区已有十几家茶艺馆。到 1987 年,整个台湾地区茶艺馆数量已达 500 多家,并影响到东南亚地区,随后香港、新加坡等地相继出现茶艺馆。

大陆地区后来居上,为茶馆业当代复兴推波助澜,无论在茶馆数量和茶文化宣传上都蔚为大观。中国内地最早出现类似茶艺馆的是杭州市,当时还不叫茶艺馆。1982年,杭州成立茶人组织"茶人之家";1985年,"茶人之家"院落成立,开始接待客人入内品茗,且十分注重茶、水、具和对品茶环境的布置,把品茶和赏花读画融为一体,艺术气息很浓,虽然没有命名为茶艺馆,但已有茶艺馆之实。

此后,一些传统老茶馆与时俱进,经过现代化装修,并加入一些赏花、观戏等传统文化活动,也已具有茶艺馆之实,比如开业于1855年的上海湖心亭茶馆和1988年北京出现的老舍茶馆。

台湾地区茶艺馆的兴起是在20世纪80年代,中国内地茶艺馆的真正兴起却是在20世纪90年代之后。1990年,福建省博物馆开办内地第一家茶艺馆,命名为"福建省茶艺馆",馆内装修文化氛围浓厚,茶艺人员用功夫茶艺为客人冲泡乌龙茶;1991年,上海出现"宋园茶艺馆";1992年,江西南昌出现"江西茶艺馆""神农茶艺馆";1993年,杭州出现"福士达茶艺馆";1994年,北京出现"五福茶艺馆"。进入21世纪之后,茶艺馆的发展势头更猛,装修更完美,规模也更大。如今,全国约有10万家茶艺馆,从业人员百万左右,茶馆业进入新时期,成为势头迅猛的新兴产业。

茶艺馆是茶馆业在新的历史条件下出现的茶馆形式,更具时代气息,更符合当代社会的需求,必将引领茶馆业走向一个新的历史高度。

第二节　茶馆的社会功能

茶馆是一个小社会,老舍正是抓住茶馆这一独特的社会属性,才写出绝唱千古的《茶馆》。没有任何一个公共空间像茶馆那样与人们的日常生活密切相连,茶馆实际上是个微观世界,折射出大千世界的丰富多彩和变化多端。作为一个社会公共空间,茶馆自从诞生之日起就与人们的日常生活结下不解之缘,不论是古代的茶摊、茶铺、茶坊、茶肆,还是当代的茶馆、茶宴馆、茶餐厅、茶艺馆,都是民众重要的公共活动场所,不可避免地会承担起一些社会功能。只是不同时代侧重点不同,不同茶馆形式主打功能也不同,归纳起来主要功能有餐饮服务、休闲娱乐、信息交流、文化教育、社交集会、审美展示等。

一、餐饮服务

餐饮服务是茶馆的基本功能。最开始的茶摊就是为客人提供饮食，晋代曾有老妪提着茗器卖茗粥的传说，作为茶馆的前期雏形，茶摊只有餐饮一项功能，娱乐休闲、信息交流、社交集会等功能是随着茶馆的发展才出现的。因此，餐饮服务自古就是茶馆的功能之一，茶馆除为客人提供茶水之外，还有茶点心或者茶菜。耐得翁《都城纪胜》中说，宋代杭州茶楼“冬天兼卖擂茶，或卖盐豉汤，暑天兼卖梅花酒”。吴自牧《梦粱录》中有言：“四时卖奇茶异汤，冬月卖七宝茶、馓子、葱茶。”明清时兼营饮食的茶馆称为“二荤铺”，提供食品也十分丰富。《京华春梦录》中写道：“都中茶肆，座客常满。客有所命，弥不如欲。佐瓜粒糖豆，干果小碟，细剥轻嚼，情味俱适，而鸡肉饺、糖油包、炸春卷、水晶糕、一品山药、汤馄饨、三鲜面等，客如见索，亦咄嗟方办。”这种提供小吃和饮食服务的传统在现在的茶馆中也多有继承，广州的茶楼就流行“一盅两件”，主要不是喝茶品茗，而是以用餐饮食为主。如果将餐饮功能发挥到极致，作为茶馆的主打功能，也就是通常的茶餐厅和茶宴馆。这是对以提供茶水为主的茶馆概念的拓展，也应该划入广义的茶馆类型。

二、休闲娱乐

休闲娱乐是茶馆的主要功能之一。茶馆最早就是为客人提供休息、解渴服务的场所，奔波忙碌的人们到茶馆歇歇脚，喝杯茶，一身疲惫就会减去不少。目前随着社会经济的发展，物质财富相对丰富，休闲业作为一个产业开始火爆，休闲娱乐成为人们主要的日常活动之一。茶馆自古就是休闲娱乐的最佳场所。如《都城纪胜》中记载，宋代杭州的“大茶坊张挂名人书画……所以消遣久待也”。“茶楼多有都人子弟，占此会聚，习学乐器，或叫唱之类，谓之挂牌儿”。可见宋代，茶馆就是都市闲散人的休闲娱乐常去之所。明清时，茶馆的娱乐项目更是花样翻新，茶馆中通常有杂技、戏曲表演，喝茶倒成了点缀。现代的茶馆中也融合了其他的娱乐项目，比如象棋、围棋、扑克、麻将、KTV、桑拿浴等，使茶馆的休闲娱乐功能更加完备。茶馆虽自古就有娱乐休闲的功能，但毕竟不能成为单一的娱乐中心，所以茶馆的娱乐功能要和其他功能只有协调好，才不会喧宾夺主，将茶馆办成纯粹的娱乐休闲中心。

三、信息交流

信息交流是茶馆又一主要功能。茶馆是公共活动场所，人流量大，川流不息的人群既是信息源也是信息接受者，茶馆成了信息中转站。在没有广播、电视、网络等新媒体的旧时代，茶馆充当着信息集散地的角色。每天四面八方的人来到这里，有商贩、雇工、闲暇的八旗子弟，老舍《茶馆》就展示了不同类型的人在茶馆里聊天交际，上至国家大事，下至日常琐事都能在这里听到。同时，便衣警察、新闻记者也经常出没于茶馆，期望得到有价值的情报或爆炸性的新闻。虽然，目前是一个信息爆炸的时代，各种新媒体层出不穷，获得信息也不再像以前那么艰难，不用再必须走出去，到街市上或者茶馆等公共活动场所去打听，只要一台电脑、一只手机，各种信息就可尽收囊中。但是，茶馆目前仍然承担着信息交流的功能，网络上的信息虽然迅捷丰富，但是要保证信息的真实度却有些困难，因此，茶馆中面对面获取信息的方式依然十分重要。比如茶艺馆主办者经常会发布茶文化活动的信息，举办一些茶文化交流活动，邀请一些专家学者举行讲座，传播茶文化知识，有些企业会借助茶艺馆举办一些产品新闻发布会，向客人推荐新产品。信息交流是茶馆的一项主要功能，只要茶馆社会公共生活空间的性质不变，信息交流这项功能就不会消失。

四、文化教育

文化教育是茶馆独特的社会功能。和其他公共场所比起来，茶馆有几千年深厚的茶文化底蕴作背景，茶文化深得中国传统文化的精髓，儒家的仁义诚信、道家的贵真尚和、禅宗的明心见性等思想精髓无一不被茶文化吸收，形成中国茶道。唐宋文人将饮茶视为修身妙法，明清茶客也经常雅集一处，品茶论道。千百年来，茶馆自觉或不自觉地充当了民众教育机构。改革开放以来，西方文化再次风行大陆，流行音乐、可口可乐、好莱坞大片曾经是青年们口中的时尚，而中国传统文化却被遗忘殆尽。20 世纪 80 年代兴起的茶艺馆，自诞生之日起就承担着传播茶文化的历史使命。茶艺馆本身就是一种具有文化性质的产业，普及茶文化、弘扬茶文化知识是它神圣的使命。因此，当代茶艺馆和传统茶馆相比，更加注重茶文化的传播和文化教育这项功能。传统高档茶馆里也有文人高士品茶论道，但更偏向于三五知己对茶道的钻研，传统大众性的茶馆中虽然也附带一些茶文化精神，但不是自觉地去传播和普及。这与时代背景有很大关系，当代茶艺馆诞生于西方文化冲击传统文化的背景之下，自然会自觉地去传播茶文化，将文化教育这项功能作为核心功能。现在茶艺馆中，更加注重通过茶艺表演来招揽顾客，寓教于乐，向民众传播茶文化知识。另外，茶艺馆举办专家讲座也是文化教育的一种形式。

五、社交集会

社交集会是茶馆的主要功能之一。和信息交流功能一样，只要茶馆社会公共生活空间的性质不变，茶馆的社交集会功能就不会改变。茶馆是人们除家庭之外的公共生活空间，这里可以洽谈商务、约见朋友、寻觅知己。自古以来，茶馆就是最好的社交场所之一。宋代，茶馆几乎成了劳务市场，雇用活动也常在茶馆中举行，另外还有一些买卖交易也选择茶馆为据点。孟元老的《东京梦华录》记载："茶坊每五更点灯，博易买卖衣服、图画、花环、领抹之类，至晓即散，谓之'鬼市子'。"茶馆也就成了市场。清末，茶馆中流行"吃讲茶"，将茶馆当作解决民事纠纷的场所。现代茶艺馆，装修精美，环境优雅，设有雅座、包厢、大厅等，可满足不同人的需求，茶艺馆成了社交选择的最佳场所。与旧茶馆相比，举办中小型会议是茶艺馆新增的功能。茶艺馆可以自主举办这种茶会，其他单位也可以委托茶艺馆举办。这种会议可以是茶文化交流会，也可以是与茶无关的会议。

六、审美展示

审美展示是茶馆的衍生功能。茶馆作为公共场所，人流量多，一般空间比较大，是理想的展览平台，一般的茶馆装修都高雅别致，十分注重环境的营造，从整体设计至局部布景，从挂件到盆景，从茶桌到茶具，都是给消费者的一种美的展示。此外，不定期的展览也是一个审美过程。首先，可以在新茶上市之际，为各种茶类开专柜，进行新茶展示宣传，可以为顾客提供信息。其次，可以举办一些茶具展览，比如紫砂作品展览。茶具文化博大精深，是茶文化的重要组成部分。每一件茶具都是制作者精心打磨的艺术品，观赏茶具展览是一种审美享受。另外，可以举办一些名家艺术品展览。这种艺术品不一定和茶有关，比如书画作品、摄影和书法作品等，既可观赏，也可出售。因此，茶馆又是最佳的商品展销地和艺术品展览馆。

第三节 茶馆的经营特点

茶馆是服务业领域中较为独特的部分，尤其当代茶艺馆，作为茶馆的新形式，它以茶艺和品茗为载体，来满足顾客物质和精神等各方面的需要，是综合性很强的服务场所，且顺应当前的消费趋势和潮流，发展迅速。茶艺馆要想在行业中获得竞争优势，就必须结合茶馆业的特点，加强经营管理，提高服务水平，以优质高效的服务抓住顾客。茶艺馆经营是利用空间场地、设备及一定的消费性物质资料，通过人的服务活动来满足顾客需求，从而实现经济效益和社会效益的过程。茶艺馆的经营管理专业性比较强，除具有一般餐饮服务行业的特点外，它还有自身的经营特点。

一、经营宗旨的文化性

一般传统意义上的茶馆经营都是直奔赢利去的，茶馆本属于餐饮行业，是以赢利为目的的经济实体。但是，茶艺馆的经营宗旨除赢利之外，还有一定的文化使命，即自觉传播茶文化和茶艺知识，它已不仅仅是一般意义上的餐饮服务业，而且是具有自觉文化意识的文化产业。老茶馆以被动式满足顾客的自发需求为宗旨，以单纯谋利为目的。茶艺馆是当代茶文化复兴热潮结出的果实，有自觉的文化追求。可以说，茶艺馆是茶文化集中展示的场所。随着社会发展，茶艺馆越来越成为人们重要的社交场所，墙壁上悬挂的字画，古朴典雅的茶具摆设，悠扬的民族音乐，具有民俗特色的装饰品、工艺品，加上各种各样的名茶，优雅自如的茶艺表演，让人在品茶的同时，感受到茶文化的精髓和传统文化的博大精深。因此，茶艺馆最大的经营特点就是要有自觉的文化追求，将茶文化传播当作茶馆的经营核心宗旨之一。

二、从业人员的专业性

茶艺馆的从业人员除一般餐饮服务行业的经理、领班、服务员之外，还有专业性比较强的茶艺师。茶艺师不同于一般意义上的服务员，也不是传统老茶馆里的茶博士。他们经过专业的茶艺培训，对茶文化知识有一定了解，在为客人泡茶时，不仅热情周到，还能进行文化交流，将茶文化知识传播给对方，或和客人商讨切磋。这样，客人来茶艺馆就不仅仅是喝了一杯茶，也不仅仅是为了喝杯茶、歇歇脚，而是通过和茶艺师的交流从而得到心理上的满足。另外，茶艺馆还要进行茶艺表演，这就更需要专业性强的茶艺表演人员，没有经过专业培训、没有一定专业知识的一般服务人员，便无法胜任这项工作。现在，国家已经颁布“国家茶艺师职业标准”，茶艺师作为独特的茶艺馆从业人员正式以国家标准规定下来。因此，茶艺馆的另一个经营特点是从业人员专业性比较强。

三、服务对象的多样性

服务对象，也就是茶艺馆的顾客。茶艺馆是一个公共消费场所，来此消费的茶客各种各样,有高素质的文化人,一般追求高雅宁静的环境和高超的艺术享受;也有人为社交或商务需要,来茶艺馆消费;也有些人上茶艺馆只是附庸风雅,追求时髦。去茶馆的人,既有普通白领,也有各界名流、海外侨胞、港台同胞和国际友人。顾客的身份不同、修养不同、年龄不同,去茶艺馆消费时的目的也就不同,由于各自文化素质、兴趣爱好、风俗习惯、品茗动机不同,他们对茶艺服务的要求也就存在一定区别。这就要求茶艺馆不断提高服务人员的服务技能和服务水平,以更好地满足各种层次顾客的需要。

四、经营效益的社会性

茶艺馆属于企业性质的经济实体,追求良好的经济效益,是茶艺馆生存和发展的必要条件。但是,由于茶艺馆行业的特殊性,在经营管理过程中,经营者不仅要注重经济效益,更要强调其社会效益。这与第一点经营宗旨的文化性是密不可分的。茶艺馆在追求经济效益的同时,要注意茶文化的宣传和普及,运用茶艺独特的文化属性,净化心灵,善化社会,促进人与人之间的和谐,推动社会文明的进步。茶艺馆诞生于茶文化复兴热潮的背景之下,因此,普及茶文化知识、追求社会效益是当代茶艺馆经营的特点之一。同时要看到,社会效益和经济效益并不冲突,良好的社会效益也能促进茶艺馆经济效益的提高。

五、经营产品的特殊性

茶艺馆属于服务行业,除提供茶水、茶点等有形产品之外,还提供更重要的无形产品,就是服务。服务产品具有无形性、随机性、服务提供与客人消费的同时进行、顾客的参与性等特点,使其与有形产品的消费有明显不同。这不仅要求服务人员知识全面、技能娴熟,还要独具慧眼,善于观察和了解顾客、分析顾客的真实需求,及时调节现场气氛,表现出服务的灵活性、随机性和亲和性,使顾客与茶艺馆的气氛融为一体,积极主动地参与到茶艺过程中,更好地理解和接受茶艺馆的服务。

六、经营方向的主题性

茶馆是市民文化和休闲文化的结果,如今的茶馆已经是蔚为大观,经过几千年的发展,茶馆在类型和经营方式上都有很多探索,茶馆的发展轨迹预示着未来茶馆的发展方向:特色鲜明、类型多样、功能多元、服务多层、文化韵味增强。主题茶馆是未来的一个发展方向,即茶馆以某一个明确主题为经营核心,茶馆的一切业务都要围绕着该主题展开。这样的主题茶馆特色鲜明,具有竞争力,在未来茶馆业的竞争中才能立于不败之地。传统那种承担一切功能、毫无特色的茶坊茶楼在新时代已经没有市场。随着市场经济的发展，茶馆业要在营销上下功夫，只有市场定位明确，才能生存下去。每个茶艺馆都拥有自己的经营主题和经营特色，才能形成茶馆业多元共荣的发展局面。

案例与习题

案例

案例：和茶馆临街有一个大橱窗，橱窗里老老实实地放置着一些两三百年前的东西：一个木制的雕花脸盆架子、一张显然不止一代人用过的矮茶几、一樽木雕佛像、一套《红楼梦》里可能会出现的点心盒子、一张禅椅、几幅挂件。是古董，但没有古到民间无法拥有的程度；是今天的欣赏品，但却是从以往岁月的实用品转化而来；很本土，这是一种完全另辟蹊径的陈设理念……这里的艺术品，挂在墙上是供人欣赏的，出一些钱买下了，喝完茶，馆主就给您包装好，工薪阶层也买得起。和对茶的感觉差不多，到这里来的人没有感到这些古典艺术品有什么高不可攀。如此说来，和茶馆与众多的杭州茶馆又有什么独到之处呢？我想来想去，倒也没有什么异想天开之处，茶馆与某种文化结合起来古已有之，到今天，说到茶之雅，杭州各个茶馆里都有一些艺术品，包括古董。但醒目地捻出收藏的主题，并介入茶馆的整体设计，这是第一家。

节选自著名作家王旭峰的散文

分析：作者描述的“和茶馆”就是杭州的一所典型的古玩收藏主题茶馆，将茶馆的特色定义为古玩艺术品的收藏。这种茶馆主要面向那些喜欢收藏古玩艺术品的顾客或者具有高水平艺术鉴赏能力的文化人士，市场定位准确，特色鲜明，这是茶馆业发展的一个方向。

习题

1. 近代茶馆业为什么会衰落？
2. 茶馆的社会功能有哪些？
3. 为什么说文化教育是当代茶艺馆的主要功能？
4. 当代茶艺馆和传统茶馆有什么区别？
5. 茶艺馆的经营特点是什么？

第二章

茶馆运营与策略

【导读】

20 世纪 90 年代后期，茶馆犹如雨后春笋般遍及全国各大城市，并以每年 10% 的速度迅速递增。据不完全统计，目前全国有 12.5 万多家茶馆，从业人数达到 250 多万人，茶馆业已成为中国休闲文化产业的一支生力军。茶馆业对于各地国民经济的发展和精神文化生活的丰富做出了积极的贡献。茶馆业已经成为拉动产业经济发展的新增长点，新世纪随着休闲经济的兴起和大健康时代的来临，茶馆业大有可为。本章从开茶馆的基本要素分析出发，对茶馆的市场定位、风格特色及运营等相关因素进行系统分析，阐述如何开茶馆、开茶馆的基本步骤及主要注意事项，特别是成功开启茶馆后如何保持赢利和持续发展。

第一节　茶馆运营

茶馆是社会文化景观之一，是以茶会友、休闲消遣和商务洽谈的好地方。随着世界文化的交融，茶馆的发展在保持传统的基础上需要创新和突破，其中茶馆与咖啡厅、酒吧等西式风格结合是一个发展方向。随着经济文化的发展，中国经济和软实力的增强，传统茶馆与现代茶馆的结合，中国元素与世界文化的融合，必将使茶馆业获得更大的发展空间。结合茶文化的传播和健康理念的认识，审时度势开茶馆有很好的市场前景。

一、茶馆业态分析

盛世兴茶，茶馆业能否健康、持续地发展，关系到茶产业的明天，也关系到我国社会经济生活的明天。根据对杭州、成都、重庆、昆明等地的茶馆业态的初步分析，可以得出茶馆业态的基本特征为：(1)茶馆是茶文化和休闲产业的重要窗口；(2)茶产品消费的终端市场之一，对消费有重要拉动、引导和指导作用；(3)茶馆业与旅游业关联度较强，特别是在茶叶主产区，如普洱茶就成为云南旅游的随手礼；(4)经营成本低，平均利润率较高，可以达到30%～65%，超过了银行业11%、汽车工业25%的利润率；(5)经营规模小，发展空间大；(6)劳动力密集型，人员素质有待提升；(7)茶馆企业文化特征明显，有鲜明的时代特征、茶文化特色及经营者的性格特征。

二、茶馆市场定位

茶馆运营需要定位，准确定位是茶馆开发成功的关键。茶馆是社会的缩影。各行各业、各个层面的人都能在茶馆中觅得一席之地，人们进茶馆的目的也各不相同。有品茶聊天的，有消暑解渴的，有听戏评书的，有叙旧情的，有谈生意的，等等。面对如此庞杂，且消费动机不同、特征各异的消费对象，茶馆不可能无差异地全部予以满足，于是就需要细分市场。茶馆从业者可以根据自身的实力，集中精力在自己的细分市场上，更有效地确定营销策略并获得成功。杰克·特劳特的“定位理论”可以这样通俗地解释：随着市场竞争的白热化，反复、高声地说自己的茶馆服务、茶叶如何好已经行不通了，更重要的是喊出了与竞争对手不同的口号，以差异化让消费者认为你“与众不同”，最终占领某一特定的市场空间。目前，茶馆界运用“定位理论”比较成功的当属老舍茶馆。老舍茶馆完全不同于一般城市的商务型茶馆、休闲型茶馆，可谓独此一家，其汇聚民族文化特色的定位牢牢占据了消费者的心理空间。老舍茶馆打民族文化牌独树一帜，其他茶馆也可以另辟蹊径，给自己的茶馆一个独特的定位。

三、茶馆风格

现在茶馆的风格主要有三大类型：(1) 传统茶馆，例如北京的老舍茶馆，中式设计装修，空间大，除饮茶外，还提供特色地方食品和传统表演，如戏曲、杂技和气功；(2) 现代风格的茶馆，空间大，多功能，装修格调多元，中西结合，以商务活动、朋友聚会和培训为主；(3) 各类异域风情的茶馆，一般面积较小，如日式茶道馆、韩式茶道馆等，人们从中体会其他民族的文化特色。

茶馆是一个多社会结构、多层次的文化整合系统，在历史的显示屏上曾呈现出不同时期、不同阶层、不同人员、不同风貌的价值和影响，是一个多棱面的文化体。因此，风格的体现就多元，主要表现在装修和命名等方面，特别是茶馆的命名本身就高度地浓缩了经营者的风格和定位取向。

（一）命名

给茶馆取个好名字！一个好名字就是一个好招牌，名字叫得响亮有内涵，名副其实，就会有很大的影响力。茶馆的命名可以以地名、人名、文学作品佳言名句，特别是同与茶相关的名山、名人、名茶等结合必然可以产生很多有创意的名字，如老舍茶馆、五福茶馆、茗茶馆、流金岁月茶楼 、大碗茶茶楼、七碗茶茶馆、青藤茶楼、湖畔居茶楼、福宝阁茶楼等。北京五福茶馆“五福”寓意取自北京人信奉的“人有五福”之说，也就是“康宁、富贵、好德、长寿、善终”，而今有“知福、幸福、惜福、享福、造福”之意。古人说望文生义，一个好茶馆名同样可以使消费者望名联想，未进茶馆已经茶香四溢。一个设计独特、易读易记并富有艺术感和形象性的名字，能迅速抓住大众的视觉，诱发其浓厚的兴趣和丰富的想象，使之留下深刻的印象。

（二）装修

装修也很能体现茶馆的风格和档次。高档次的茶馆、茶室大致可分为两类：一类是装饰豪华，富丽堂皇；另一类是环境幽雅，富有文化艺术氛围，使人感觉清新，远离尘嚣。茶馆格调类型可以不同，有些茶馆的建筑本身就是古典式建筑，里面的陈设古色古香，妙趣横生；有的茶馆是现代风格，简约明快，格调高雅，宽敞舒适，茶座周围环境优美。中档茶馆面向市民和工薪阶层，讲究茶点、茶食的丰富实惠。有的装饰布置具有茶艺馆的氛围，营造有大树绿荫的自然气氛或传统韵味等，但装饰材料多就地取材，因陋就简，在空调、茶座、空气、环境、场地、景色等方面难以尽善尽美；有的虽有茶艺表演之类的形式，但茶馆氛围尚欠雅致韵味。大众消费茶馆主要有简易露天茶馆、季节性茶馆、茶寮、茶棚、老年茶室、村镇旧式茶馆等，它的特点是设备简单，往往利用自然的环境或室外的场所，很少有室内装饰。依据建筑、装饰、环境布置、物品陈设、饮茶方式等内容所反映的文化、民俗、艺术等方面的风格来进行茶馆的分类，有纵向的历史阶段分类，如古典式、现代式、复合式等。

（三）风格

茶馆的风格是软硬件结合，总体设计打造的结果。基本上可以分为传统风格、现代风格和综合风格三种。从建筑和经营的角度来说，茶馆有以下几种代表性的风格：

（1）庭院式茶馆：庭院式茶艺馆的布置以中国江南园林建筑为蓝本，有小桥流水、亭台、楼阁、曲径花俨、拱门回廊，有一种庭院深深的感觉。室内主要以木雕、文物、字画等为主，清静悠闲的气氛，有一种返璞归真、回归大自然的感觉，令人仿佛进入“庭有山林趣，胸无尘俗思”的境界，并可领略中国文人的心境及思维。

（2）厅堂式茶馆：厅堂式茶艺馆的布置以传统的家居厅堂为蓝本，摆设古色古香的家具，挂名人字画，陈列古董、工艺品等，布置典雅清幽。所用的茶桌、茶椅、茶几等古朴、讲究，或红木，或明式，也有采用八仙桌、太师椅等，反映中国文人家居的厅堂陈设，让人有时光倒流的感受。

（3）民俗乡土式茶馆：民俗乡土式茶艺馆的布置强调乡土的特色，追求乡土气息，以乡村田园风格为主，大都以农业社会时代的背景作为布置的基调，如竹木家具、马车、牛车、蓑衣、斗笠、石臼、花轿等，充分反映乡土的气味。

（4）唐式茶艺馆：唐式茶艺馆的布置，也就是一般习惯说的“日本和式”茶艺馆，以拉门隔间，内置矮桌、坐垫，以木板、榻榻米为地，入内往往需脱鞋，席地而坐，以竹帘、屏风或矮墙等做象征性的间隔，顶上大都以圆形灯笼为照明器，有一种浓厚的东洋风味。

（5）复合式茶馆：复合式茶艺馆的布置是传统与现代结合，东西合璧，室内室外相衬的多种形式融为一体的茶馆，以现代的科技设备创造传统的情境，以西方的实用主义结合东方的情调。

四、茶馆运营策划

部分茶馆之所以缺乏竞争力，主要是采取了“为卖茶而卖茶”的经营模式，且经营同质化严重，没有自己的特色。茶馆是典型的服务性组织，茶馆消费更多是寻求一种感受、一种体验，来满足精神上的需要。抓住体验消费，开展体验式营销已成为中国茶馆营销创新的重要课题。在茶馆经营中，只有那些能真正刺激顾客感觉、心灵和大脑，并进一步融入其生活方式的体验才能使顾客内心深处感到强烈的震撼，才能真正俘获顾客。茶馆经营者应创造出有价值的值得顾客回忆的难忘的体验，以此来培养更多的忠诚顾客，提升茶馆的竞争优势。因此，茶馆经营者必须精心策划，从定位、风格入手，认准茶馆的某一两种功能，准确定位消费者的层次，合法经营，就能使所经营的茶馆成为消费者生活的港湾、心情的驿站，高品质生活的风向标，城市文化特色与风格的展示窗口，满足消费者“ 结伴品茗上茶楼，一盏清茶见古今”的休闲品茗需求。

茶馆的运营策划定位准确，风格设计确定后，重要的就是市场分析。成功的茶楼投资者，非常看重前期的投资策划，肯在市场调查方面下大功夫。如市场客源如何，客源的层次会是哪个档次，未来主要的消费对象将会是哪些，这些消费对象喜欢哪种口味的茶和菜肴，能够接受何种水平的价格标准，等等。经营路线、经营方针的准确定位，就为日后的成功经营打下了坚实、良好的基础。方向路线确定后，关键就是人才队伍和具体实施。成功的茶馆着重抓五个要素：路线正确、出品独特、服务优良、价格合理、环境舒适。

第二节　茶馆运营策略

一、茶馆经营管理的特点

（一）文化特色的民族性

随着社会的发展，茶馆越来越成为人们社交的重要场所，茶馆是民族文化的浓缩。馆内悬挂的字画，古朴典雅的家具，悠扬的民族音乐，具有民俗特色的挂饰、装饰，风格各异的民族服装、工艺品，再加上各种各样的名茶。茶艺表演，让人在领略茶文化的风韵的同时，感受民族文化的丰富内涵。

（二）艺术的综合性

很多茶馆在装饰、陈列上，突出某一时代的特征，将该时代各种艺术综合地渗透和融合，充分地展示其艺术魅力。

（三）顾客的多样性

从服务对象看，茶馆的顾客多种多样。有的人文化素质较高，追求高雅、宁静的环境和艺术享受；有的人是为了社交或商务需要；有的人附庸风雅，追求时髦。去茶馆的人，既有各界名人、海外侨胞、港澳台同胞，也有国际友人。由于各自的文化素质、兴趣爱好、风俗习惯、品茗动机不同，他们在茶馆的消费需求各异，这就要求茶馆不断提高服务人员的服务技能和服务水平，以更好地满足各种层次顾客的需要。

（四）产品的独特性

茶馆的核心产品是服务。服务产品具有无形性、随机性、服务的提供与客人消费的同时进行、顾客的参与性等特点，使其与有形产品的消费表现出明显的不同。

（五）效益的社会性

追求良好的经济效益，是茶馆生存和发展的必要条件。茶馆行业的特殊性，在经营管理过程中，也要强调其社会效益。茶文化的传播可以使茶馆在获得良好社会效益的同时，促进经济效益的提高。

（六）经营管理的复杂性

茶馆的经营管理涉及方方面面，内容繁杂，要想在激烈的市场竞争中发挥茶馆的功能，获得良好的经济效益和社会效益，就必须不断提高经营管理水平。

二、茶馆运营策略

（一）文化策略

茶馆与其他营业场所的最大不同，就是因为其内核是源远流长的茶文化。如果偏离这个主题，把茶仅仅当作一种商品来做，这样的茶馆就只有躯壳而没有灵魂。就很多成功茶馆的经验来说，对于文化上不断的追求，正是创意的源泉、经营的策略要件。从茶馆的装修、经营、发展、与顾客的交流等方面来看，茶文化渗透在各个环节中，使茶馆本身就成为一种文化。因此，经营者要在茶馆里营造出一种文化氛围。

（二）产品策略

以新产品和特色产品吸引消费者，形成特色茶产品。

（三）服务策略

以个性化服务结合标准化服务为消费者提供美好休闲茶艺服务。

（四）营销策略

以体验式营销为主创新营销模式，为消费者留下美好体验记忆。

（五）模式创新策略

文化营销与体验营销结合开发茶馆经营新模式。

第三节　茶馆开发

一、茶馆开发的基本步骤

（一）开茶馆的第一步——选址

选个好地方，把想法变成行动。茶馆选址合理与否取决于茶馆的地位和设计。据调查,北京38.8%的茶馆开在商业繁华地带,22.2%的茶馆开在高档社区,公园里开茶馆的仅占5.5%。茶馆是经济繁荣的标志,开茶馆首选商业黄金区及购买力强的人群集中区,北京的朝阳区、海淀区、东城区茶馆数量相对较多。无论是繁华商业中心、宾馆饭店群附近、交通要道、田园旅游区,还是居民区都有相应的消费群体。商业经营最注重的是"地气""人气","地气"主要是看这个地方有没有商业氛围,"人气"主要是指我们经营的地方有没有顾客流,这些顾客是否有购买的心理动机,接地气聚人气,有茶气必定有财气。选址必须充分比较建筑结构、商圈、租金、水电供应、交通状况、同业经营者、政策环境、投资预算、效益分析等方面,考虑"四个性",即安全性、便利性、可视性、竞争性。

(二)开茶馆第二步——市场调查与分析

没有调查就没有发言权。只有通过实地考察和科学的分析判断,才能做到心里不揣糊涂账,理智科学地决策,确定茶馆投资和规模。市场调查主要通过人流观察、环境观察、探测同行等方式分析预测市场规模及类型。

(三)开茶馆第三步——顾客分析

主要分析茶馆顾客消费心理,如消费需求的层次性、消费者需求差异性、文化与社会层次、性格与爱好的差异、男女性别、风俗习惯、消费需求与茶馆类型等方面,从而判断消费者需要的服务及个性特点,从而合理地进行市场定位和茶馆经营风格的打造。

(四)风格定位——开个什么样的茶馆

开茶馆从设计开始,根据定位和风格,开展形象设计,做个茶馆设计师,确定开个什么样茶馆。

(五)用人是关键——人才招聘

(六)广告宣传提升知名度

(七)检查试开业

二、茶馆开发的注意事项

(一)茶馆经营定位和特色是关键

(二)车位策略要重视,充足的车位将有力地支撑茶馆的营业额

与茶馆面积适应:200平方米——8~10个车位,500~600平方米——16~18个;进出方便;专人引导,服务到位。

(三)茶馆开发投资需要有耐心和打持久战的心理准备

(四)结识新朋友不忘老朋友,留住回头客

三、茶馆的可持续发展

茶馆要实现可持续发展，在竞争中保持优势，必须传统与现代结合走特色经营之路。

（一）茶馆要有特色产品——特色茶

产品创新在市场上集中的表现就是品牌，酒店有自己的招牌菜，所以茶馆要有自己特色的茶品——私房茶。结合自身茶馆的风格与地方文化及民族特色，以茶元素为主线，开发有自身特色和文化品位的茶产品满足消费者求新、求异、与众不同的消费需求。茶馆经营者可以挖掘一个地方特色的地域文化与民族文化来包装自己的茶品。中国少数民族饮茶习俗千姿百态、风格各异，如白族的三道茶、云南的普洱茶等。茶馆应根据自己茶馆的条件引进适合自己茶馆的方便的、适用的饮茶习俗，使之成为自己茶馆的特色。总而言之，茶品质量的好坏不仅涉及消费者的健康和品茗的感觉，而且还能反映出一个茶馆乃至一个地区的经营层次和文明程度的高低。

（二）体现传统文化特色的经营策略

在经营策略中，在装潢设计和环境布置上，无论豪华还是简朴，都以传统的民族文化为基调，融合民族传统的美学、建筑学、民俗学，创造出一个浓浓的传统文化氛围。在装饰布景上，处处显示民族文化和传统的茶文化特色，使茶馆的每一个角落都给来宾一个“未品香茗，已闻茶香，未读茶经，已识茶道”的感觉。

（三）体现现代文化特色的经营策略

年轻人易接受外来事物和现代气息，高雅的、幽静的茶馆虽然吸引着不少的消费对象，然而对年轻人的吸引力不大，传统的茶馆高雅、幽静，对年轻人来说比较拘束、刻板，吸引力不够。但红茶坊的特色就是将传统和现代风格相结合，将东方和西方的情调相融合，年轻人对近几年出现的大大小小的红茶坊情有独钟。

（四）茶馆的价格要具有竞争力

在市场中最敏感的就是价格，它是影响市场竞争的决定性因素。开设茶馆属于经营活动，要赢利是无可厚非的，但要想取得良好的经济效益，合理地制定价格和兼顾各茶品的档次比例关系是非常重要的。因此茶馆制订价格时要慎重考虑原料成本、地段、营业时间和消费者层次这四个重要因素。

目前茶馆业中的一个争议点是高消费问题。在价格制订上，要充分利用价格这一杠杆对市场进行调节，作为参与市场竞争的手段来赢得市场，争取更多的消费者和更高的消费价值。

（五）茶馆服务也要讲究个性化

茶馆服务是一种无形产品，它具有生产与消费同步性的特殊性，即它是没有固定的外在形式的，它的生产过程也是客人的消费过程。因而，服务产品的质量优劣，在服务过程中会被消费者一目了然地当场辨别出来。从发展的角度来看，哪个茶馆能在服务上取胜，就能在市场上站住脚。个性化服务通常是指服务员以强烈的服务意识去主动接近客人，了解客人，设身处地地揣摩客人的心理，从而有针对性地提供服务。它分为两个层次，第一层次是被动的，是由客人提出的非规范需求；第二层次是主动的，它的内容相当广泛，讲究服务的“细化”与“活化”。“细化”为观察动态，“活化”则要有灵活性，有创意。如服务员在接待客人时，斟上一杯菊花茶，客人说要换一杯绿茶。记下这一细节后，客人下次来时，若服务员主动端上一杯绿茶，客人一定会很满意，这就叫个性化服务。

第四节　茶馆的特色和创新

老舍先生说茶馆是个小社会，是因为茶馆浓缩了中国的方方面面，世风民情也点点滴滴地渗入了茶馆的每个细微之处。茶馆是时代的折射和浓缩，唐人的豪放、宋人的精细、明人的雅致、清人的闲散，都定格在了不同时代茶馆的特色中。未来茶馆的发展将在继承传统中向文化多元化、功能多样化、服务层次化、茶艺展示多样化、经营方式灵活化、品牌差异化、空间分布广域化等方面发展。因此，茶馆业的发展要在创新中突破，走特色发展之路，主要特色可以概括为以下几方面。

（一）产品特色

产品方面要大众化与差异化相结合、传统与现代结合，做到人无我有，人有我优，使文化、名茶、名点、民俗结合，开发新产品，形成系列特色产品，打组合拳。

（二）服务特色

茶馆服务经营的特性是无形服务提供给消费者有形的茶叶，还有无形的产品服务，服务的提供者无法分割，同一项服务因人、因时、因地变化而不可储存。如何将无形的服务予以有形化？对所提供的服务冠上品牌名称，以建立品牌忠诚度；复制服务，大力推广茶艺服务消费，以降低成本；加快服务速度，以提高供应能量。投放一定资金于员工选用和训练，将整个茶馆的服务过程予以标准化。运用差别定价将高峰时段的部分需求转移到谷底或非高峰时段，开发非高峰时段的需求。重视个性化服务的同时，增加消费者参与，建立共同服务，使消费者高兴而来，满意而去。

（三）文化特色

“诠释千年古茶文化，体验百岁人生意蕴”是茶馆经营的至理哲学。茶馆要充分使用道具，道具要有寓意深刻的语言、童话、哲理性小故事等，并通过道具生动演绎茶味人生，“一花一世界，一叶一菩提”。要满足顾客的个性化需求，使用有限的道具营造“月映千江水，千江月不同”的意境。

（四）标准化特色

借鉴学习星巴克创业模式，从规范化、标准化入手，实现茶馆的星级化，提升茶馆吸引力，达到五美茶馆的标准，即看着美、听着美、闻着美、喝着美、坐着美。

案例与习题

案例

案例：彰显文化特色的白沙源茶馆

湖南的“白沙源茶馆”凭借优越的地理位置、文化背景，创新的思维理念，独特的经营之道，在2011年6月获得了“全国十佳特色茶馆”称号。

1. 好名字成就好品牌

白沙源茶馆坐落于湖南省长沙市的白沙井公园内，园内有一口被视为“生命之泉”的千年古井——白沙井，泉水在古城静静流淌了一千多年，给这里留下了千年的甘醇口味与灵秀的文化气息。所谓“好水出好茶”，得天独厚的地理位置和优质的水源让茶馆有着优雅的自然美景和深邃的文化底蕴。白沙井与山东济南趵突泉、贵州漏趵泉、浙江杭州虎跑泉并称为中国四大名泉。

白沙井是白沙品牌的源头，白沙源的名字要符合她的出处，在白沙井公园建茶馆，名字既要优美又要富有诗意，同时又要便于记忆和传播，还要主题明确，易于品牌发展。“古井红，白沙泉，白沙缘，白沙之源”，最后确定为“白沙源”，意在强调“白沙，源头，本源（事物产生的根源）”，源源不断（接连不断）与白沙源头活水有名有实，“源”即是水。

2. 水石文化——好水、好茶、坚石

白沙源有着十分深厚的文化底蕴，水至柔，石至坚。水的灵动与石的沉稳绝妙搭配，突出了整个茶馆的和谐魅力。茶水让人沉淀，石头让人沉静。

白沙星落户白沙源给整个茶馆增添了宇宙的神秘力量。在茶馆里最耀眼的就属“白沙星”这颗“天外来客”的陨石。这颗特别的石头重约400公斤，降落于明朝正德年间（1516年），在1958年被发现。它属于八面体铁陨石，相对密度7.6，含铁90%，主要组成部分为铁纹石。它携带着太阳系最初的原始物质，在太空中飞行了上亿年，穿过大气层降落到地球之上，因偶然的缘分而落户白沙源。在白沙源的庭院里还有一块“听泉石”,这一块石头是从广西购回来的梨皮石,有几米长,通体鲜活的墨绿色,表面布满坑坑洼洼,仿佛在演绎着“水滴石穿”的传奇。此外,茶馆里还有水冲石、灵璧石、化石、水晶石、菊花石、太湖石等,这些奇石都是天然形成的,未经过任何的加工与雕琢,因为要符合茶的本质与真善美。当品茶时,身边放置一块兼具质感和美感的传奇石头,可以使饮茶者内心平静,去除他们身上的浮躁,而安静正是茶道所需要的。

3. 创新设计 打造特色

一提到茶馆,人们很容易联想到中式家具,古色古香,古董字画,似乎一定要有很强烈的中国元素在里面才符合中国茶馆。白沙源茶馆开设之初,就以打造现代新型茶馆为目标,国内外多处实地考察,邀请香港著名设计大师陈幼坚在茶馆原有的基础之上进行整体设计。

白沙源茶馆原本属于公园的一部分,采用传统苏州风格建筑。茶馆周边的建筑仍保留着原有的城乡风貌。为了打造独一无二的特色,茶馆决定大胆突破,采用传统与现代,东方与西方文化相结合的设计方式来展现现代的茶馆文化气息。茶馆的主色调选择了红、黑、白,基本图案为方、圆、条。整个庭院采用了通透含蓄的红色玻璃材料,整排高挂的红灯笼,配以红色布织沙发,构成特有的“中国红”的色调。茶馆有着一个很特别的屋顶,灰色瓦片,紫色的屋檐,透着淡淡的苏州园林味。木材和玻璃是这个空间最主要的材料,而水泥台阶上加了玻璃扶手,则是一种新潮的诠释方法。大量的透明玻璃呈现“水”的意境,用简洁厚重的胡桃木梁作为背衬。为了达到人间仙境的意境,几乎所有的包房设计均采用大面积落地,阳光和月光可以随意进来。若是雨天,你可觉察到雨点欢舞的声音和竹林摇曳的舞姿,心融入其中,仿佛就在梦境。

4. 找准感觉,洞见文化源头

说起文化源头,一是有依托,二是持续可靠,源源不断地给予你精神、文化、品牌乃至于灵感上的补给。白沙源经历过这样的过程,最终找到了那概括白沙源灵魂的三个字眼:水、石、茶,即水文化、石文化、茶文化,延伸到物质可谓品道、品德、和谐生活。找到源头,事业及实业的发展,就会源源不断地延伸、扩展,即使时光流逝,物质衰老陈旧,但是有源头、有文化、有精神,就会有精力和创新,就能实现可持续的发展。

正因为白沙源独具慧眼的洞察,找准了“取之不竭”的经营源头,才使得白沙源步步高升,在湘派茶馆中竖起一面新异的旗帜!

5. 文化营销,提升品牌

在白沙源的产品上,随处可以看到代表有白沙源品牌的具体参数(表现为设计、造型、生产、包装、品牌等各个方面)。比如说白沙源的名称与 logo 采用中国红,它的设计也出自陈幼坚之手,无论用到哪一方面,它的参数不变。还有宣传海报、垫餐纸、公司网站、手提袋、餐巾纸、会员卡等都有着白沙源茶馆的特有设计。白沙源把文化寓于产品设计、生产、经营环节中，创造全方位、高品位的文化氛围。在包装设计中强调包装材料、图案设计、色彩与文字说明的搭配，突出文化特色和韵味，力求文化创新，展现了自身产品特点的文化魅力。

另外在看不见的产品上，白沙源的“用心服务”也是一大特色。白沙源硬件中大量采用平移式感应自动门，茶客不用自己推门，灯光、音响、空调可独立调制客人舒适的位置。此外，掌中宝和无线呼叫器的使用给茶客一种不被打扰的感觉。喝茶要静心，又有仿佛在家的随意感觉。若茶客需要茶艺员的服务，可随时呼叫，茶艺员会在短时间内回应客人。因此，白沙源在用人和树人方面也有自己独特的培训与发展模式。用心的为员工搭好舞台，让他们在舞台上尽情地发挥与绽放，做好过程，激励结果。这样的做法，往往会比想象中要好得多。一方面茶客感受到了用心的服务，将心留下；另一方面员工绽放美丽，收获物质与非物质的双重快乐，最终的结果是三方面的满意与赢利，可见白沙源文化营销的精彩与魅力。

6. 从物质到精神的茶艺营销

对于茶馆而言，“茶艺”是缺少不了的，可是，怎样准确的理解“艺”，恐怕很多人觉得艺术就是一下子可以欣赏到的感官、视觉及韵律、姿态等体象或形象之美，注重的是外在。尤其在茶文化方面，茶艺被好些人理解成动作之美，茶艺师形态之美，往往“照葫芦画瓢”，刻意模仿，却失去了神韵。但是，真正的中国茶艺，其实要求的是一种精神之美。要懂得中国茶艺美学的四大理念——天人合一，物我玄会；知者乐水，仁者乐山；涤除悬鉴，澄怀味象；道法自然，保合太和。

白沙源在取“茶艺”真经的道路上慢慢探索，发现在展现茶艺美丽外在的同时也要展现茶人内心的真、善、美。这样，喝茶就变成了心灵与精神上的双重享受。这样的思想，似乎就对中国的茶艺美学更为接近了，一切可简单，一切可复杂。若物质与精神的茶艺之美相结合，那么真正的中国茶艺就可以随处而见，真真实实，鲜活灵动，活在当下。“心意茶”的打造与出现，也正说明了白沙源追求真善美的茶艺旅程。

评述：“以文促商，以商促文”是白沙源发展坚持的特色。白沙源茶馆是以茶文化为基础，结合水文化和石文化，水至柔，石至坚，突出整个茶馆的和谐魅力。人才的引进和茶艺的创新，独特的文化底蕴及经营方式，积极创新的精神追求，实现白沙源茶馆从湖南到全国乃至世界的蜕变。

习题

1. 茶馆的特色体现在哪几方面？
2. 茶馆开发的基本步骤有哪些？
3. 请结合自身实际和创业策划一个茶馆。

第三章 茶馆室内设计

【导读】

室内设计是一门集技术与艺术为一体的复杂性综合学科。它与人们的实际生活有着紧密的联系，它不仅满足了人们生活的需要，同时也改变着人们的生活方式与行为方式，提升了人们的生活品质。近年来，室内设计也成为发展极为迅速的一个领域，随着经济环境的不断发展以及科学技术的不断进步，室内设计越来越体现出它在整个国民生活中的重要位置。

本章节主要通过系统地介绍室内设计的程序、流派、风格，茶馆设计的要点和创意，了解茶馆室内设计的程序、方法和特点。为相关人员提供茶馆室内设计的指导，保证工程项目的实现。

第一节　概　论

室内设计就是从建筑内部把握空间，根据空间的使用性质和所处环境，运用物质技术以及艺术手段，创造功能合理、舒适美观，符合人们的生理、心理需要，使使用者心情愉快，便于生活、工作、学习的理想场所的内部空间环境设计。

一、室内设计的概念与意义

室内设计(Interior Design)是建筑物内部的环境设计，是以一定的建筑空间为基础，以追求室内环境多种功能的完美结合，充分满足人们在生活、工作中的物质需求和精神需求为目标的设计活动。

室内设计是建筑设计的组成部分。从建筑学最基本的含义来说，建筑是人为构筑的、供人们生活活动的空间①。人类建筑行为最基本的目标，就是提供一个能够满足人们生活、学习、工作、交往、休息、观赏等需要，符合各种功能，有一定形状与尺度的空间。由于建筑形式本身的多样性和复杂性，建筑物内外空间经常呈现出多层交错的关系。而且，室内功能的实现也经常与室外的因素融合，所以室内外空间的限定只是相对而言的，但是我们说的室内设计主要指的是建筑物内部的空间设计。建筑物内部空间的设计应该是建筑外部空间的延续。

室内设计是与室外空间设计相交叉的空间环境设计。“环境”在现代建筑学与环境科学概念中是用来指构成人类活动空间范围的所有自然的和人工的完整的环境系统。建筑的室内环境离不开自然环境，但是又有着建筑室内环境的特殊属性，它是从环境的角度来研究建筑空间与人的关系，强调建筑因素、自然因素、人的因素三者之间的整体效应，是一种系统意识的体现，所以室内设计又称“室内环境设计”。因此，室内设计和人们的生活、工作、学习、生产等的联系比较紧密，它服务于生活在建筑物中的人的种种需求。

①沈福熙. 建筑概论[M]. 上海:同济大学出版,1994.

以人对建筑室内空间的使用为主要目的建筑物为例，室内空间环境的设计，主要是人工环境的再创造，是建筑物界面的设计。从某种意义上来讲，室内设计就是建筑艺术的“终端产品”——建筑艺术的最终环节，对建筑物的整体品质、建筑物的人文内涵有着极其重要的影响，因此它是建筑设计中的重要组成部分，而不是一种建筑过程的简单延伸。

室内空间环境的设计是一种有限制的创造活动，因为它是基于建筑物空间所提供的条件进行室内空间环境的再创造，在设计中必须充分考虑到人的行为方式、心理需要、空间功能等要素以及技术的可行性、艺术风格的匹配性等因素，营造出一个功能合理、形式美观、使用方便、经济安全的室内空间，满足人们的使用和审美的需求。

二、室内空间环境设计可分为三个阶段

第一个阶段，创造合理的空间关系。根据建筑的类型、性质和功能特点，科学组织室内空间，做到布局合理、空间层次清晰明确。

第二个阶段，创造舒适的空间环境。根据人们对建筑空间的朝向、保暖、防潮、隔声、通风、采光、照明等诸多方面的要求，满足人们对建筑空间在生理上的需求。

第三个阶段，创造惬意的空间环境。即满足人们对建筑空间环境的精神需求，创造一个使人们在工作、生活、休息的时候感到心情愉悦、有情调的建筑空间。

创造具有文化价值的茶馆空间是茶馆装饰设计的出发点。现在的装饰设计中，我们强调以人为本，强调人的参与和体验，从单纯的建筑空间设计转向时空环境的设计（三维空间 + 时间 = 四维空间）；强调人文意识，从单纯地为装饰而装饰或一般创造气氛提高到对艺术风格、文化特色和审美价值的追求及意境的创造。开设茶馆能否获得良好的效益，这和茶馆空间环境的营造有着很大的关系，所以在人——社会——自然这一大环境中，茶馆的装饰设计要动用各种艺术的、技术的手法，丰富自己的内涵，才能创造出空间氛围良好、经济效益良好的茶馆空间环境。

茶馆的装饰设计不仅仅是点、线、面的布置，还是一个立体空间意境的布置；不仅是静态空间的创造，还应该是动态、变化、虚化空间的创造。

三、室内设计的内容与特征

室内设计是一门综合性学科，涉及的专业知识面较广，我们可以将其概括归纳为

以下四个部分：

第一，空间形象的设计。就是对建筑所提供的内部空间进行处理，在建筑设计的基础上进一步调整空间的尺度和比例，解决好空间与空间的衔接、对比、统一等问题。

第二，室内装修设计。主要是按照空间处理的要求对空间维护体的几个界面，即墙面、地面、顶棚等进行处理，包括对分割空间的实体、半实体的处理，即对建筑结构和构造体的有关部分进行设计处理。

第三，室内物理环境设计。对室内体感气候、采暖、通风、温湿调节等方面的设计处理，是现代室内设计极为重要的方面。随着科技的不断发展与应用，它已成为衡量环境质量的重要内容。

第四，室内陈设设计。主要是对室内家具、设备、装饰织物、陈设艺术、照明灯具、绿化等方面的设计处理。

室内设计的最终目标就是创造出适宜人们活动的舒适空间。茶馆的室内空间是一个餐饮空间、交流空间、聚散空间、娱乐空间，同时也是一个精神聚焦的空间。作为交流空间，茶馆的室内空间必须有一定的体积与容量，有一定的通行能力，它必须有一定的交通通道，有一定数量并可供人们交往的场所和家具陈设。在茶厅部分的设计要求较其他的辅助空间要有更大的空间，配有一定数量的家具和相关设施。作为精神聚焦的空间，茶厅里应该装置一些书画、陈设品等。因此，在考虑室内设计的特征时，必须考虑到室内设计的时空性、整体性、技术性、人文性、艺术性等特性。

四、室内设计的程序与专业协调

室内设计根据其专业特点，具有一套严谨复杂的工作流程。完整的设计程序是设计质量的前提和保证。

室内设计根据设计的进程，通常可以分为四个阶段，即设计准备阶段、方案设计阶段、施工图设计阶段和设计实施阶段。

（一）设计准备阶段

（1）接受委托书——签订合同——明确设计期限、设计计划进度——考虑各有关工种的配合与协调。

（2）明确设计定位。

(3)熟悉与设计有关的规范,收集分析必要的资料和信息,调查踏勘现场。

(二)方案设计阶段

方案设计阶段是进一步收集、分析、运用与设计任务有关的资料与信息,构思立意,进行初步方案设计,并进行方案的分析与比较。

(三)施工图设计阶段

施工图设计阶段需要补充施工所必要的有关平面布置、室内立面和天花等的图纸,包括结构节点详图、细部大样图以及设备管线图,编制施工说明和造价预算。内容包括:

(1)平面图(包括家具布置)常用比例1∶50或1∶100。

(2)室内立面展开图常用比例1∶20或1∶50。

(3)室内立面图常用比例1∶20或1∶50。

(4)顶棚镜面图(包括灯具、风口布置)常用比例1∶50或1∶100。

(5)室内透视图(彩色效果)。

(6)室内装饰材料实样版面(墙纸、地毯、窗帘、室内纺织面料、墙地面砖及石材、木材等均用实样,家具、灯具、设备等用实物照片)。

(7)设计意图说明。

(8)设计概算。

完整的设计应包括可行性经济计划、总造价、投资组合、资金分配比例,这是室内设计的重要内容,和技术、艺术、人的需求各因素密不可分,甚至主导着设计趋向。内容有:

(1)研究分析装饰工程消耗的人工、材料和价格。探求用最少的人力、物力、财力,生产出更多、更好的装饰项目。

(2)它与室内设计、施工组织、计划、基本建设、统计、财会等学科有密切关系。

(3)总预算书——编制说明——投资分析——费用——综合。预算书——装修工程——设备安装——材料——系统概念图。

(四)设计实施阶段

(1)室内工程施工前,设计人员应向工程单位进行设计意图说明及图纸的技术交流。

(2)工程施工期间,需要按图纸要求核对施工实况,有时还需要根据现场实况提出对图纸的局部修改或补充。

(3)施工结束时,会同质检部门和建设单位进行工程验收。

室内环境设计是多专业、多技术、多门类艺术和多工种的总体设计工程。当整体功能的空间布局、分区及整体装饰造型完成后,还要求与空调、水电、消防、音响、给排水等工程的技术相协调。其实,在整体设计的同时,对各有关工程的技术要求,已进入了考虑分析中,如对空调、水电、消防与室内天花造型高度的分析等。随着现代建筑领域中科学、技术与艺术日新月异的发展,这种多专业、多工种的配合与协调越来越成为现代室内设计成功的关键所在。

一般来说,完成室内设计任务有两种情况:一种是由建筑设计单位自身承担(配有室内设计专业人员);另一种是另行委托室内设计单位承担(该单位要为此项工程设室内设计主持人)。不论是哪一种情况,室内设计人员都应该在吃透建筑工程设计任务书、建筑设计总体构思的前提下开展工作,同时要取得建筑工程主持人的理解与支持,并努力贯彻、完善总体设计思想(旧建筑室内改变使用性质的室内设计改造除外)。

五、室内设计的学习方法与目的

(一)室内设计的方法

(1)要扩大知识面,加强资料的积累。

(2)要掌握正确的思维方法和思维程序。

(3)要正确地运用各种表现技法。

(4)要循序渐进,加强设计实践,提高能力。

(二)室内设计的目的

室内设计的目的是创造满足人们物质需求和精神需求的室内环境,一切都要以人的生产活动为最基本的出发点。现在我们正处在一个经济、信息、科技、文化等各方面高速发展的时代,人们对所处环境的质量提出了更高的要求,对室内设计的发展提出了新的要求与目标——人性化的设计理念、科技与文化艺术相结合的设计思想、可持续发展的绿色设计任务以及更加多元化的设计风格。

第二节　室内设计的风格和流派

一、风格的成因和影响

室内设计的风格①和流派②，属于室内环境中的艺术造型和精神功能范畴。室内设计的风格和流派往往是和建筑以及家具、陈设的风格和流派紧密结合；有时也以相应历史时期的绘画、造型艺术，甚至文学、音乐等的风格和流派为其渊源与其相互影响。例如建筑和室内设计中的“后现代主义”一词及其含义最早是起源于西班牙的文学著作中，而“风格派”则是具有鲜明特色的荷兰造型艺术的一个流派。可见，建筑艺术除了具有与物质材料、工程技术紧密联系的特征外，也和文学、音乐以及绘画、雕塑等艺术之间相互沟通。

室内设计风格的形成是不同的时代思潮和地区特点，通过创作构思和表现，逐渐发展成为具有代表性的室内设计形式。一种典型风格的形成，通常是和当地的人文因素和自然条件密切相关的，同时又具有创作的构思和造型的特点，人文因素和自然条件是形成风格的内在和外在的因素。

风格虽然表现于形式，但风格具有艺术、文化、社会发展等深刻的内涵，从这一层含义以及诸多的社会因素看，风格并不仅仅局限于作为一种形式表现和视觉上的感受。

20 世纪 20 ~ 30 年代早期，俄罗斯建筑理论家 M · 金兹伯格曾说过，“‘风格’这个词充满了模糊性……我们经常把区分艺术的最精微细致的差别的那些特征称作风格，有时候我们又把整整一个大时代或者几个世纪的特点称作风格。”当今对室内设计风格和流派的分类，还正在进一步研究和探讨，本章中叙述的风格和流派的名称以及分类，也不作为定论，仅仅作为阅读和学习时的借鉴和参考，并有可能对我们的设计

①“风格”是指设计作品所表现出的思想、情感、意趣，作品在审美表意等方面能打动人的基本特征，以及作品所反映的品质、格调、风度。

②“流派”是指按学术、艺术观点聚合的人群派别聚合成流派。

分析和创作有所启迪。

一、古典样式

(一)罗马样式

公元1~3世纪是古罗马建筑最繁荣的时期。古罗马公共建筑类型多,型制发达,样式和手法丰富,结构水平高,初步建立了建筑科学理论,对欧洲建筑产生了巨大影响。此时期公共建筑类型增加,如会场、剧院、市场、浴场、旅馆、俱乐部、图书馆、码头等,并有了固定的模式;建筑技术手法改进,如面砖和砖的生产技术,拱券结构的出现以及起重、运输机械的使用;建筑风格完美且朴素严谨。东方建筑文化和古罗马建筑文化融合的结果是产生了有关的构图的法则,比如在纪念性建筑(古罗马的万神庙)中流行集中式构图。这些构成了罗马建筑文化形成和发展的基础和养料,使西方古典文化在古希腊之后又达到一个新的高峰。

古罗马家具的造型多采用动物和花叶图案装饰,家具为各种旋木腿座椅和向外弧形腿的靠背椅。罗马样式的家具风格不统一,反映了欧洲各国相互间的交流和影响。

公元5~6世纪,欧洲宗教建筑盛行。罗马样式由欧洲长方形会的教堂发展而来,加厚的罗马拱形建筑的墙壁建筑产生了庄重美;减少窗户,室内变暗使内装修的浮雕及室内雕塑增添了神秘感。

在此期间出现了著名的罗马五柱式:塔斯干柱式、多立克柱式、爱奥尼克柱式、科林斯柱式、混合柱式(其中古罗马从古希腊继承了多立克、爱奥尼克、科林斯这三种柱式,同时创造了塔斯干柱式和混合柱式两种柱式)。古希腊人对人体的重视和赞美在柱式的造型中具有明显的反映,刚健、粗壮的多立克柱式象征着男性的体态和性格,爱奥尼克柱式则以其柔美和秀丽表现了女性的体态和性格。塔斯干柱式是古罗马原有的一种柱式,柱身无槽;混合柱式是由爱奥尼克和科林斯混合而成,更为华丽(图3-1)。古罗马帝国骄侈享乐的社会风气,建筑物的巨大尺度,使古罗马的柱式比例中柱子更为细长,线脚装饰也趋向复杂。

罗马塔斯干柱式　　罗马混合柱式　　上：希腊多立克柱式　上：希腊爱奥尼克柱式
下：罗马多立克柱式　下：罗马爱奥尼克柱式

图 3－1　希腊柱式与罗马柱式的比较①

①田学哲. 建筑初步,[M]. 北京:中国建筑工业出版,1999.

室内流行的装饰有山形墙、檐板、柱头等细部及涡卷、莨菪、竖琴、桂冠、花环等(如图3-2、3-3)。

图3-2　古罗马建筑檐口细部装饰

图3-3　意大利庞贝城遗址发掘的古罗马人别墅卧室

(二)欧洲哥特式

自公元476年西罗马帝国灭亡到15世纪文艺复兴运动开始的这段时期,史称中世纪,是处于文明与复兴之间的时代。其文化是多种文化源流的综合,既具有东方文化特征,又具有古希腊罗马的文化传统和所谓"蛮族民族"——哥特人的艺术。其宗教建筑室内用竖向排列的束柱(图3-4),柱间用尖形向上的细华格洞形、玫瑰花窗(图3-5),窗口上部用火焰线脚、卷幔、亚麻布、螺形(图3-6)等装饰来创造宗教至高无上的严肃神秘气氛。14世纪末,欧洲经济发展起来,一般室内装饰向造型华丽、色彩丰富明亮发展。英国富裕者增多,一般市民的住宅也追求华美鲜艳的效果和讲究的装修,再配以模仿拱形线脚的家具。

图3-4　德国科隆教堂的内景

图3-5　巴黎圣母院南袖廊内的彩色玻璃窗

图3－6　哥特式教堂的飞扶壁（左图为巴黎圣母院的飞扶壁）

（二）文艺复兴样式的特点

文艺复兴时期是指14世纪到16世纪西欧与中欧国家在文化思想发展中的一个时期。这个时期，欧洲的各个大国家日益强大，宗教思想和行为也都发生了变化。“文艺复兴”的原意是“在古典规范的影响下，艺术和文学的复兴”。其思想基础是关怀人、尊重人、以人为本的世界观。在这一思想的影响下，人们逐渐摆脱了以宗教崇拜为特征的建筑空间的营造方式，转而更加关注人本身对空间舒适性的感知，也就有了一些专门针对室内空间的营造手段，出现了今天所谓的室内设计的内容，真正的室内设计也就是在这个时期初现端倪。

文艺复兴的文化不是简单地对古典文化的“复兴”，而是借古典外壳的新文化，是对社会新的政治、经济的反映。这一时期有许多新的建筑活动，大型的世俗建筑取代了教堂建筑的地位（图3－7）。城市建筑也有分化，资产阶级的房屋变得讲究。宫廷建筑大力发展，封建地主堡垒衰败。古典柱式又成为统治阶级的建筑造型的主要样式，资产阶级在建筑领域立住了脚。建筑师也不再是工匠，而成为专门的职业。建筑不再强调结构的合理性，而是把美观变为首要考虑的问题。所以，文艺复兴的装饰样式具有冲破中世纪装饰的烦琐性和封闭性而重视人性的文化特征。文艺复兴将文化艺术的中心从宫殿移向民众，同时在对古希腊文化、古罗马文化再认识的基础上具有古典样式再生和充实的意义。

图 3－7　伯鲁乃列斯基①设计的育婴堂②（右图为育婴堂的细部雕刻）

文艺复兴始于 14 世纪的意大利，这一时期主要的历史进程是：生产技术和自然科学的重大进步；以意大利为中心的思想文化领域的反封建、反宗教神学的运动；在法国、英国、西班牙等国家，国王联合资产阶级，挫败了大封建领主，建立了中央集权的民族国家；在德国发生了宗教改革运动，然后蔓延到全欧洲；农民和城市平民的起义更是风起云涌。

由于资本主义萌芽所造成的种种社会变革激发了普遍的文化高涨，建筑业随着进入了一个崭新的阶段，众星灿烂，繁花似锦。建筑逐渐摆脱了教会和封建贵族的狭隘束缚，面向新时代的现实生活，既有提高，又有普及，如大河奔流，终于浩浩荡荡地改变了欧洲大批城镇的面貌。

文艺复兴时期，整个意大利张显华丽、壮观的设计风格，突出体现在盛大的节日场面，市民们身穿丝质或鹅绒服饰，佩戴金首饰，士兵则身着耀眼的盔甲，手举亮色调的丝质旗。这种十分张扬的设计风格也集中体现在室内陈设中，比如在屋内放置

①伯鲁乃列斯基是意大利早期文艺复兴建筑的奠基人，是著名的建筑师、诗人、音乐家、数学家，精通机械学。他出身于行会工匠，精通机械、铸工，是杰出的雕刻家、画家、工艺家和学者，在透视学和数学等方面都有建树，也设计过一些建筑物。他正是文艺复兴时代所特有的那种多才多艺的巨人。

②育婴堂由伯鲁乃列斯基于 1419 年设计的，底层是连续的券廊，属于科林斯柱式；第二层窗子小、墙面大，线脚细巧，墙面平洁，檐口薄薄的、轻轻的，所以同连续券廊的风格很协调，而虚实对比又很强。整个立面构图简洁，比例匀称。

雕塑品、艺术作品以及悬挂绣帏。此类的室内陈设大多选用造型精美的胡桃木家具，帐帘、垫子均用上好的锦缎、刺绣，还有许多精致美观的陈列品，如带雕刻的枝状吊灯，镜子，镶金边的盘子，带有浓郁威尼斯特色的饰带，眼镜盒，彩色徽章以及各类花饰陶器。地面也铺盖具有东方古典特色的织品，且颜色亮丽。除了威尼斯，这种华丽大气的设计风格仅在 17 至 18 世纪的罗马和法国出现过。文艺复兴早期房屋的设计大多以罗马古典设计风格为蓝本，重在突出贵族家世的显赫，镀金的壁柱和彩绘檐板被用在墙面的装饰上，有的选用带有木拼花的壁柱来装饰墙面，有的整个墙面以壁画来装饰，许多威尼斯式风格乐衷于采用彩色大理石，连天花板的装饰都是十分精致的。

为了设计出具有浓郁新古典气息的家具，工匠们必须清楚如何将古典建筑的设计原理运用到实际创造中。15 世纪，具有新古典风格的民用家具广泛流行且在皇室设计中大行其道。以胡桃木为原料制成的家具显得华丽富贵，并强调线形所塑造出来的水平效果。椅子大都采用弧线形，同时将古典建筑的一些小技巧融入到家具设计中。为了满足贵族对豪华舒适生活的追求，设计风格不断变化，然而直到 18 世纪晚期，新的设计风格仍在酝酿之中。

文艺复兴时期对家具的研究始于佛罗伦萨首都塔斯卡尼（Tuscany）。简洁流畅的直线设计风格成为人们热衷讨论的对象。文艺复兴早期的家具作品重视线条的优美以及比例的匀称，装饰中运用雕刻技术，同时汴意材料的节省。轻度的浮雕能扩大表面的视觉感，要求有精湛的技术以及良好的材料。大手笔的浮雕工艺直到 16 世纪才出现。人们对雕刻艺术的喜爱促进了镶嵌拼花工艺在家具装饰上的运用和发展。镶嵌拼花工艺是意大利最杰出的艺术成就之一，并于 1475 ~ 1525 年达到高潮。木板拼花工艺最早出现在西思那（Siena），形式也是千变万化的，有风景画、房屋内部构造、花园、人、图饰等，它广泛用于建筑表面的装饰以及民用家具。15 世纪晚期至 16 世纪木片拼花工艺得到了广泛运用并在 16 世纪获得进一步发展。由于受到东方文化的影响，威尼斯以其传统的风格闻名于世。在 14 世纪的开罗和大马士革（Damascus），象牙与贵重木材经常以雕刻的形式镶嵌在桌子、搁板上，有些制品还申请了专利，后来意大利通过商贸的来往引进了这一工艺。这期间主要的代表作是位于伦巴底（Lombardy）的卡尔特修道院（Carthusian？ Monasteries）。彩绘装饰出现于 15 世纪并沿用了两个世纪。文艺复兴早期的家具种类少，形式朴实。文艺复兴发展的高潮时期，造型变化多样。晚期的家具设计风格大胆张扬，富有创意，这种设计风格沿袭至16世纪。

文艺复兴时期意大利最早使用古典装饰品。装饰的形式大多选用传统的卵形、箭形或连结环等，其中许多深受人们喜爱，如花形、叶子状浮雕、动物以及人的形体等。也有的装饰是以赞美诗的形式呈现出来的。宗教活动、重大历史事件、神话、花园景色以及婚礼场景都是设计师们所热衷的主题。

文艺复兴时期各国的艺术流派与风格：

(1)文艺复兴时期意大利的家具多为不露结构部件、强调表面雕饰、多运用细密描绘的手法，具有丰裕华丽的效果。标志着意大利文艺复兴建筑史开始的是佛罗伦萨主教堂的穹顶(图3-8)，坦比哀多小教堂(图3-9)是意大利文艺复兴盛期建筑的第一个作品，也是新时代的第一朵报春花。意大利文艺复兴最伟大的纪念碑是罗马教廷的圣彼得堡大教堂(图3-10)。

其中在佛罗伦萨劳仑齐阿纳图书馆(图3-11、3-12)和美狄奇府邸(图3-13)的设计中，米开朗琪罗运用了手法主义的设计手法，为后来的"巴洛克式"的设计风格打下了基础。

图3-8 佛罗伦萨主教堂①

图3-9 坦比哀多小教堂②

①佛罗伦萨主教堂又称花之圣母大教堂，最出名的是它的技巧仿自罗马万神殿的圆顶，神乎奇技是最好的形容词。这也是全城建筑的最宏大的交响乐，是天才建筑师布鲁内莱斯基绝世之作。

②伯拉孟特是盛期文艺复兴建筑的奠基人，出身平民，本是个画家，早期在米兰从事过建筑工作，风格平和秀丽。1499年伯拉孟特到罗马之后，很快就受到16世纪初年新思想的鼓舞，力求把高亢的爱国热情表现在建筑物上，建立时代的纪念碑。他刻苦向古罗马遗迹学习，足迹踏遍罗马城和周围地区，从此风格大变，追求庄严宏伟，刚健有力。小小的坦比哀多小教堂，成了文艺复兴盛期建筑的第一个代表。在教廷的圣彼得堡大教堂的设计中，他满怀豪情地以超过古罗马的建筑成就为目标。

图 3－10 圣彼得堡大教堂①

图 3－11 劳伦齐阿娜图书馆室内楼梯②

图 3－12 佛罗伦萨劳仑齐阿纳图书馆立面

图 3－13 美狄奇府邸立面

(2)文艺复兴时期法国的室内和家具以木雕装饰为其主要的装饰手法。

(3)英国的文艺复兴样式(图 3－14)似乎可见到哥特样式的特征,但随着住宅建筑的快速发展,室内工艺占据了主要位置。

①圣彼得堡教堂在长达 120 年的重建过程中,意大利最优秀的建筑师布拉曼特、米开朗琪罗、德拉·波尔塔和卡洛·马泰尔相继主持过它的设计和施工,直到 1626 年 11 月 18 日才正式宣告落成,称圣彼得堡大教堂。

②劳伦齐阿娜图书馆由米开朗琪罗设计,对后来的室内设计有着较大的影响。该楼梯的引导作用和装饰作用,后来被人们渐渐认识到。

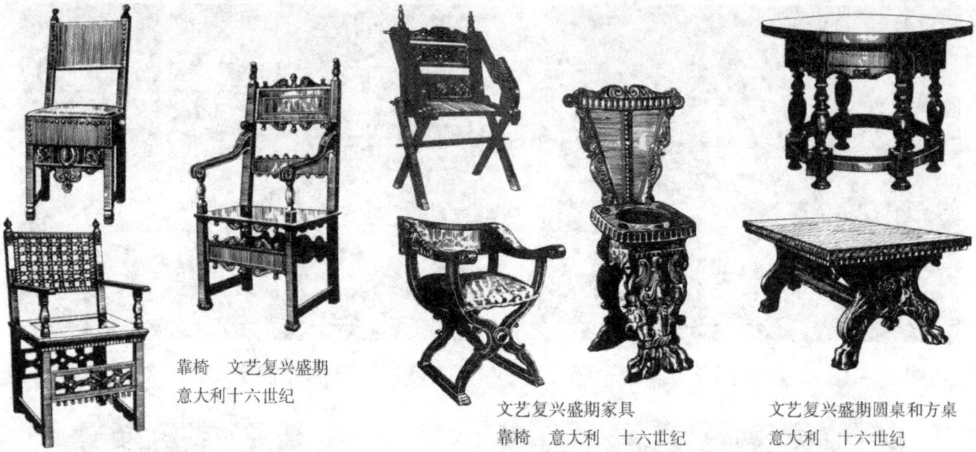

图 3－14　欧洲文艺复兴样式

（四）欧洲巴洛克

巴洛克艺术代表着文艺复兴晚期手法主义的发展，产生于 16 世纪下半叶，盛期是 17 世纪，进入 18 世纪除北欧地区以外，巴洛克艺术逐渐衰落。意大利是巴洛克艺术的发源地，这种艺术形态虽然不是宗教发明的，但它是为教会服务的，被宗教所利用，教会是它最强有力的支柱（图 3－15、3－16）。

图 3－15　罗马的耶稣会教堂

图 3－16　罗马的圣卡罗教堂

巴洛克建筑艺术有如下的一些特征:第一,炫耀财富。大量使用贵重的材料,充满了装饰,色彩鲜丽,一身珠光宝气。第二,追求新奇。建筑师们标新立异,前所未见的建筑形象和手法层出不穷。而创新的主要路径是:首先,赋予建筑实体和空间以动态,或者波折流转,或者骚乱冲突;其次,打破建筑、雕刻和绘画的界限,使它们互相渗透;再次,则是不顾结构逻辑,采用非理性的组合,取得反常的效果。第四,趋向自然。在郊外兴建了许多别墅,园林艺术有所发展。在城里造了一些开敞的广场,建筑也渐渐开敞,并在装饰中增加了自然题材。第五,城市和建筑都有一种庄严隆重、刚劲有力,然而又充满欢乐的兴致勃勃的气氛。

其中在巴洛克建筑的室内空间中,往往有如下的特点:第一,波浪形曲线与曲面形成标志建筑。第二,利用透视术或增加层次来夸大距离,体积感强。第三,建筑部件断折,不完整,形成不稳定形象,如折断的或双层的檐口、山花。第四,柱子不规则排列增强立面与空间的凹凸起伏和运动感。第五,室内运用曲线曲面及形体的不稳定组合产生光影变化,追求动态。第六,强烈的装饰、雕刻与色彩。第七,用互相穿插的曲面与椭圆形成空间。第八,大量运用自由曲线的形体追求动态。

图 3-17 欧洲巴洛克室内立面

巴洛克艺术为了打破文艺复兴时代整体的造型形式而进行变化,在运用直线的同时也强调线型流动变化的造型特点,具有过多的装饰和华美厚重的效果;在室内,将绘画、雕刻、工艺集中于装饰和陈设艺术上,墙面装饰多以精美的法国壁毯为主,以及镶有大型镜面和大理石,用线脚重叠的贵重木材镶边板装饰墙面等;色彩则华丽且用金色予以协调,以直线与曲线协调处理的猫脚家具和其他各种装饰工艺手段的使用,构成室内庄重、豪华的气氛(图 3-17)。

（五）洛可可样式

就像意大利在文艺复兴之后出现了巴洛克一样，法国在古典主义之后出现了洛可可。光辉的时代培养了巨大的才华和热情，当一些迟熟的蓓蕾舒萼吐蕊的时候，季节已过，秋风含霜，于是它们的花瓣扭曲了、变形了，纵然有色有香，毕竟是病态的。

洛可可风格与巴洛克风格多少有些相似之处，但巴洛克风格浓烈的宗教气息和夸张的情感表现在洛可可风格中却不多见。洛可可风格主要表现于室内装饰。其特点是：造型细腻柔媚，常采用不对称手法，喜欢用弧线和S形线，尤其爱用贝壳、旋涡、山石作为装饰题材；卷草舒花，缠绵盘曲，连成一体；其天花和墙面有时以弧面相连，转角处则布置壁画，它反映着贵族们苍白无聊的生活和娇弱敏感的心情，他们受不了古典主义的严肃的理性和巴洛克喧嚣的放肆，他们要的是更娇媚、更温柔、更细腻而且也更琐碎纤巧的风格。

和巴洛克风格不同，洛可可风格在室内排斥一切建筑母题：过去用壁柱的地方，改用镶板或者镜子，四周用细巧复杂的边框围起来；凹圆线脚和柔软的涡卷代替了檐口和小山花；圆雕和高浮雕换成了色彩艳丽的小幅绘画和薄浮雕。浮雕的轮廓融进底子的平面之中；丰满的花环不用了，用纤细的璎珞；线脚和雕饰都是细细的、薄薄的，没有体积感。墙面大多用木板，漆白色，后来又多用木材本色，打蜡；装饰题材有自然主义的倾向。最爱用的是千变万化地舒卷着的、纠缠着的草叶，此外还有蚌壳、蔷薇和棕榈。它们还构成撑托、壁炉架、镜框、门窗框和家具腿等。为了彻底模仿植物的自然形态，后来它们竟完全不对称，连建筑部件都不对称。例如镜框，四条边和四个角都不一样，每条边、每个角本身也不对称，流转变幻，穷状极态，并且趋向繁冗堆砌（图3－18）。

洛可可风格在色彩上爱用娇艳的颜色，如嫩绿、粉红、猩红等。线脚大多是金色的，天花板上涂天蓝色，画着白云，喜爱闪烁的光泽。墙上大量镶嵌镜子，粘绸缎的幔帐，挂晶体玻璃的吊灯，陈设着瓷器，家具上镶螺钿，壁炉用磨光的大理石，大量使用金漆，等等。特别喜好在大镜子前面安装烛台，欣赏反照的摇曳和迷离；门窗的上槛、镜子和边框线脚等的上下沿尽量避免用水平的直线，而用多变的曲线，并且常常被装饰打断。同时也尽量避免方角，在各种转角上总是用涡卷、花草或者璎珞等来软化和掩饰。洛可可装饰的代表作是巴黎苏比士府邸的客厅（图3－19）。洛可可在建筑物的外部表现比较少。

路易十五时期的客厅，不露柱子的墙面，以淡青色、白色为主的装饰镜面板包镶，以及同一的曲线型，其中，家具为典型的洛可可样式

洛可可时期的家具上多有贝壳和波浪状的图案和床和镜框也雕刻有树叶和贝壳的图案，使之显得俏皮和细腻，轻快而优雅的。

洛可可样式家具和室内面板上的雕饰

洛可可家具上的雕饰纹样

洛可可样式的柜子

路易十五时期，金漆饰面，木雕纹样的扶手沙发椅

图 3－18　法国洛可可样式①

---

①张绮曼:《室内设计资料集》,中国建筑工业出版社,1991 年 6 月第一版。

图 3－19　巴黎苏比士府邸的客厅

二、欧式新古典主义风格

新古典主义的设计风格是古典主义风格在现代社会的新的表现形式。欧洲文化丰富的艺术底蕴，开放、创新的设计思想，一直受众人喜爱与追求。新古典风格保留了古典风格装饰中材质、色彩的风格和历史的痕迹与浑厚的文化内涵。新古典主义风格摒弃了过于复杂的肌理和装饰，简化了线条。新古典主义风格是一种多元化的思考方式，将怀古的浪漫情怀与现代人对生活的需求相结合，兼容华贵典雅与时尚，反映当代个性化的美学观点和文化品位（图 3－20）。

新古典主义在注重装饰效果的同时，用现代的手法和材质还原古典气质，具备了古典与现代的双重审美效果，完美的结合让人们在享受物质文明的同时得到精神上的慰藉。新古典主义是融合风格的典型代表，注重线条的搭配以及线条与线条的比例关系，注重材质的选择（图 3－21）。新古典主义风格一般适合于比较大的室内空间。

图 3－20　新古典风格家具

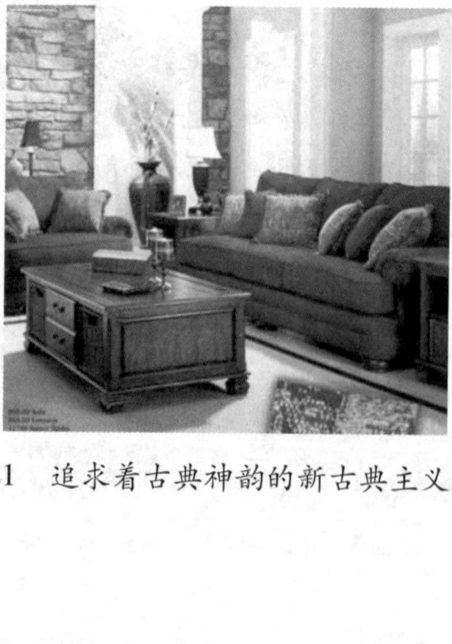

图 3－21　追求着古典神韵的新古典主义风格

三、欧洲新艺术运动风格

“新艺术”所涵盖的时间大约从1880年到1910年，跨度近30年，是在整个欧洲和美国展开的设计艺术运动。新艺术运动的内容几乎涉及所有的艺术领域，包括建筑、家具、服装、平面设计、书籍插图以及雕塑和绘画，而且和文学、音乐、戏剧及舞蹈都有关系。

新艺术运动的目的是想解决建筑和工艺品的艺术风格的问题。设计师们竭力反对历史的形式，想创造一种前所未见的、能适应工业时代精神的简化装饰。新艺术运动的装饰主题是模仿自然界生长繁盛的草本形状和曲线，凡墙面、家具、栏杆及窗棂等装饰莫不如此(图3－22)。由于铁便于制作各种曲线，因此室内装饰中大量应用铁构件。

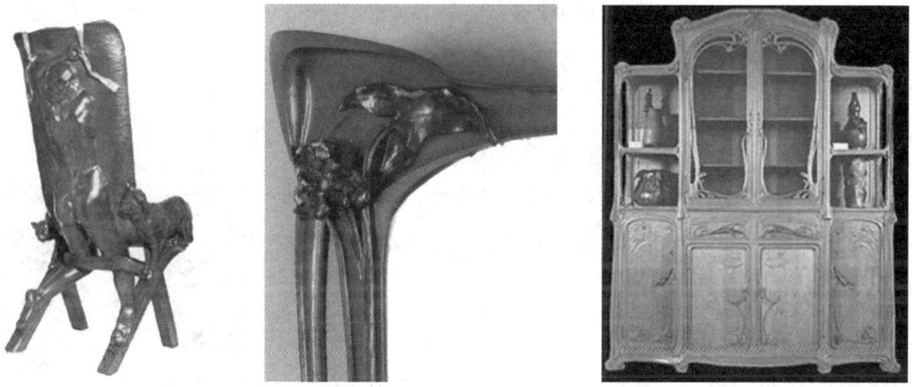

图3－22 “新艺术之家”①经营的家具设计作品

新艺术运动的艺术实践主要在室内设计，建筑外形一般比较简洁。1884年以后新艺术运动迅速地传遍欧洲，在德国称之为“青年风格派”，也影响到美国。它体现了现代建筑室内设计中简化与净化的倾向。

新艺术运动风格的特征主要有以下两点：

(1)力图打破承袭传统形式的所谓历史风格，探索新的艺术方向，其根本动力在于人们强烈地试图摆脱世纪末的精神需求。

(2)强调追求自然的本质而不是细枝末节。在装饰上突出表现曲线和有机形态。

①塞缪尔·宾(Samuel Bing)于1895年在巴黎开设经营家具、室内陈设品等实用艺术品的商店——“新艺术之家”，并提倡设计革新，资助志同道合的艺术家从事家具、玻璃器皿、室内装饰的设计。Bing本人对于东方艺术十分着迷，曾出版《日本艺术》杂志，并且提倡植物纹样。

磷光闪烁的蜻蜓翅膀和孔雀羽毛是最常用的装饰母题。

法国是欧洲新艺术运动的摇篮，运动中心主要在巴黎和东部的南锡。巴黎是欧洲文化中心，新思想传播快，艺术家、设计师云集，法国新艺术派运动的设计组织比较紧密(图 3－23)。

图 3－23 巴黎地铁入口①

四、现代主义设计大师

(一)瓦尔特·格罗皮乌斯

德国瓦尔特·格罗皮乌斯(1883—1969)，现代建筑师和建筑教育家，现代主义建筑学派的倡导人之一，包豪斯的创办人。

瓦尔特·格罗皮乌斯

其从业经历：原籍德国，1903—1907 年就读于慕尼黑工学院和柏林夏洛滕堡工学院。1907—1910 年在柏林建筑师 P·贝伦斯的建筑事务所任职。1910—1914 年自己开业，同 A·迈耶合作设计了他的两座成名作：法古斯工厂、1914 年在科隆展览会展出的示范工厂和办公楼。1915 年开始在魏玛实用美术学校任教。1919 年任校长，将实用美术学校和魏玛美术学院合并成为“包豪斯”。1928 年同勒·柯布西耶等组织国际现代建筑协会，1929—1959 年任副会长。1934 年离德赴英开业。1937 年到美国定居，任哈佛大学建筑系教授、主任。1952 年起任荣誉教授，参与创办该校的设计研究院。格罗皮乌斯在美国广泛传播包豪斯的教育观点、教学方法和现代主义建筑学派理论，促进了美国现代建筑的发展。

①“新艺术”运动的建筑法国设计大师赫克多·吉马德在 1900 年到 1904 年期间设计的巴黎地铁入口。

他在美国还从事设计实践。最初同学生合作成立建筑事务所，设计住宅。1945 年又同他人合作创办协和建筑师事务所，发展成为美国最大的以建筑师为主的设计事务所之一。第二次世界大战后，他的建筑理论和实践为各国建筑学界所推崇。20 世纪 50—60 年代，他获得英国、联邦德国、美国、巴西、澳大利亚等国建筑师组织、学术团体和大学授予的荣誉奖、荣誉会员称号和荣誉学位。

格罗皮乌斯积极提倡建筑设计与工艺的统一，艺术与技术的结合，讲究功能、技术和经济效益的建筑理论及实践。这些观点首先体现在法古斯工厂（图 3－24）和 1914 年科隆展览会展出的办公楼中。两幢建筑均为框架结构，外墙与支柱脱开，做成大片连续轻质幕墙。法古斯鞋楦厂的幕墙由大面积玻璃窗和下面的金属板做的裙墙组成，室内光线充足，缩小了同室外的差别；房屋的四角没有角柱，充分发挥了钢筋混凝土楼板的悬挑性能。展览会办公楼正面两端各有一个全玻璃幕墙的圆塔，里面的螺旋形楼梯与上下楼梯的人全部暴露出来。这些做法在后来的现代建筑中，特别是在百货商店和疗养院之类的公共建筑中广为应用。

上述两座建筑不仅提出了新的功能和表现出新的美学观点，并且说明功能和美观是同现代材料和结构技术分不开的。格罗皮乌斯在他设计的包豪斯校舍的实验工厂（图 3－25）中更充分地运用玻璃幕墙。这座四层厂房，二、三、四层有三面是全玻璃幕墙，成为后来多层和高层建筑采用全玻璃幕墙的先声。

图 3－24　法古斯工厂

图 3－25　德国包豪斯①校舍的实验工厂

①"包豪斯"是德文 Bauhaus 的音译，原是 1919 年在德国威玛成立的一所工艺美术学校的名称。该校创办人及首任校长，是著名德国现代主义建筑大师格罗皮乌斯，他别出心裁地将德文 Hausbau（房屋建筑）一词调转成 Bauhaus 来作为校名，以显示学校与传统的学院式教育机构的区别。另一位德国建筑师，亦属现代主义建筑大师之一的密斯·凡·德·罗，曾任"包豪斯"第三任校长。该校于 1933 年迁至柏林，同年遭纳粹法西斯查封而被迫解散。虽然从创立至遭遇"杀校"，"包豪斯"仅存世短短 14 年，但其理论与学说却对整个世界产生了广泛而深远的影响，激起的涟漪至今随处荡漾。

(二)勒·柯布西耶

勒·柯布西耶

法国勒·柯布西耶(1887—1965)是现代建筑大师,20世纪最重要的建筑师之一,同时也是现代建筑运动的激进分子和主将。1887年10月6日出生于瑞士一个钟表制造者家庭。他早年学习雕刻艺术,第一次世界大战前曾在巴黎A·佩雷和柏林P·贝伦斯处工作,1917年移居法国,1930年加入法国国籍。1928年他与瓦尔特·格罗皮乌斯、密斯·范·德·罗组织了国际现代建筑协会。1965年8月27日在美国里维埃拉逝世。

勒·柯布西耶对现代主义语言探索极广,对模数化和工业化预制生产住宅研究很深入,并有著述和实践。他是现代主义建筑设计中当之无愧的领袖人物之一,晚年他设计的朗香教堂,其粗犷、隐语的造型设计举世闻名,特别是室内深邃、神秘的意境和气氛给人创造难忘的体验。

他是一位集绘画、雕刻和建筑于一身的现代主义建筑大师。他的革新思想和独特见解是对学院派建筑思想的有力冲击。他在1929年设计萨伏伊别墅(图3－26)时对新的建筑语言作了总结,成为现代主义建筑设计的经典作品之一。他关注中、下层民众的居住研究,倡导大量生产的工业住宅。1952年建造完成的“马塞居住单位”是现代主义公寓建筑的杰作。

图3－26　萨伏伊别墅

1923年,勒·柯布西耶把文章汇集出版,书名《走向新建筑》,书中提出了住宅是“居住的机器”。1926年勒·柯布西耶就自己的住宅提出了新建筑的五个特点:底层的独立支柱;屋顶花园;自由的平面;横向长窗;自由的立面。

第二次世界大战后,他的建筑风格有了明显变化,其特征表现在对自由的有机形式的探索和对材料的表现上,尤其喜欢表现脱模后不加装修的清水钢筋混凝土,这种风格后被命名为粗野主义(或新粗野主义)。勒・柯布西耶的代表作品有马塞公寓、朗香教堂、昌迪加尔法院、拉吐亥修道院等,其中朗香教堂(图3－27)的外部形式和内部神秘性已超出了基督教的范围,回复到巨石时代的史前墓穴形式,被认为是现代建筑中的精品。勒・柯布西耶又是一个城市规划专家,他从事了大量城市规划的研究和设计,代表作品有印度昌迪加尔规划等,他的设计作品见图3－28、3－29。

图3－27　朗香教堂

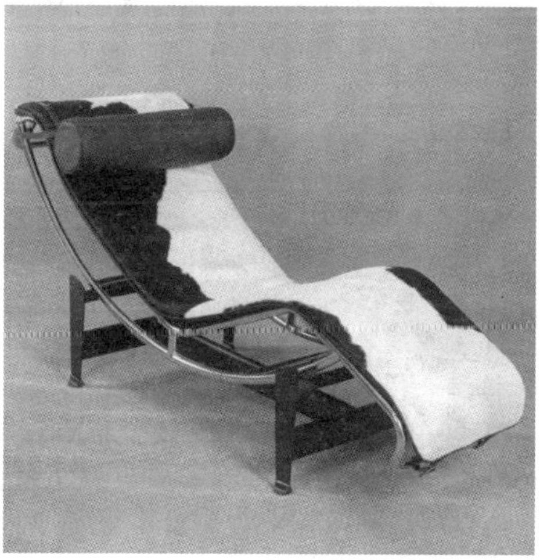

a. 躺椅

b. 皮革钢管椅

图3－28　柯布西耶设计的家具

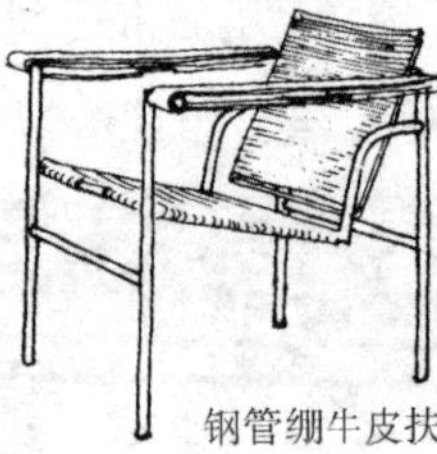

钢管绷牛皮扶手椅

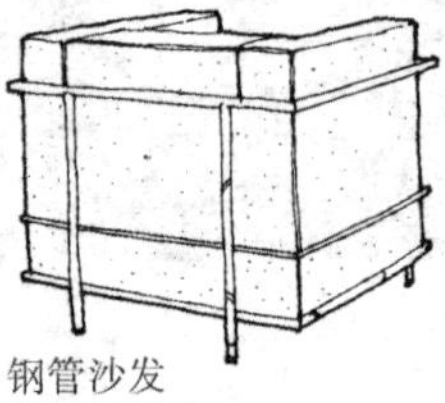

钢管沙发

钢管绷扶手圈椅

圣玛丽·德·拉·图里蒂修道院小教堂的高祭坛（法国里昂）

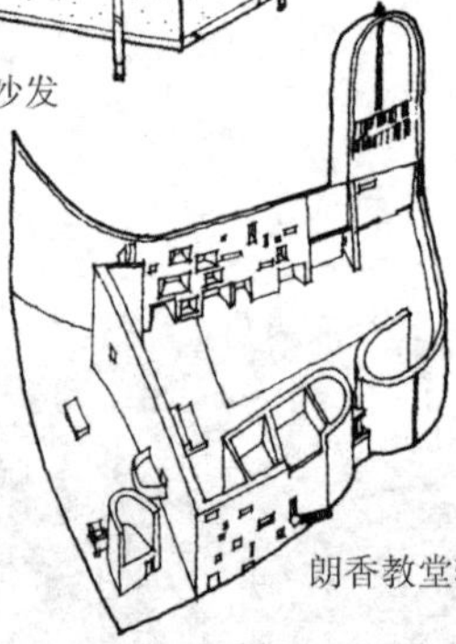

朗香教堂轴测透视

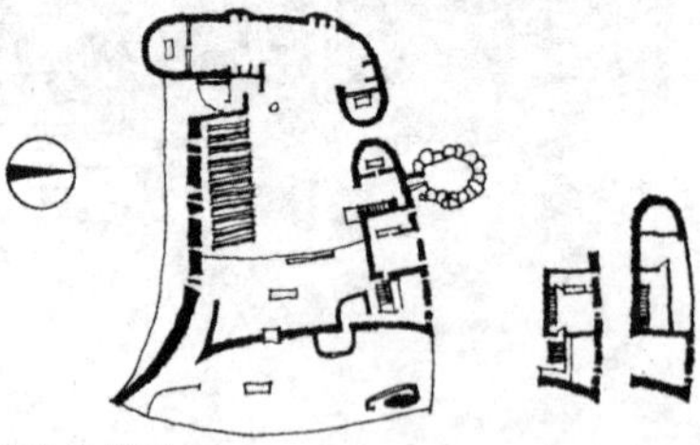

朗香教堂平面

朗香教堂内部空间（1950—1955）

图 3－29　柯布西耶的设计①

①张绮曼:《室内设计资料集》,中国建筑工业出版社,1991 年 6 月第一版。

（三）密斯·凡德罗

德斯·凡德罗（1886—1969）是现代建筑大师，他的贡献在于通过对钢框架结构和玻璃在建筑中应用的探索，发展了一种具有古典式的均衡和极端简洁的风格；提出灵活多变的流动空间理论，创造出简洁、明快而精确的建筑形式处理手法，把建筑技术和艺术统一起来。密斯·凡德罗在室内空间设计上主张“灵活多用，四望无阻”，提出“少就是多”的口号，造型上为力求简洁的“水晶盒”样式。1928 年提出的“少就是多”集中反映了他的建筑观点和艺术特色。

密斯·凡德罗

密斯在很大程度上相当注重细节，用他的话说就是细节就是上帝。他的作品细部精简到不能再精简的绝对地步，用极为大胆、简单、完美的设计方法，利用新的材料和施工方法创造出丰富的艺术效果，使用材料讲究，多用名贵材料（如铜、青铜、玻璃、花岗岩等，见图 3－30）。这些做法，对 20 世纪六七十年代的晚期现代主义建筑及室内设计产生影响。

图 3－30　巴塞罗那博览会德国馆①

①巴塞罗那博览会德国馆，1929 年密斯·凡德罗设计这一建筑是现代主义建筑的最初成果之一，是现代建筑运动早期的代表作品，它突破了传统砖石承重结构必然造成的封闭的、孤立的室内空间形式。

如图3－31所示的巴塞罗那椅是由密斯在1929年巴塞罗那世界博览会上，为了欢迎西班牙国王和王后而设计的，同著名的德国馆相协调。这件体积超大的椅子也明确显示出高贵而庄重的身份。当年的世界博览会德国馆是密斯的代表作，但由于建筑的设计意念独特，竟没有合适的家具与其搭衬，所以他不得不专门设计了巴塞罗那椅用来迎接国王和王后。

图3－32所示是密斯在1930年为美国建筑师菲利浦·约翰逊住宅设计的一张床榻，在此密斯第一次在一件家具中同时使用钢和木料。这件床榻实际上是同另一位设计师——家具面料处理专家丽丽·瑞琪（1885—1947）合作设计的，此前的巴塞罗那椅也是请瑞琪设计的坐垫。这件榻是对历史上存在过的许多床榻的一个彻底简化，以求与当时仍非常流行的那种厚重烦琐、带各种包面的古典或新古典的床榻完全决裂，再次回到最简单的设计，如同古埃及的床榻那样简约。

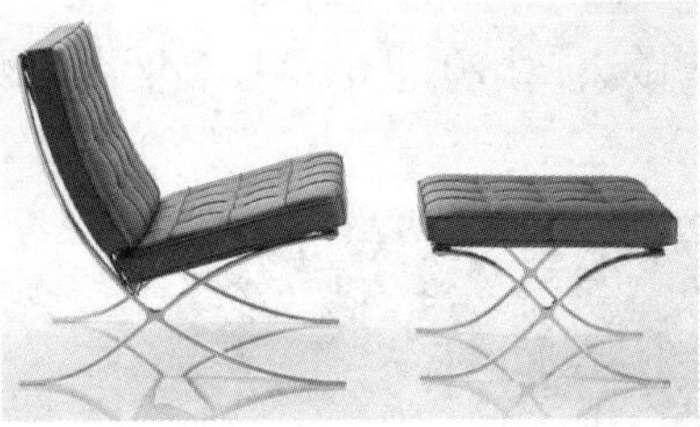

图3－31　巴塞罗那椅

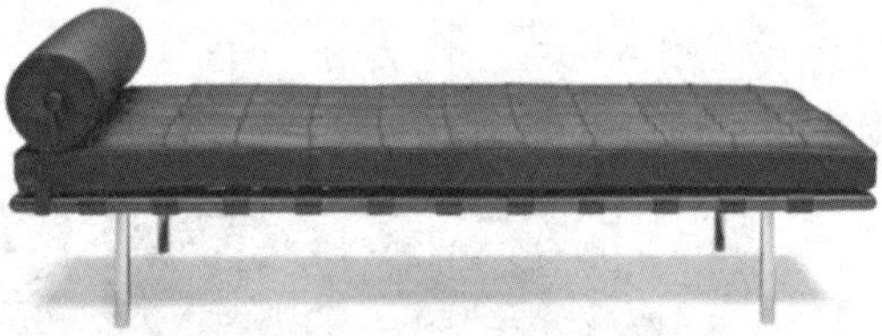

图3－32　床榻

（四）弗兰克·劳埃德·赖特

弗兰克·劳埃德·赖特

1867年6月8日，弗兰克·劳埃德赖特出生于美国威斯康星州，1959年去世，享年92岁，是现代建筑家中少有的高龄大师，20世纪上半叶最有影响的建筑师之一。在他超过70年的建筑师生涯中，不仅设计了一系列具有个人风格的高质量作品，还影响了整个美国建筑的进程。直到今天，他还是美国最著名的建筑师之一。

他早年创造了富于田园诗意的“草原式住宅”，造型新颖，摆脱折中主义常套，建筑与周围自然环境的融会渗透，在居住建筑设计方面取得众多成就。后来他提倡“有机建筑”，“有机建筑”（图3－33）是由“草原式住宅”概念发展而来。他的室内设计（图3－34）与建筑设计协调一致，不仅满足现代生活需要，而且强调艺术性，在力图摆脱折中主义的框架下，走上体形组合的道路，创造了新的建筑室内构图手法。他的设计具有场所和传统的精神及韵味。

图 3－33　流水别墅①

图 3－34　赖特设计的家具

五、当今流行的设计风格

（一）现代简约风格

现代简约风格产生于 1919 年后，后演变出“极简主义”风格，在国外的公寓和复式建筑中颇为流行，它在室内设计上追求简洁明快、线条利落、色彩优雅。简约风格以

①流水别墅是赖特为考夫曼家族设计的别墅，地处宾夕法尼亚州匹兹堡市东南郊的熊跑溪，1937 年秋竣工，是赖特崇尚自然的“有机建筑”的代表作。在瀑布之上，赖特实现了“方山之宅”（house on the mesa）的梦想。主要的一层几乎是一个完整的大房间，通过空间处理而形成相互流通的各种从属空间，并且有小梯与下面的水池联系。正面在窗台与天棚之间，是一金属窗框的大玻璃，虚实对比十分强烈。整个构思是大胆的，成为无与伦比的世界最著名的现代建筑。被称为“世界建筑皇冠上最耀眼的明珠”。

塑造唯美的、高品位的风格为目的，摒弃一切无用的细节，保留生活最本真、最纯粹部分，非常讲究材料的质地和室内空间的通透哲学。

现代简约风格的特征是简洁的造型、纯洁的质地、精细的工艺（图 3－35）。

图 3－35　现代简约风格①

装饰色彩和造型追随流行时尚，取消没有实用价值的特殊部件及装饰，现代简约风格讲求功能至上，形式服从功能。简约主义崇尚居室元素的精简，赋予空间更大的灵感和更深刻的主题，运用色彩、通过戏剧化的处理方式和光线的沟通，将相关元素巧妙地结合。

室内常选用简洁的工业产成品，家具和日常用品多采用直线，多使用玻璃、金属。简单的环境给人的身心一个放松的空间，这种空间以简洁、实用为目的，没有过多的复杂造型，没有烦琐的装饰，不追求豪华、高档，更加重视家具的选择、饰品及色彩的搭配，通过不同的搭配达到赏心悦目的装饰效果。

这种风格适合大多数工薪阶层与年轻人。现代简约风格不是“简单＋节约”，而是一种复杂的考虑与设计，力求做到工艺简练精细，材料注重质感，内涵表达丰富。

（二）“极简主义”风格

“极简主义”又称 ABC 艺术或硬边艺术，是 20 世纪 50 年代以美国为中心的美术流派。“极简主义”源于抽象表现主义，一般按照“减少、减少、再减少”的原则对画面、结构进行处理，造型语言简练，色彩单纯，空间被压缩到最低限度的平面，并力图采用纯客观的态度排除创造者的任何感情表现。

“极简主义”被定义为：当一件作品的内容被减少至最低限度时它所散发出来的完美感觉。当物体的所有组成部分、所有细节以及所有的连接都被减少或压缩至精华

①左图所示的不仅是材质、家具和造型的简约，它们也是色彩的简约。右图所示，原有缺陷经过设计师的改造后，缺点成为亮点，这就是简约风格的真谛。

时，它就会拥有这种特性，这就是去掉非本质元素的结果（图3-36）。

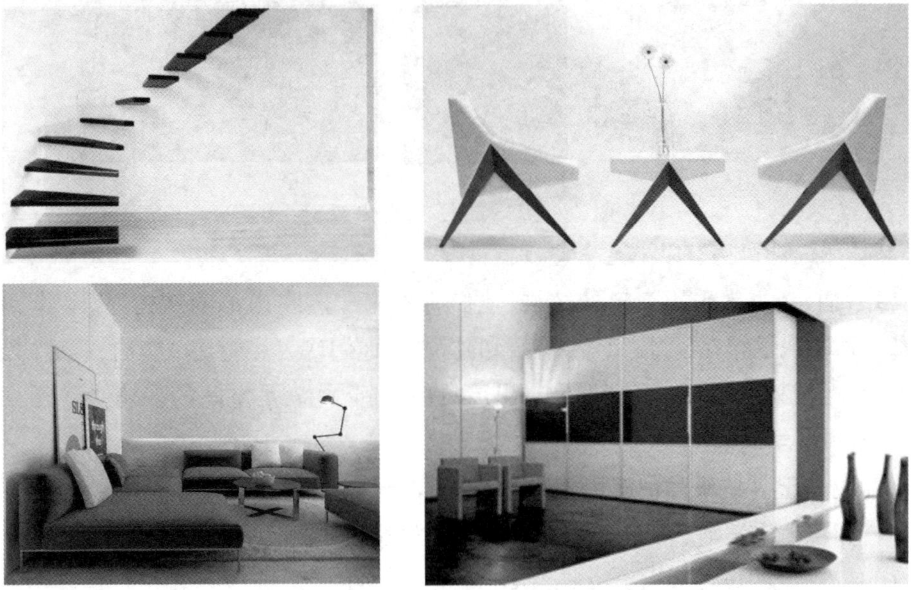

图3-36　“极简主义”室内设计

“极简主义”的特点有以下几点：

（1）形式的极端简化，如使用基本形状、原色中的单色且讲究客观性而不刻意追求风格。

（2）在艺术、文学或设计创作中只使用最少的基本成分和要素。

（3）主张用“极少的色彩，极少的形象”简化画面，除去干扰主体的不必要的东西。

（4）最低的、必须限度的、必要的极少一部分的。

（三）高科技派风格

高技派又称“重技派”。高技派反对传统的审美观念，强调设计作为信息的媒介和设计的交流功能，突出当代技术的成就，讲究技术的精美、崇尚“机械美”。

高技派在风格上表现富有时代特征的高科技化的机器美、结构美；室内设计的造型经常显示强烈的机器化的倾向（图3-37），强调工艺技术与时代感；要求表现直觉，表现夸张、怪异、另类，注意色彩对比，注重材料类别和质地；同时依靠新材料、新技术加上光与影的无穷变化，追求无常规的空间结构和大胆鲜明、对比强烈的色彩布置，以及刚柔并举的选材搭配。

代表人群：选择这种风格的人一般追求时尚、个性，生活节奏较快，对形式设计比较挑剔，非常注重实用功能。

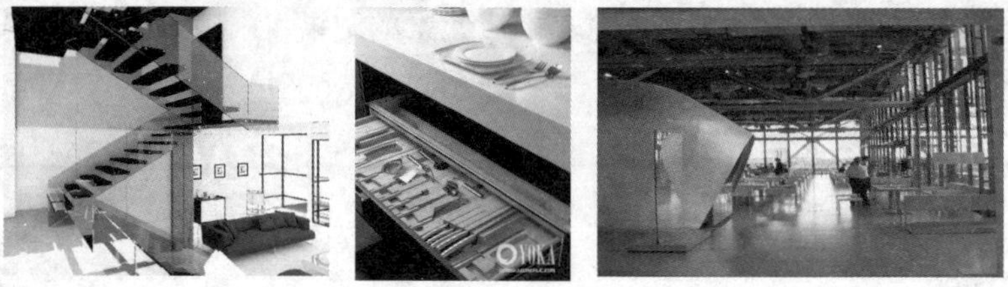

图 3 - 37　高技派室内设计

高技派设计风格有以下几个特点：

(1)高技派喜欢采用突出的结构，他们将本来包裹在内部的结构，像水管、电梯等，都赤裸裸地暴露在了外部，给人强烈的震撼。他们认为功能是可变的，而结构是不可变的。他们利用结构的合理性创造出灵活的空间，能满足空间的多功能需要，也创造出了机械美学的效果。

(2)材料上高技派喜欢使用先进的科研成果，体现他们的科技含量。高强钢、硬铝、塑料和各种化学制品都是他们喜爱使用的材料。

(3)高技派的设计师们给一些貌不惊人的普通工业机械结构赋予了美学意义，在设计中加入了机械元件、机械接头和插入单元等要素。

(4)高技派的“高”还意味着“高品位”，强调新时代的审美观和先进的高科技相结合，使工业技术更接近人们日常生活，改变人们传统的审美观念，并产生愉悦的感觉。

(四)后现代风格

后现代主义设计是对现代主义设计的挑战，是对现代主义、国际主义设计的一种装饰性的发展，反对设计中的国际主义、极少主义风格，主张以装饰手法达到视觉上的审美愉悦，注重消费者心理的满足。在设计上，大量运用各种的历史装饰符号，但又不是简单的复古，采取的是折中的手法，把传统的文化脉络与现代设计结合起来，开创了装饰艺术的新阶段。

从本质上讲，后现代主义设计并非是对现代主义设计进行推翻与否定，而是在肯定其实用功能因素的基础上，在形式上赋予其人格化、情感化的装饰效果。后现代主义在设计中大量采用历史风格，比如哥特式、巴洛克式，从古典到文艺复兴，无所不包，进行装饰符号的挪用，以戏谑、调侃、夸张和象征的描述，以多种历史风格的整合拼接达到装饰化的效果，它是折中主义的，许多作品都反映了这种特征。

装饰在后现代主义设计中的复兴，在很大的程度上是为了摆脱严肃的、冷漠的、单调的现代主义与国际主义设计风格带来的压抑。最早在建筑上提出明确的后现代主张的美国建筑师罗伯特·文丘里认为现代主义、国际主义风格是丑陋的、平庸的，对于“少就是多”的教条，他诙谐地将其改为“少即厌烦”。1969 年，文丘里利用历史建筑符号，用戏谑的方法设计了在宾夕法尼亚胡桃山的“文丘里住宅”，这个住宅是具有完整后现代主义特征的最早建筑。

随着后现代主义设计的发展，装饰在设计中的地位重新回归。彼得·霍夫曼在《八十年代的美国建筑》一文中说：“再也不把装饰视为邪端。几乎所有这些建筑都充分展示出一种对‘修饰’的新兴趣，表现一种建筑的趣味性”。在产品设计领域，意大利的索特萨斯等人组成的“孟菲斯”设计小组成为代表，设计作品造型独特、色彩艳丽，装饰化、波普化和娱乐化。后现代主义设计的显著特点在于其历史主义、装饰主义、折中主义和娱乐性。这些手法的运用适应了人们各方面需要，使人们在视觉与心理上都逐渐扫除了对工业产品中由现代主义、国际主义风格造成的理性与冷漠的感觉。透视现代主义设计发展到现在的历程，我们看到了装饰的重要意义。那么，作为一种艺术符号，“装饰”在未来的设计中也不会消失。它是艺术的符号，又是文化的符号。而且，装饰满足人的心理需要。正如赫伯特·里德在《工业艺术的历史与理论》中认为的那样：“装饰品的必要性是心理上的。人们身上还存在着某种被称作恐惧的情感——无法忍受寂寥的空间”。他还说：“对于装饰品唯一的评价就是，它应在某种程度上突出形式。我避免使用‘增加’这个常用的词，因为，如果形式是恰当的，就不能再给它增加什么。”他强调合理的装饰会使作品更加美丽。意大利孟菲斯集团的设计师索特萨斯说过，设计应该是对生活方式的设计。确实，未来的设计本质上就是对生活方式的设计，而适宜的装饰正是设计美好的生活方式的重要手段，是以“宜饰而饰”达到“宜人”的目标，它会让人们走向艺术化的、充满诗意的生活。

后现代主义建筑室内设计趋向烦琐、复杂（图 3－38、3－39），主要有两种手法：一种是用传统建筑元件（构件），通过新的手法加以组合；另一种是将传统建筑元件与新的建筑元件混合，最终求得设计语言的双重译码，既为行家欣赏，又为大众喜爱。

图 3－38 后现代风格

后现代风格多用夸张、变形、断裂、折射、叠加、二元并列等手法，由于构图上的自由度大，因此要比把握好整体艺术效果有较大难度。

后现代主义的装饰主义派与乡土风格、地方风格有所区别，在环境艺术的表现上更具有刺激性，往往使人有舞台美术的感觉。

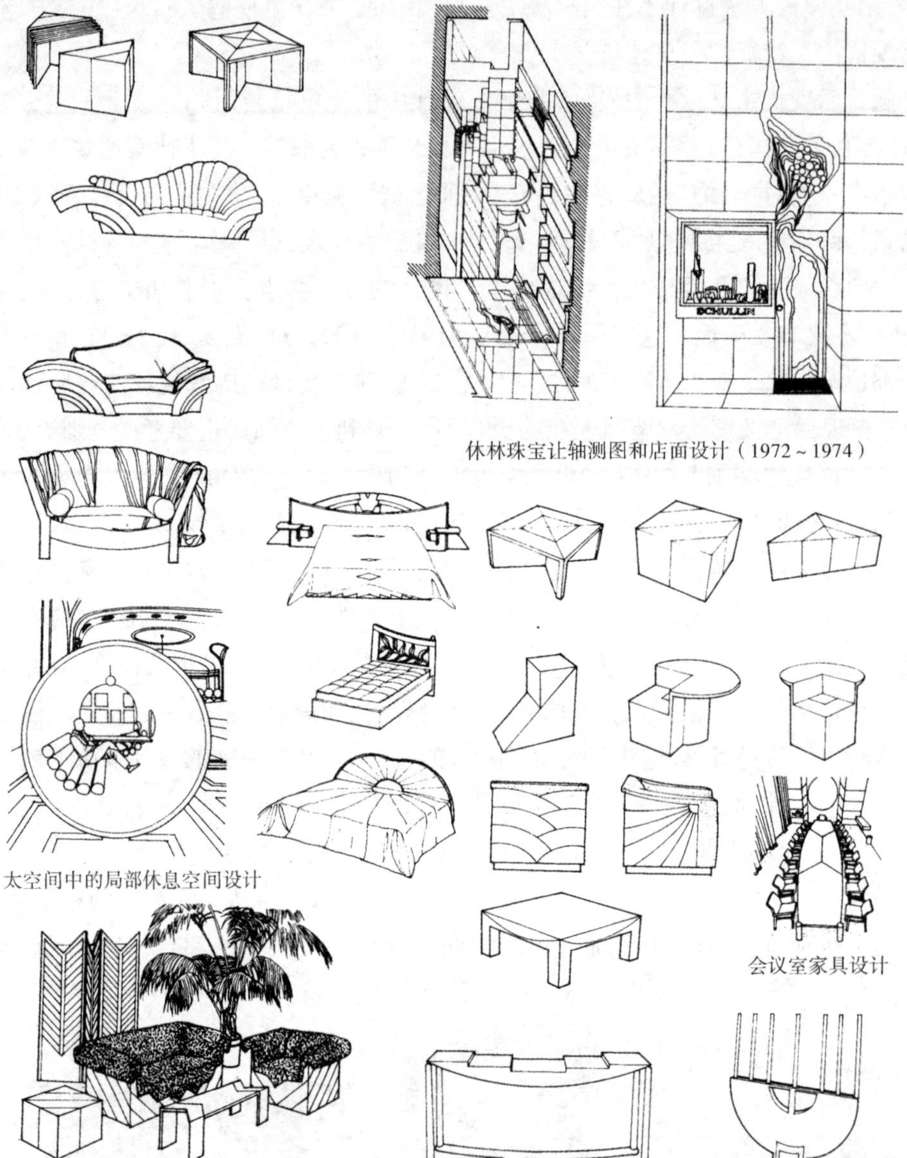

图3－39　后现代主义设计(汉斯·霍拉因①)

①汉斯·霍拉因是当代现代主义建筑设计的著名人物之一。他的设计舞台极为广阔，从事过建筑设计、规划设计、室内设计、家具设计、展览设计、舞台美术设计，以及出版事业、建筑专业、教育事业，还是设计评论家，涉及多个领域，有大量的作品问世，影响很大。

(五)中式风格

中国是一个有着悠久历史和厚重文化底蕴的国家,中式建筑经过了数千年的发展,经历了时代变迁和市场洗练以及各地人文风情的影响交融和熏陶,逐渐形成了独具特色的建筑文化体系,沿用到家装里面就形成了现在的中式风格。

中式风格是以宫廷建筑为代表的中国古典建筑的室内装饰设计艺术风格,气势恢宏、壮丽华贵、高空间、大进深、雕梁画栋、金碧辉煌,造型讲究对称,色彩讲究对比,装饰材料以木材为主,图案多龙、凤、龟、狮等,精雕细琢、瑰丽奇巧。

中式风格的特点是在室内布置、线形、色调以及家具、陈设的造型等方面,吸取传统装饰"形""神"的特征,以传统文化内涵为设计元素,革除传统家具的弊端,去掉多余的雕刻,并糅合现代西式家居的舒适,根据不同户型的居室,采取不同的布置。

中国传统居室非常讲究空间的层次感。这种传统的审美观念在中式风格中,又得到了全新的阐释:依据住宅使用人数的不同,做出分隔的功能性空间,采用"哑口①"或简约化的"博古架②"来区分;在需要隔绝视线的地方,则使用中式的屏风或窗棂(图3-40)。通过这种新的分隔方式,单元式住宅就能展现出中式家居的层次之美。

图3-40　中式风格的室内设计

中式风格室内设计的特点主要有以下几点:

(1)空间上讲究层次,多用隔窗、屏风来分割,用实木做成结实框架,以固定支架,中间用棂子雕花做成古朴的图案。

(2)门窗对确定中式风格很重要,因为中式门窗一般均是用棂子做成方格或其他

---

①哑口是指房间两个不同区域的划分标志。哑口常常处于门厅向客厅的过渡处、客厅向餐厅的过渡处,置于客厅与阳台、客厅与走廊、客厅与卧室区及许多公用空间的设计中。在过渡空间交换处做点睛处理,是承上启下、条理清晰、文脉清新的标志。忽视此处,则会造成人们心理感觉不完整,没有序列层次感。

②博古架是一种在室内陈列古玩珍宝的多层木架,是类似书架式的木器。博古架被分成不同样式的许多层小格,格内陈设各种古玩、器皿,故又名为"十锦槅子""集锦槅子"或"多宝槅子"。每层形状不规则,前后均敞开,无板壁封挡,便于从各个位置观赏架上放置的器物。

中式的传统图案，用实木雕刻成各式题材造型，打磨光滑，富有立体感。

（3）天花以木条相交成方格形，上覆木板，也可做简单的环形灯池的吊顶，用实木做框，层次清晰，漆成花梨木色。

（4）家具陈设讲究对称，重视文化意蕴；配饰擅用字画、古玩、卷轴、盆景，精致的工艺品加以点缀，更显主人的品位与尊贵，体现中国传统家居文化的独特魅力。

中式风格的室内设计主要形态与气质表现有以下几种：

（1）表现“敦厚稳重，端庄气派”的感觉，可称之为“典雅之气”，是正统的中国古典风味。

（2）表现一种“潇洒飘逸，含蓄优雅”的气质，可称之为“灵秀之气”，属于文人雅致的品位，是艺术家的风格。

（3）表现“淳朴古拙”的味道，追求“返璞归真”的理想，可称之为“乡土之气”，这种表现可以感觉出人与自然或人与土地之间的结合。

中式风格并非完全意义上的复古明清，而是通过中式风格的特征，表达对清雅含蓄、端庄丰华的东方式精神境界的追求。构成其中国风的主要因素体现在传统家具（多以明清家具为主），装饰品及黑、红为主的装饰色彩上。室内多采用对称式的布局方式，格调高雅，造型简朴优美，色彩浓重而成熟。中国传统室内陈设包括字画、匾幅、挂屏、盆景、瓷器、古玩、屏风、博古架等，追求一种修身养性的生活境界。中国传统室内装饰艺术的特点是总体布局对称均衡、端正稳健；而在装饰细节上崇尚自然情趣，比如花鸟、鱼虫等，精雕细琢，富于变化，充分体现出中国传统美学精神。中式风格适合人群：性格沉稳、喜欢中国传统文化的人。中式风格需要注意的地方：只要发挥各种建材的适当性，即使是使用玻璃、金属等现代建材，一样可以表现中式风格。

第三节　茶馆的室内设计

茶馆的室内设计属于餐饮空间的室内设计，而且属于休闲餐饮空间的设计。不过其功能和其他的餐饮空间有所区别，主要是强调休息、娱乐功能。但是，现在也出现了类似于茶餐厅的餐饮空间，让人们体验有关茶文化的饮食和美食，等等。

一、概述

餐饮空间按照不同的分类标准可以分成若干类型。首先，餐饮的“餐”代表餐厅与餐馆,而“饮”则包含西式的酒吧与咖啡厅,以及中式的茶室、茶楼等。其次,餐饮空间的分类标准包括经营内容、经营性质、规模大小及其布置类型等。

餐饮空间的经营性质是指该空间为营业性还是非营业性的。营业性的餐饮空间一般要求较高标准的装修及专门的设计,而非营业性的则只需进行简单装修,以实用为原则,一般由建筑设计一次完成。

一般营业性餐饮空间是指各式餐馆和酒廊、茶室等,其顾客性质和营业时间不固定,供应方式多为服务员送餐到位和自助方式;而非营业性餐饮空间是指机关、厂矿、商业、学校等设置的供员工、学生集体就餐的各类食堂,其就餐人数和就餐时间相对固定,供应方式多为自购或自取,服务员较少。

餐饮空间所涉及的经营内容非常广泛,不同的民族、不同的地域、不同的文化由于饮食习惯各不相同,其餐饮空间的经营内容也各不相同。从我国目前众多的餐饮空间的经营内容看,可以将餐饮空间归纳出以下几种类型:中式餐厅、西式餐厅、宴会厅、快餐厅、风味餐厅、酒吧、咖啡厅与茶室等。其中,酒吧、咖啡厅与茶室等是休闲餐饮空间。

休闲餐饮空间的室内设计主要注重空间氛围和周围环境、餐饮空间装修的格调的营造。在空间氛围的营造中,不一定千篇一律,可以采用中式的、西式的、古典的、现代的,感受可以是热烈刺激的,可以是新奇动感的,可以是优雅浪漫的,可以是休闲适度的,也可以是幽静神秘的,只要这些类型的休闲餐饮空间能够满足不同人群的需要就行。比如,中式古典的餐饮空间。可以用小桥流水、亭台楼阁、花草树木、鸟语花香、名人字画、庭中小景、轻歌曼舞,营造古朴温馨、幽雅、回归自然、世外桃源之感的空间氛围。西式的餐饮空间可以利用古典油画和古典英文手稿作为装潢,淡灰蓝色的画面和古老的羊皮纸能够营造出一种西方传统文化的基调,并利用四处散落座位和开合式垂地丝绒帷幕,创造一种温馨的就餐氛围。美食加工的操作台可以是开放式,厨房可以是透明的空间,便于食客的观赏,让一道道美味佳肴的制作过程在客人面前呈现,使人们既感受到家庭厨房般的脉脉温情,又充分体验一下饮食美学。动感的餐饮空间可以利用一些高科技的手段,使顾客仿佛进入一个运动的世界,体验世界体育明星的投篮、射门、跨越,利用各种模拟机营造出各种虚拟的场景,比如阿尔卑斯山的滑雪场、圣安德鲁斯的高尔夫球场、充满震撼的流行音乐配合着五光十色的体育游艺设施,再加上餐厅投影电视精选的运动场面,让人如临其境,感受到美食、娱乐、运动、新潮、热烈、刺激,运动、美食均不误。

二、餐饮空间的功能与布置要求

餐饮空间是由营业、加工与辅助部分和内部管理办公等部分组成。图 3－41 为餐饮空间基本功能分析图。

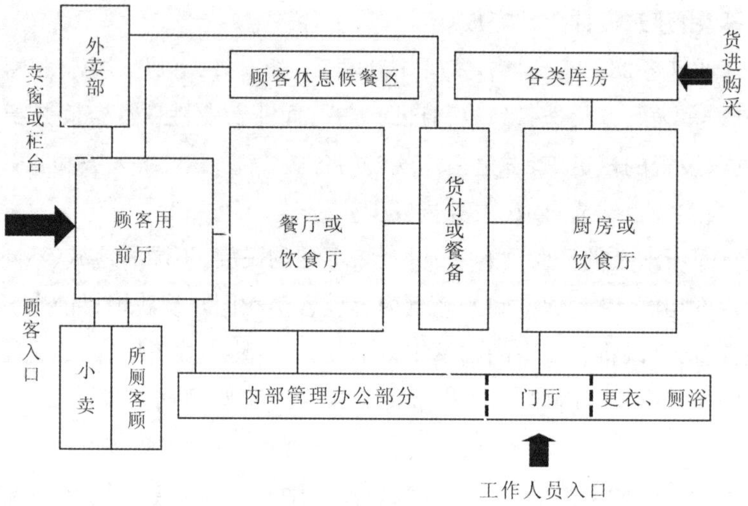

图 3－41　餐饮空间基本功能分析

我们在进行餐饮空间室内设计时，主要从使用性质、公用部位的设施和内容、营业厅的布置情况、每座位面积指标等四方面来考虑，有依据、有目的地配置房间内容，选定适当的面积指标、设施、使用的舒适程度和装修标准。作为休息的餐饮空间，在空间处理上要尽量做到使人感到亲切。例如将大空间分隔成几个小的空间以增加空间的亲切感。

（一）餐厅的面积指标

1. 餐厅等级

餐厅等级越高，餐座要求宽舒，餐座间通道和服务交通相应增宽，餐厅安逸舒适，服务迅速，面积指标增加；相对而言，一般的餐厅则经济紧凑。

2. 餐厅的大小

餐厅面积较大，服务设施与交通利用充分，平均分摊面积指标相对较高，餐厅面积小的面积指标则相对较低。

（1）小型：面积在 100 平方米以内的餐饮空间，这类空间比较简单，主要着重于室内气氛的营造。

（2）中型：面积在 100 ~ 500 平方米的餐饮空间，这类空间功能比较复杂，除了加强环境气氛的营造之外，还要进行功能分区、流线组织以及一定程度的围合处理。

（3）大型：面积在500平方米以上的餐饮空间，这类空间应特别注重功能分区和流线组织。

3. 餐座形式

不同的餐座形式产生不同的面积指标（表3－1）。

表3－1　不同餐座形式的面积指标

餐座的构成	正方形餐桌			长方形餐桌		圆桌	车厢桌
	平行2座	平行4座	对角4座	平行4座	平行6座	圆周4座	对面4座
座位形式		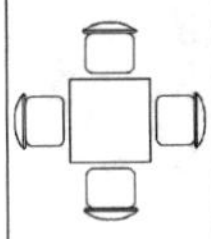	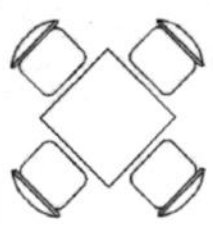	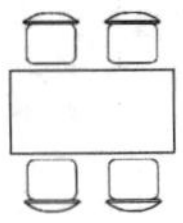	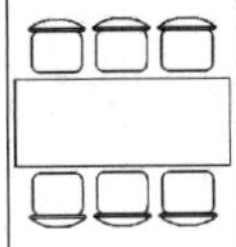	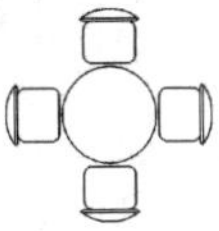	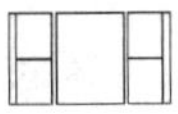
㎡/人	1.7～2.2	1.3～2.7	1.0～1.2	1.3～1.5	1.0～1.3	0.9～1.4	0.7～1.0

注：没考虑不同服务方式对面积指标的影响。

（二）餐座的形式与尺寸

1. 方桌式

四人方桌在餐厅中的使用最为普遍。其平面尺寸为780～900平方米（表3－2）。

表3－2　餐厅方桌尺寸与面积

布置方式	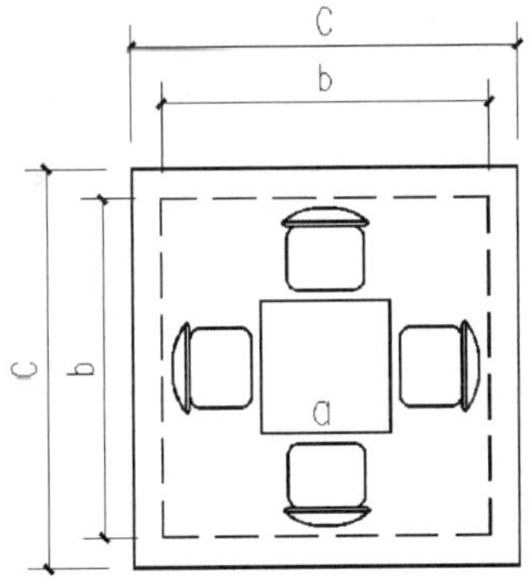				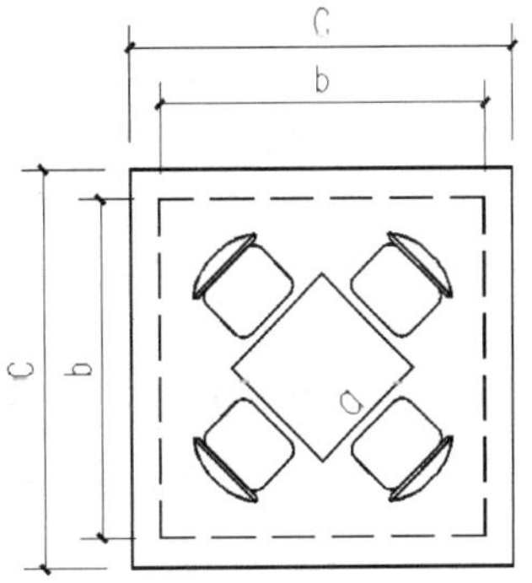			
方桌边长（m）	0.78	0.80	0.85	0.90	0.78	0.80	0.82	0.90
最小尺度（m）	1.78	1.80	1.85	1.90	1.58	1.60	1.64	1.67
舒适尺度（m）	3.13	2.15	2.20	2.25	1.78	1.80	1.85	1.90
每座面积指标（㎡/座）	0.79～1.13	0.81～1.16	0.86～1.21	0.90～1.26	0.62～0.79	0.64～0.81	0.67～0.86	0.69～0.90

注：面积指标未含通道尺寸和面积。

2. 圆桌式

圆桌在餐厅也是经常使用的，咖啡厅常用 2～4 人的小圆桌，中餐厅常用 8～10 人的大圆桌，围桌用餐是中国人习惯的用餐方式，对团体顾客尤为适宜。圆桌可以直接制作，也可以圆台面套在方桌上使用，圆桌尺寸有大有小（表 3－3），其最小尺寸可按下列公式计算（单位：mm）：

$$圆桌最小直径 = 600 \times 座位/3.14$$

表 3－3　不同用餐人数的圆桌直径（单位：mm）

用餐人数 / 不同餐桌	2 人	3 人	4 人	6 人	8 人	10 人	12 人
舒适级餐厅圆桌直径	600	800	920	1250	1400	1700	2100
经济级餐厅圆桌直径	600	800	900	1200	1300	1550	1850
备注	适宜咖啡厅			适宜餐厅包间			

3. 长桌式

长桌式是西餐厅常见的餐桌形式，有 2 人座、4 人座、6 人座、8 人座等不同形式，需要时可以拼接成长条或圆桌形式（表 3－4）。

表 3－4　餐厅长桌尺寸与面积

用餐人数	餐桌座位排列方式	长桌宽度 a(mm)	长桌深度 b(mm)	长桌用餐宽度 c(mm)	长桌用餐深度 d(mm)	每座面积指标 (㎡/座)
2 人	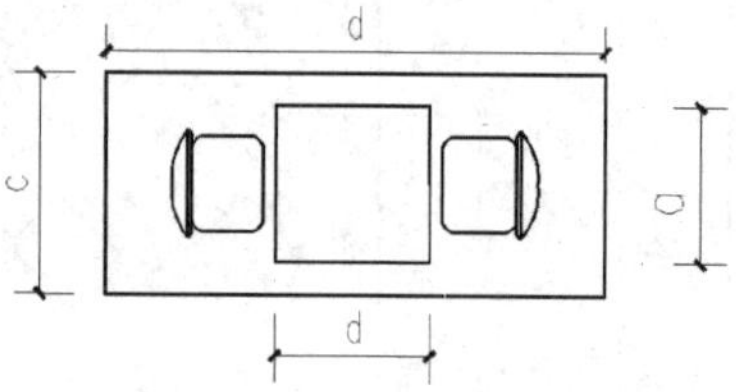	652	800	1150	2200	1.27
		625	800	1250	2400	1.50
4 人	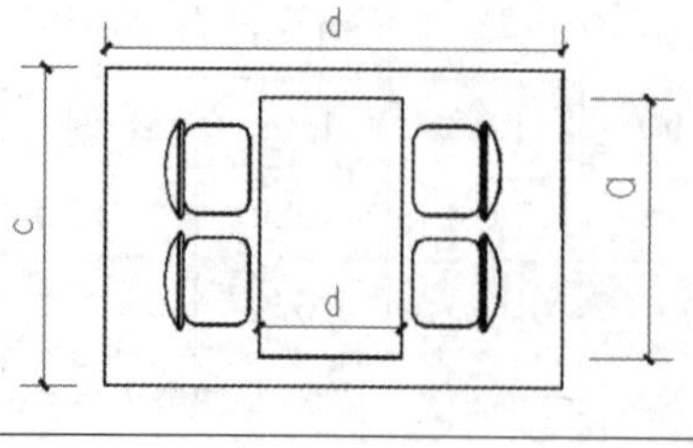	1250	800	1750	2200	0.96
		1250	800	1850	2400	1.11

续表

用餐人数	餐桌座位排列方式	长桌宽度 a(mm)	长桌深度 b(mm)	长桌用餐宽度 c(mm)	长桌用餐深度 d(mm)	每座面积指标(㎡/座)
6人	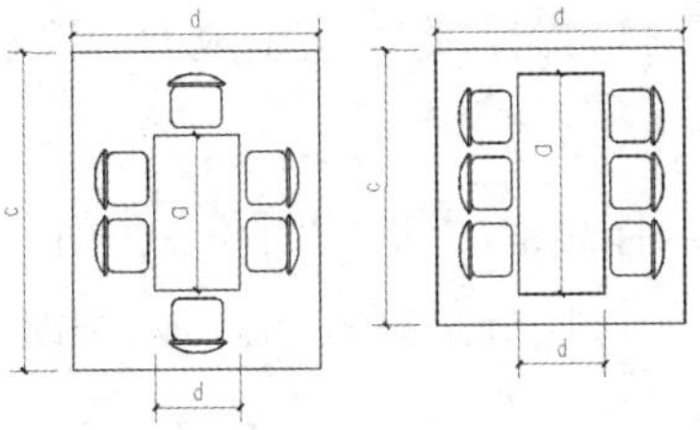	1750	800	2250	2200	0.83
		1800	800	2350	2400	0.94
		1450	850	2850	2200	1.04
		1450	850	3050	2400	1.22
8人	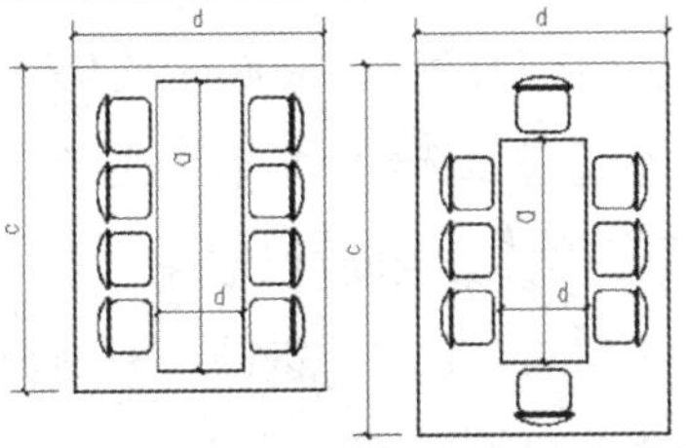	2250	800	2850	2200	0.78
		2500	800	3000	2400	0.90
		1950	850	3450	2200	0.94
		2050	850	3550	2400	1.07

注：面积指标未含通道尺寸面积。

三、餐饮空间的基本要求与功能分区

餐饮空间主要由餐饮区、厨房区、卫生设施、衣帽间、门厅或休息前厅等构成，这些功能与设施构成了完整的餐饮功能空间。而且，餐饮空间的各个部分之间是按照某种特定的关系有机地组合在一起。茶馆的餐厅、厨房和卫生设施等各部分之间的面积比例如图3－42所示。

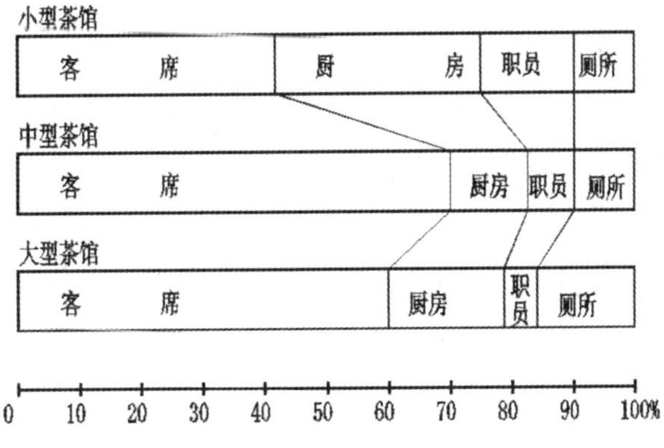

图3－42　不同大小茶馆空间各部分面积比例。

（一）餐饮空间的基本要求

（1）餐厅的面积可根据餐厅的规模与级别来综合确定，一般按每座1.1～1.5平方米来计算。其中，茶馆应根据面积来确定席位数量，一般每席1.1～1.7平方米。餐厅面积指标的确定要合理，指标过小，会造成拥挤；指标过大，会造成面积浪费、利用率不高和增大工作人员的劳动强度等。

（2）营业性的餐厅要有专门的顾客出入口、休息前厅、衣帽间和卫生门。

（3）餐厅应紧靠厨房设置，但备餐间的出入口应处理得较为隐蔽，同时还要避免厨房气味和油烟进入餐厅。

（4）顾客就餐活动路线与送餐服务路线应分开，避免重叠，同时还要尽量避免主要流线的交叉。送餐服务路线不宜过长（最大不超过40米），并尽量避免穿越其他用餐空间。在大型的多功能厅或宴会厅应以配餐廊代替备餐间，以避免送餐路线过长。

（5）在较大空间的餐厅中应以多种有效的手段（绿化、半隔断等）来划分和限定各个不同的用餐区，以保证各个区域之间的相对独立和减少相互干扰。

（6）各种功能的餐厅应有与之相适应的餐桌椅的布置方式和相应的装饰风格。

（7）室内色彩应建立在统一的装饰风格基础之上，如西餐厅的色彩应典雅、明快，以浅色调为主；而中餐厅则相对热烈、华贵，以较重的色调为主。除此之外，还应考虑到采用能增进食欲的暖色调，以增加舒适、欢快的心情。

（8）应主要选用天然材质，以给人温暖、亲切的感觉。另外，地面还应选择耐污、耐磨、易于清洁的材料。

（9）餐厅内应有宜人的空间尺度和舒适的通风、采光等物理环境。

（二）餐饮空间的功能分析及要求

餐饮空间在设计上与一般的室内设计不同的是，它不单单是经营者或设计师的个人行为，而且是具有很多复杂的综合因素的社会行为，是一个需要与各个部门协调配合的综合设计。餐饮空间主要由餐饮区、厨房区、卫生设施、衣帽间、门厅或休息前厅构成，这些功能区与设施共同构成了完整的餐饮功能空间。餐馆里的各个空间不仅应该考虑到独自的功能，而且应该考虑到各个空间在功能上如何整体配合才能达到预期的效果。

1. 餐饮功能区

（1）门厅和顾客出入口功能区。门厅是独立式餐厅的交通枢纽，是顾客从室外进入餐厅的过渡空间,也是留给顾客第一印象的场所,承担着迎接顾客,供客人休息、等候的过渡功能。因此,门厅的装饰一般较为华丽,视觉主立面设店名和店标。根据门厅的大小还可设置迎宾台、顾客休息区、餐厅特色简介等。它包括外立面、招牌广告、顾客出入口大门、通道等,如图3 –43所示。

图 3 –43　餐饮空间门厅

(2)接待和候餐功能区。休息厅是从公共交通部分通向餐厅的过渡空间,主要是迎接顾客到来和供客人等候、休息、候餐的区域。休息厅和餐厅可以用门、玻璃隔断、绿化池或屏风来加以分隔和限定。比如,高级茶厅的接待区域要单独设置或设在包间内。

(3)用餐功能区。用餐功能区是餐饮空间的主要重点功能区,是餐饮空间的经营主体区,包括餐厅的室内空间的尺度、功能的分布规划、来往人流的交叉安排、家具的布置使用和环境气氛的舒适等,是设计的重点。餐厅面积的指标要合理,指标过小,会造成拥挤;指标过大,会造成面积浪费、利用率不高和增大工作人员的劳动强度等。而对于茶馆来说,其用餐功能区指的就是茶厅,它的用餐功能区的划分指的就是室内空间的尺度、功能的分布规划、来往人流的交叉安排、家具的布置使用和环境气氛的舒适等。

(4)配套功能区。配套功能区一般是指餐厅营业服务性的配套设施,如卫生间、衣帽间、视听室、书房、娱乐室等非营业性的辅助功能配套设施。餐厅的级别越高,其配套功能就相应越齐全。有些餐厅还配有康体设施和休闲娱乐设施,如表演舞台、影视厅、游泳池、桌球、棋牌室等。配套功能区的空间尺度和位置设置应该与该功能区的功能相协调。

第一,卫生间要容易找,卫生间的入口不应靠近餐厅或与餐厅相对,卫生间应宽阔、明亮、干净、卫生、无异味,可用少量的艺术品或古玩点缀,以提高卫生间的环境质量。

卫生间的设计原则主要有以下几点:

①卫生间的设置分设顾客卫生间和工作人员卫生间。

②顾客卫生间的位置应隐蔽,其前室的入口不应靠近餐厅或与餐厅相对,并且可用少量艺术品或古玩点缀,以提高卫生间的环境质量,而且要有卫生间设置标识。

③工作人员卫生间的前室不应朝向各加工间,同时也要设置标识。

衣帽间是供顾客挂衣帽的设施,也是餐馆为客人着想的体现,衣帽间可设置在包房里,占用面积不需要很大,设衣架、衣帽钩、穿衣镜和化妆台等。

第二,视听室、书房、娱乐室是供顾客候餐时、用餐后小憩享用,一般设置电视机、音响设备、书台、文房四宝、书报等。

第三,餐厅的空调系统、消防系统、环保系统、燃料供应系统、油烟排放系统、电脑网络系统、音响系统、监控系统、照明系统等设备也是构成餐厅配套设施的几大要素。

(5)服务功能区。服务功能区也是餐饮空间的主要功能区,主要是为顾客提供用餐服务和经营管理服务的功能。

其中,备餐间或备餐台是存放备用的酒水、饮料、台布、餐具和菜品的设施,一般设有工作台、餐具柜、冰箱、消毒碗柜、毛巾柜、热水器等。在大厅里的席间增设一些小型的备餐台或活动酒水餐车,供备餐上菜和酒水、餐具存放之用。

收银台通常设在顾客离席的必经之处,也可单独设置在相对隐蔽的地方。收银台一般是结账、收款之用,设有计算机、账单、电脑收银机、电话及对讲系统等,高度在1000~1100毫米为佳。

营业台是接待顾客、安排菜式,协调各功能区之间的关系的地方,设有订座电话、电脑订餐、订餐记录簿。营业台高度一般为750~800毫米,宽度为700~800毫米,配有顾客座椅和管理人员座椅等。

酒吧间供应顾客饮料、茶水、水果、烟、酒等，一般有操作台、冰柜、陈列柜、酒架、杯架等。服务功能区一般设在大厅显眼并靠近服务对象的位置。

2. 制作功能区

制作功能区的主要设备有消毒柜、菜板台、冰柜、点心机、抽油烟机、库房货架、开水器、炉具、餐车、餐具等。厨房的面积与营业面积比以3∶7左右为佳。一般的制作流程顺序是采购进货——仓库存储——粗加工——精加工——烹煮加工——明档加工——上盘包装——备餐间——用餐桌面。

厨房的设计主要遵循以下原则：

(1)厨房面积同样可根据餐厅的规模与级别来综合确定，一般按每座0.7～1.2平方米计算。餐厅若经营多种菜品，所需厨房面积相对较大；若经营内容较单一，所需厨房面积则较小。

(2)厨房应设单独的对外出入口，在规模较大时，还需设货物和工作人员两个出入口。

(3)厨房的组成与工艺流程，见图3－44。

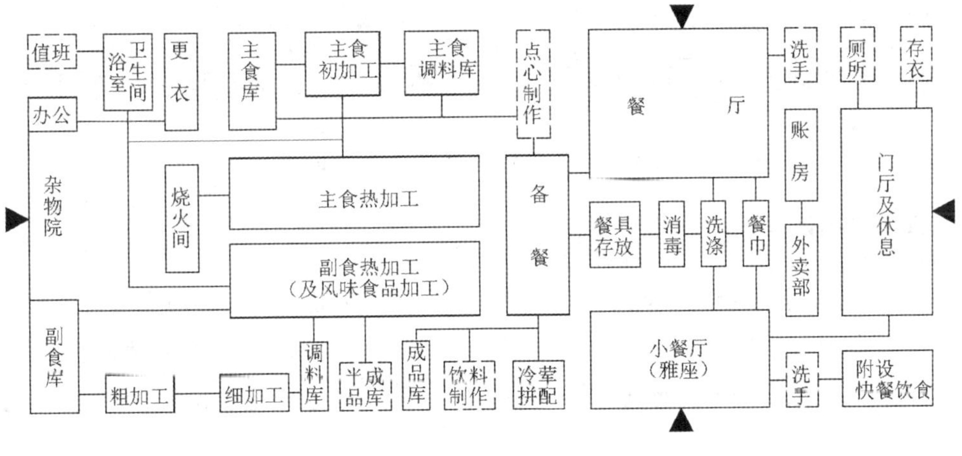

图3－44 餐饮空间的功能分析图

(4)厨房应按原料处理、工作人员更衣、主食加工、副食加工、餐具洗涤、消毒存放的工艺流程合理布置。对原料与成品、生食与熟食，应做到分隔加工与存放。

(5)厨房分层设置，应尽量在两层解决，若餐厅超过两层，相应的厨房只需设备餐间。垂直运输生食与熟食的电梯或轿厢应分别设置，不得合用。

(6)备餐间是厨房与餐厅的过渡空间，在中小型餐厅中，以备餐间的形式出现；而在大型餐厅以及宴会厅中，为避免在餐厅内的送餐路线过长，一般在大餐厅或宴会厅的一侧设置备餐廊；若仅仅是单一功能的酒吧或茶室，备餐间叫准备间或操作间。

（7）餐具的洗涤与消毒须单独设置位置。

（8）厨房的各加工间应有较好的通风与排气。若为单层，可采用气窗式自然排风；若厨房位于多层或高层建筑内部，应尽可能地采用机械排风。

（9）厨房各加工间的地面均应采用耐磨、不会渗水、耐腐蚀、防滑和易清洁的材料，并应处理好地面排水问题，同时墙面、工作台、水池等设施的表面，均应采用无毒、光滑和易清洁的材料。

餐饮空间功能分析图如图 3－45 所示。

茶馆的功能分析图也可以参照饮食店的功能分析图，如图 3－45 所示。

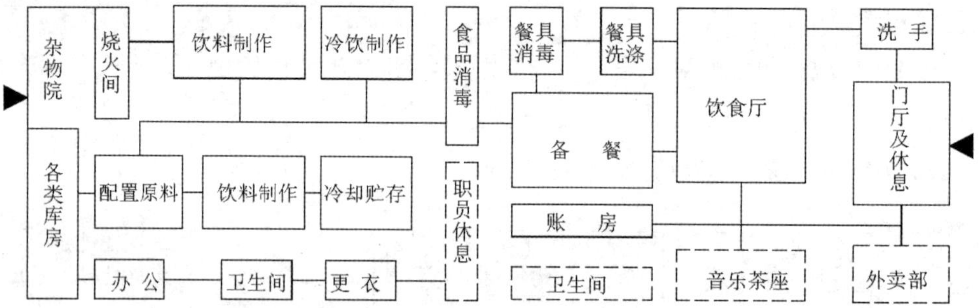

图 3－45　饮食店室内功能分析图

四、茶馆室内设计

茶馆是人们休闲娱乐、交流、放松的场所，它需要的是舒适的环境和轻松的氛围，让人们可以在此抒发感情，尽情地享受朋友间聚会的快乐和茶叶散发出来的香气。茶馆可以让人们领略到不同的风情，它可以是庄重典雅的，可以是乡风古韵的，也可以是西化雅致的。

（一）中国各地茶馆的风格特点

（1）杭州茶馆的风格：讲究“名茶”配“名水”，品茗临佳境，能得茶艺真趣 。西湖的茶馆具有“仙”“佛”与“儒雅”之气 ，西湖茶室与自然景观水乳交融。

（2）广州茶馆的风格：广州称茶馆为茶楼，吃早点叫吃早茶，广州茶楼是茶中有饭，饭中有茶。广东乡间的小茶馆一般傍河而建，小巧玲珑，虽然也讲“一盅两件”，但饮茶的境界却比在广州、香港更贴近“文化”，那质朴的韵味，比不上西湖茶室的儒雅，但多了一些水乡情趣。广东水乡素有“叹茶”的说法。

(3)北京茶馆的风格:“书茶馆”主要体现了北京地区浓郁的市民文化,“清茶馆”和“棋茶馆”展现北京人的其乐融融,“野茶馆”则颇具田园情趣,“大茶馆”的功能非常齐全(有表演、餐饮等)。

(二)茶馆的功能及种类

茶馆是中国民俗文化的产物,带有中华民族的烙印。最近时期,各地茶馆的兴起,不妨说是一个信号,它表明人们在生活亟欲现代化的变化过程中,一度丢失的传统正重新被重视和找回。当然,现代茶馆在找回传统的同时,更要注重发掘其在现代社会的特有功能。而茶文化在中国具有悠久的历史,茶艺、茶道同样也受到许多现代人的青睐。茶室作为弘扬国粹的场所,应具有一定的中国文化的气质。但由于东西方文化的交流和经营的需要,茶室与酒吧等餐饮空间的划分越来越难。随着社会和科学技术的发展,茶馆的功能也有一些变化。

1. 茶馆的主要功能

(1)茶馆仍将是人们饮茶、歇息、休闲的场所。

它主要针对的对象是非本地居民的游客、当地老年的有闲居民和普通水准的消费群体,所在地主要是在风景区、社区公园以及集中居民区的附近。它所面对的消费群体是一个非常庞大的群体。随着人们物质财富和闲暇时间的不断增多,旅游、休闲已经成为人们日渐重要的生活方式。生活条件的改善和医疗水平的提高,使得人口老龄化现象也日益加深,针对这一人群的社会服务也将随之扩大,这一消费群体将占主导地位。

(2)茶馆仍将是为人们提供社会交往的公共空间。

工业时代的快节奏生活带来的生活压力需要缓解,拥有优美环境和良好服务的茶馆可以提供人们舒解压力的一个好去处。社会从温饱向小康发展过程中居民住房面积暂时的狭小,人们需要一定的社会空间作为居住空间的延伸,在其中会聚亲朋、进行小型商务会谈、与不太熟悉人的偶尔交往,茶馆将和咖啡馆、酒吧等场所一道分享人们对公共空间的需求。后工业时代在家工作的人们,将会比现在有更多的志趣相同者组织的团体活动,茶馆是可以将某种志趣与活动的公共空间结合在一起的一种场所,而这种志趣,就是对茶文化的兴趣,对格调生活、健康生活的兴趣。茶馆业者应当注意到这一社会变化方向。而且即使在后工业时代尚未全面到来时,也可以针对茶馆的这一功能有所行动,因为现在已经有相当多的自由职业者,以及一些可以自由选择工作时间和地点行业的人们,他们对公共空间的需求已经大不一样了。

(3)茶馆是人们进行文化娱乐活动的场所。

在教育日益普及的今天,人们的素养普遍提高。在文化娱乐活动的诸多领域,很多人已经不满足于只是做一个观众,而是积极地参与到了其中,比如书法绘画、戏曲歌唱、烹饪服饰、鉴赏古玩等。

(4)茶馆将是一个城市展示其文化特色与风格的窗口。

任何一个城市或地区的茶馆,因为其独特的经营手法和茶客在其中的消费方式,自身便会形成一道城市文化风景。而对于外地游客较多的茶馆来说,游客所涉足的茶馆,也成为他了解这个城市文化特色与风格的窗口。

(5)茶文化的发扬与展示是新式茶馆的中心功能。

现在的新式茶馆大多标示自己是有茶文化、行茶艺的茶馆,与旧式的提供茶与水的茶室不同,而这也确实正是新式茶馆吸引新型消费者的地方。所有的经营方式与促销手法都应围绕着这一中心功能展开,否则所有的努力将失去中心,新式茶馆也会沦为旧式茶室、小饭铺或茶餐厅。

2. 茶馆的种类

都市茶馆按文化特征可分为传统型、艺能型、复合型、时尚型等多种类型。

(1)传统型茶馆,是由一些有名望的茶馆(茶楼),按其特有的文化和利用历史优势或地域优势展现茶文化的一类茶馆。这类茶馆(茶楼)往往有着比较悠久的历史,得天独厚的自然环境,创立有独特的品牌,在社会上或人们的心目中,有一定的影响力,以展示传统文化而享誉天下。

(2)艺能型茶馆,由“茶”与“艺”结合的一种茶馆。这一类型茶馆的艺能至上,有丰富的欣赏情趣,妙趣横生,能令人心旷神怡。这类茶馆主要有茶艺馆、茶道馆,它讲究品茗的艺能技艺,注重高雅的文化氛围营造,可谓当代茶文化的典范。

(3)复合型茶馆,是由茶与饮食、茶与娱乐等相结合形成的一类茶馆。比如,饭店、宾馆、餐厅设茶座,将茶文化与食文化紧密地结合在一起,融为一体,或有专营素食、茶菜。

(4)时尚型茶馆,是茶文化与时尚文化相结合的一类茶馆,这类“茶馆”一般规模不大,格调高雅,富有文化情调和文化特色。

(三)茶厅的空间特色和风格

茶厅在空间组合和分隔上具有中国园林的特色,“曲径通幽”可以用在对人流的组织上,应尽可能避免一目了然的处理方式,遮遮掩掩、主次分明是茶厅的主要设计特色(图 3－46、3－47)。

图 3－46　杭州青藤茶馆①

1. 传统风格的茶厅

传统风格的茶厅在环境的整体风格上应追求中华文化的精髓,另外要充分发挥我国的民俗特色。因此,传统风格的茶厅的装饰风格、室内特色,以及家具与餐具、灯饰与工艺品、员工服装等都应围绕“文化”与“民俗”展开设计创意与构思。

传统风格的茶厅的平面布局可以分为两种类型:以宫廷、皇家建筑空间为代表的对称式布局和以中国江南园林为代表的庭院式与私家园林相结合的布局。

(1)宫廷式。这种布局采用严谨的左右对称方式,在轴线的一端常设主宾席和礼仪台,与这种布局方式相关联的装饰风格与细部常采用或简或繁的宫廷式做法。

(2)园林式。这种布局采用私家园林的自由组合的特点,将室内的某一部分结合休息区处理成小桥流水,而其余各部分结合园林的漏窗与隔扇,将靠窗或靠墙的部分进行较为通透的二次分隔,划分出主要茶厅与若干次要茶厅,以保证某些茶厅具有一定的私密性,以满足部分顾客的需要。这种茶厅的装饰风格与细部常采用园林的符号与做法。

①青藤茶馆从设计到施工历时 5 个月,总面积近 5000 平方米。设计单位是中国美术学院 inDesign 设计工作室,设计师是 Ray yee。施工单位是苏州金螳螂建筑装饰有限公司。青藤茶馆曾荣获 2003 年度亚太地区室内设计大奖赛餐饮类全场荣誉奖。

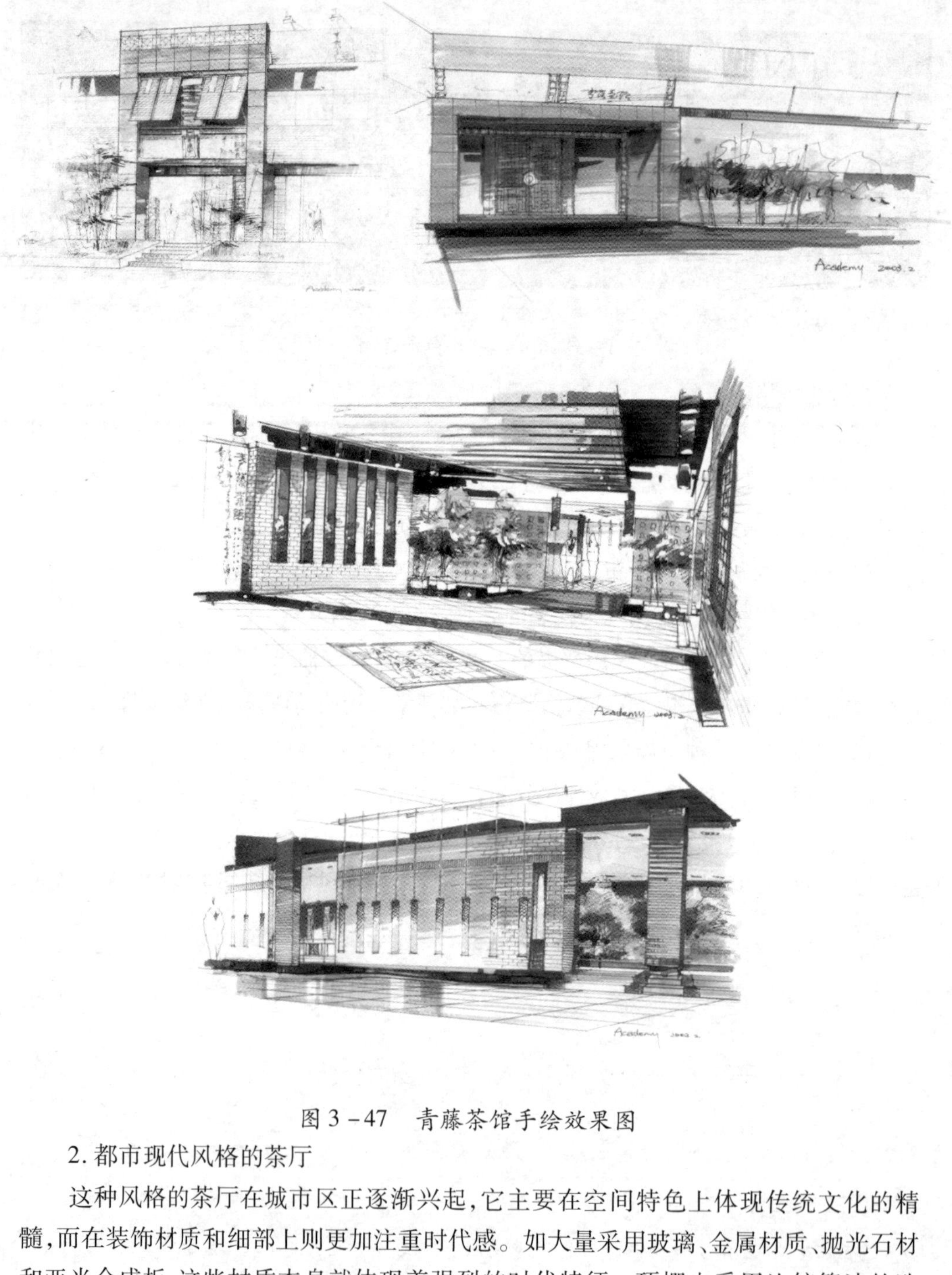

图 3－47　青藤茶馆手绘效果图

2. 都市现代风格的茶厅

这种风格的茶厅在城市区正逐渐兴起，它主要在空间特色上体现传统文化的精髓，而在装饰材质和细部上则更加注重时代感。如大量采用玻璃、金属材质、抛光石材和亚光合成板，这些材质本身就体现着强烈的时代特征。顶棚也采用比较简洁的造型，结合反射光槽或透光织物进行设计，增强了空间气氛和情调。墙面装饰以带镜框的小型字画为主，再加上精美的工艺品等，一起构成了这类茶室的主要装饰品。

（四）茶厅的空间环境气氛的营造

茶厅就餐环境质量的优劣是由许许多多的因素决定的，除了空间大小、家具以及装饰材料等硬件以外，茶厅空间的环境气氛同样对就餐的环境质量起着重要的作用，茶厅空间环境气氛的营造可以通过色彩、光环境、陈设绿化和室内景观等方面来实现。

1. 茶馆设计的色彩应用原则

（1）首先要确定茶馆总体的色彩基调，然后再针对茶馆的不同区域功能来设定搭配局部色调。

（2）处理色彩关系一般是根据“大调和、小对比”的基本原则。

（3）厅室内环境的色彩处理，必须在充分考虑自然环境的情况下来进行，色相宜简不宜繁，纯度宜淡不宜浓，明度宜明不宜暗。主要色彩不宜超过三个色相。

（4）在缺少阳光的区域和利用灯光照明的餐饮包房里，可以采用明亮的暖色相，以调节其明亮的温暖气氛，增加亲切感。

（5）在阳光充足的地区和炎热的地方，可多用淡雅的冷色相。

（6）门面招牌、接待区、厕所、电梯间可使用高明度色彩，可获得光彩夺目、干净卫生的清新感。

（7）在茶厅和包厢区等地方可使用低明度的色彩和较暗的灯光来装饰，能给人以温馨的情调和高雅的气氛；也可使用纯度较低的各种淡色调，可获得一种安静、柔和、舒适的空间气氛；对于现代感较强的则可使用纯度较高和鲜艳的色彩，可获得一种轻松、活泼、自由的气氛。

2. 茶馆设计的陈设与装饰

（1）茶馆的陈设。

①家具陈设。茶厅里的餐台、餐椅、餐椅是茶馆的主要家具，其数量多、面积大。家具的造型和色彩对确定茶厅的基调起着很大的作用，家具风格要尽量统一，要与整个室内装饰协调。

②织物的式样。一般有地毯、台布、窗帘、吊窗、墙布、壁挂等。

③艺术品摆设。在风格古朴的茶厅，一般用铜饰、石雕、古董、陶瓷和古旧家具；在传统的中式茶厅用中国的青铜器、漆艺、彩陶、画像砖以及书画；在茶厅中可选用浓郁地方特色的装饰品。

（2）茶馆的装饰。

茶馆的装饰主要是为了突出茶文化和茶叶经营的特点，使顾客产生一种和谐美的心理。茶馆装饰分为外装饰与内装饰，外装饰主要能吸引顾客进店浏览和饮茶，内装饰主要是能激起顾客去了解茶文化、去饮茶和购买的冲动。

①外装饰有以下几个要素：

第一，外部造型一定要突出“茶”的素雅、清心的特点。

第二，招牌是永久性的广告，要激发消费者的好奇心，引起消费者的注意，便于消费者记忆，同时也能体现茶馆的格调。一般茶馆大都采取传统风格，长方形匾额，用黑色大漆作底色，镏金大字作店名，请名人书写，雕刻而成，庄重堂皇；或用清漆涂成木质本色，用名人题的字，雕刻后，涂成绿色，古朴典雅；再者可以用现代装饰材料做成大的内装通明灯光，外面用醒目大字，构成现代气息的招牌，具体则根据所经营的场所而定。

第三，如果用一副好的对联，则更能体现茶馆的文化与艺术气息。

第四，橱窗是茶馆的第一展厅，它能直接刺激消费者的购买欲。橱窗尽量设计得大一些，里面可以摆一些具有吸引力的茶叶，如保鲜茶、花茶、广告打得响的保健茶，适量的放一些茶具，可以将外形好看的茶用透明玻璃杯泡上几杯，隔几天再换几个品种。橱窗内灯光要亮一些，摆设的茶及茶具和茶水要组成一幅美的图画，且不断变动。

第五，茶馆的店门尽量留大一些，采光要好一点，同时要考虑到安全性。

第六，茶馆外部灯光一定要明亮，最好用白色或绿色，不宜用红色，如若用一两只绿色的射灯则更能突出茶店的吸引力。

第七，茶馆店名的命名主要是体现经营者的个性与茶文化和谐的统一，取一个好名字是关键，可利用传统的老字号，也可以按照茶叶的特点结合经营者的思维，或请茶文化专家起一个好名字，如北京的“吴裕泰茶庄”“信裕泰茶庄”“满堂香茶庄”“仙山茶行”“绿茶世界”“五福茶艺馆”“天福茗茶”都是很不错的字号。

②茶馆的内装饰的几个主要要素：

第一，陈列台设计要求大方、线条流畅，一般应采用木质，可以漆成仿红木，也可以用清漆做成木本色，这样能体现与茶叶和谐的统一，同时可以做几个多宝合一的小书柜，以便摆茶具和茶书用，有条件可以摆一张八仙桌或茶几以便品茶用。

第二，茶店的墙面应该素雅，一般用木质装饰板，漆成原色为好，同时合理配上茶字画或介绍有关茶叶知识的宣传材料。

第三，地面要保持干净、整洁，用大理石、水磨石，也可以用地纸；如若铺地毯，最好用绿色或灰色，千万不能用刺眼的色调。

第四，顶部灯光一定要明亮，一般用电子日光灯，越亮越好，柜台、货架最好也配上绿色灯管，不能用红色灯光。

第五，店内点缀很重要，可以适当放一些花草、盆景或大紫砂、瓷瓶，关键是根据不同茶店的特点，采取不同的创意，达到画龙点睛的作用，切不可盲目堆砌。

第六，内装饰的布局结构与交易、休闲的外部环境一定要协调一致，给人以整齐、高雅、舒心的感觉。

（五）茶馆的照明设计

光照对人的视觉功能极为重要。没有光就看不到一切，这是一般的常识。就室内环境设计而言，光照不仅能满足人的视觉功能的需要，而且是美化环境必不可少的物质条件。光照可以构成空间，并能起到改变空间、美化空间的作用。它直接影响物体的视觉大小、形状、质感和色彩，以至直接影响到环境的艺术效果。

1. 光的种类

照明用光随灯具品种和造型不同，产生不同的光照效果，所产生的光线，可分为直射光、反射光和漫射光三种。

（1）直射光。直射光是光源直接照射到工作面上的光，直射光的照度高，电能消耗少，为了避免光线直射人眼产生眩光，通常需用灯罩相配合，把光集中照射到工作面上。

（2）反射光。反射光是利用光亮的镀银反射罩作定向照明，使光线受下部不透明或半透明的灯罩的阻挡，光线的全部或一部分反射到天棚和墙面，然后再向下反射到工作面。这类光线柔和，视觉舒适，不易产生眩光。

（3）漫射光。漫射光是利用磨砂玻璃罩、乳白灯罩，或特制的格栅，使光线形成多方向的漫射，或者是由直射光、反射光混合的光线。漫射光的光质柔和，而且艺术效果颇佳。

在室内照明中，上述三种光线有不同的用处，由它们之间不同比例的配合就产生了多种照明方式。

2. 茶馆照明的方式

茶馆灯饰的配置在突出其重点、划分空间以及调整空间气氛等方面有着重要的作用。根据光通量的空间分布状况，照明方式可分为下面五种。

（1）直接照明。光线通过灯具射出，其中 90% ~100% 的光通量到达假定的工作面上，这种照明方式为直接照明。直接照明方式具有强烈的明暗对比，并能造成有趣生动的光影效果，可突出工作面在整个环境中的主导地位，但是由于亮度较高，应防止眩光的产生。

（2）半直接照明。半直接照明方式是半透明材料制成的灯罩罩住灯泡上部，60%~90%以上的光线使之集中射向工作面，10%~40%被罩光线又经半透明灯罩扩散而向上漫射，其光线比较柔和。这种灯具常用于空间高度较低的房间的一般照明。由于漫射光线能照亮平顶，使房间顶部高度增加，因而能产生较高的空间感。

（3）间接照明。间接照明方式是将光源遮蔽而产生间接光的照明方式，其中90%~100%的光通量通过天棚或墙面反射作用于工作面，10%以下的光线则直接照射工作面。通常有两种处理方法：一种是将不透明的灯罩装在灯泡的下部，光线射在平顶或其他物体上反射成间接光线；一种是把灯泡设在灯槽内，光线从平顶反射到室内成间接光线。这种照明方式单独使用时，需注意不透明灯罩下部的浓重阴影，通常和其他照明方式配合使用，才能取得特殊的艺术效果。

（4）半间接照明。半间接照明方式，恰和半直接照明相反，把半透明的灯罩装在灯泡下部，60%以上的光线射向平顶，形成间接光源，10%~40%部分光线经灯罩向下扩散。这种方式能产生比较特殊的照明效果，使较低矮的房间有增高的感觉。也适用于住宅中的小空间部分，如门厅、过道等环境中采用这种照明方式，最为相宜。

（5）漫射照明。漫射照明方式，是利用灯具的折射功能来控制眩光，将光线向四周扩散漫散。这种照明大体上有两种形式：一种是光线从灯罩上口射出经平顶反射，两侧从半透明灯罩扩散，下部从格栅扩散；一种是用半透明灯罩把光线全部封闭而产生漫射。这类照明光线性能柔和。

3. 茶馆照明的布局形式

照明布局形式分为三种，即基础照明、重点照明和装饰照明。

（1）基础照明。所谓基础照明，是指大空间内全面的、基本的照明，关键在于能与重点照明的亮度有适当的比例，给室内形成一种格调，基础照明是最基本的照明方式。除注意水平面的照度外，更多应用的是垂直面的亮度。一般选用比较均匀的、全面性的照明灯具。

（2）重点照明。重点照明是指对主要场所和对象进行的重点投光。如商店商品陈设架或橱窗的照明，目的在于增强顾客对商品的吸引和注意力，其亮度是根据商品种类、形状、大小以及展览方式等确定的。一般使用强光来加强商品表面的光泽，强调商品形象。其亮度是基本照明的3~5倍。为了加强商品的立体感和质感，常使用方向性强的灯和利用色光以强调特定的部分。

（3）装饰照明。为了对室内进行装饰，增加空间层次，营造环境气氛，常用装饰照明，一般使用装饰吊灯、壁灯、挂灯等图案形式统一的系列灯具。这样可以使室内繁而不乱，并渲染室内环境气氛，更好地表现具有强烈个性的空间艺术。值得注意的是装饰照明只能是以装饰为目的独立照明，不兼作基本照明或重点照明，否则会削弱精心制作的灯具形象。

(4)基础与重点混合的照明。是在基础照明的基础上，视不同需要，加上局部照明和装饰照明，使整个室内环境有一定的亮度，又能满足工作面上的照度标准需要，既节约电能，又有利于视觉的舒适感。这是目前室内中应用得最为普遍的一种照明方式。

4. 茶馆照明设计的基本原则

(1)实用性原则。室内照明应保证规定的照度水平，满足工作、学习和生活的需要。设计应从室内整体环境出发，全面考虑光源、光质、投光方向和角度的选择，使室内活动的功能、使用性质、空间造型、色彩陈设等与其相协调，以取得整体环境效果。

(2)安全性原则。一般情况下，线路、开关、灯具的设置都需有可靠的安全措施，诸如分电盘和分线路一定要有专人管理，电路和配电方式要符合安全标准，不允许超载，在危险地方要设置明显标志，以防止漏电、短路等事故发生。

(3)经济性原则。照明设计的经济性有两个方面的意义：一是采用先进技术，充分发挥照明设施的实际效果，尽可能以较少的投入获得较大的照明效果；二是在确定照明设计时要符合我国当前在电力供应、设备和材料方面的生产水平。

(4)艺术性原则。照明装置具有装饰房间、美化环境的作用。室内照明有助于丰富空间，形成一定的环境气氛，照明可以增加空间的层次和深度，光与影的变化使静止的空间生动起来，能够创造出美的意境和氛围，所以室内照明设计时应正确选择照明方式、光源种类、灯具造型及体量，同时处理好颜色、光的投射角度，以取得改善空间感、增强环境氛围的艺术效果。

5. 室内照明设计的其他要求

(1)照度标准。照明设计时应有一个合适的照度值，照度值过低，不能满足人们正常工作、学习和生活的需要；照度值过高，容易使人产生疲劳，影响健康。照明设计应根据空间使用情况，符合《建筑电器设计技术规程》规定的照度标准。

(2)灯光的照明位置。人们习惯将灯具安放在房子的中央，其实这种布置方式并不能解决实际的照明问题。正确的灯光位置应与室内人们的活动范围以及家具的陈设等因素结合起来考虑，这样，不仅满足了照明设计的基本功能要求，同时加强了整体空间意境。

此外还应把握好照明灯具与人的视线及距离的合适关系，控制好发光体与视线的角度，避免产生眩光，减少灯光对视线的干扰。

(3)灯光照明的投射范围。灯光照明的投射范围是指保证被照对象达到照度标准的范围，这取决于人们室内活动作业的范围及相关物体对照明的要求。投射面积的大小与发光体的强弱、灯具外罩的形式、灯具的高低位置及投射的角度相关。照明的投射范围使室内空间形成一定的明暗对比关系，产生特殊的气氛，有助于集中人们的注意力。例如，剧院演出时灯光集中在舞台上，观众席成了暗区，把观众的注意力全部集中到舞台，烘托整个剧场的演出气氛。因此，在进行设计时，必须以具体用光范围为依据，合理确定投射范围，并保证照度。即使是装饰性照明，也应根据装饰面积的大小进行设计。

6. 茶馆照明灯具的选择

人工照明离不开灯具，灯具不仅是限于照明，为使用者提供舒适的视觉条件，同时也是建筑装饰的一部分，起到美化环境的作用，是照明设计与建筑设计的统一体。随着建筑空间、家具尺度以及人们生活方式的变化，光源、灯具的材料、造型与设置方式都会发生很大变化，灯具与室内空间环境结合起来，可以创造不同风格的室内情调，取得良好的照明及装饰效应。

室内环境设计时常用的灯具有以下几种：

(1)吊灯。吊灯是悬挂在室内屋顶上的照明工具，经常用作大面积范围的一般照明。大部分吊灯带有灯罩，灯罩常用金属、玻璃和塑料制成。用作普通照明时，多悬挂在距地面2.1米处，用作局部照明时，大多悬挂在距地面1~1.8米处。吊灯的造型、大小、质地、色彩对室内气氛会有影响，在选用时一定与室内环境相协调。例如，古色古香的中国式房间应配具有中国古老气息的吊灯，西餐厅应配西欧风格的吊灯(如蜡烛吊灯、古铜色灯具等)，而现代派室内空间则应配几何线条简洁明朗的灯具。

(2)吸顶灯。吸顶灯是直接安装在天花板上的一种固定式灯具，作室内一般照明用。吸顶灯种类繁多，但可归纳为以白炽灯为光源的吸顶灯和以荧光灯为光源的吸顶灯。以白炽灯为光源的吸顶灯，灯罩用玻璃、塑料、金属等不同材料制成。用乳白色玻璃、喷砂玻璃或彩色玻璃制成的不同形状(长方形、球形、圆柱体等)的灯罩，不仅造型大方，而且光色柔和；用塑料制成的灯罩，大多是开启式的，形状如盛开的鲜花或美丽的伞顶，给人一种兴奋感；用金属制成的灯罩给人感觉比较庄重。以荧光灯为光源的吸顶灯，大多采用有晶体花纹的有机玻璃罩和乳白色玻璃罩，外形多为长方形。吸顶灯多用于整体照明，办公室、会议室、走廊等地方经常使用。

(3)嵌入式灯。嵌入式灯是嵌在楼板隔层里的灯具，具有较好的下射配光，灯具有聚光型和散光型两种。聚光灯型一般用于局部照明要求的场所，如金银首饰店、商场货架等处；散光灯型一般多用作局部照明以外的辅助照明，例如宾馆走道、咖啡馆走道等。

（4）壁灯。壁灯是一种安装在墙壁建筑支柱及其他立面上的灯具，一般用作补充室内一般照明。壁灯设在墙壁上和柱子上，它除了有实用价值外，也有很强的装饰性，使平淡的墙面变得光影丰富。壁灯的光线比较柔和，作为一种背景灯，可使室内气氛显得优雅，常用于大门口、门厅、卧室、公共场所的走道等，壁灯安装高度一般在1.8～2米之间，不宜太高，同一表面上的灯具高度应该统一。

（5）台灯。台灯主要用于局部照明。书桌上、床头柜上和茶几上都可用台灯。它不仅是照明器，又是很好的装饰品，对室内环境起美化作用。

（6）立灯。立灯又称“落地灯”，也是一种局部照明灯具。它常摆设在沙发和茶几附近，作为待客、休息和阅读照明。

（7）轨道射灯。轨道射灯由轨道和灯具组成。灯具沿轨道移动，灯具本身也可改变投射的角度，是一种局部照明用的灯具。主要特点是可以通过集中投光以增强某些特别需要强调的物体。已被广泛应用在商店、展览厅、博物馆等作室内照明，以增加商品、展品的吸引力。它也正在走向普通家庭，如壁画射灯、窗头射灯等。

以上灯具是在室内光环境设计当中用的比较多的形式，除此以外，还有应急灯具、舞台灯具、高大建筑照明灯具以及艺术欣赏灯具等。

五、附图

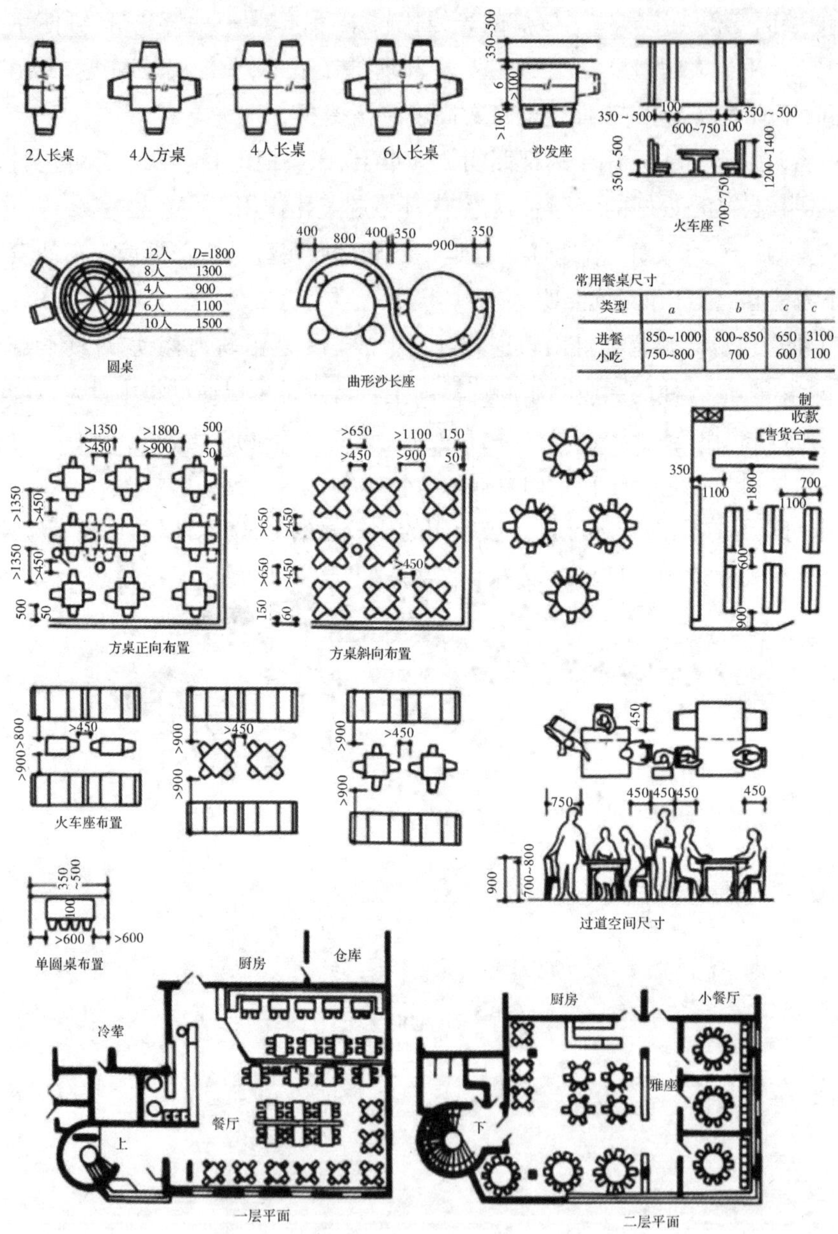

图 3－48　餐桌椅布置尺度(一)①

①高祥生《室内设计师手册》,中国建筑工业出版社,2008 年 3 月第六次印刷。

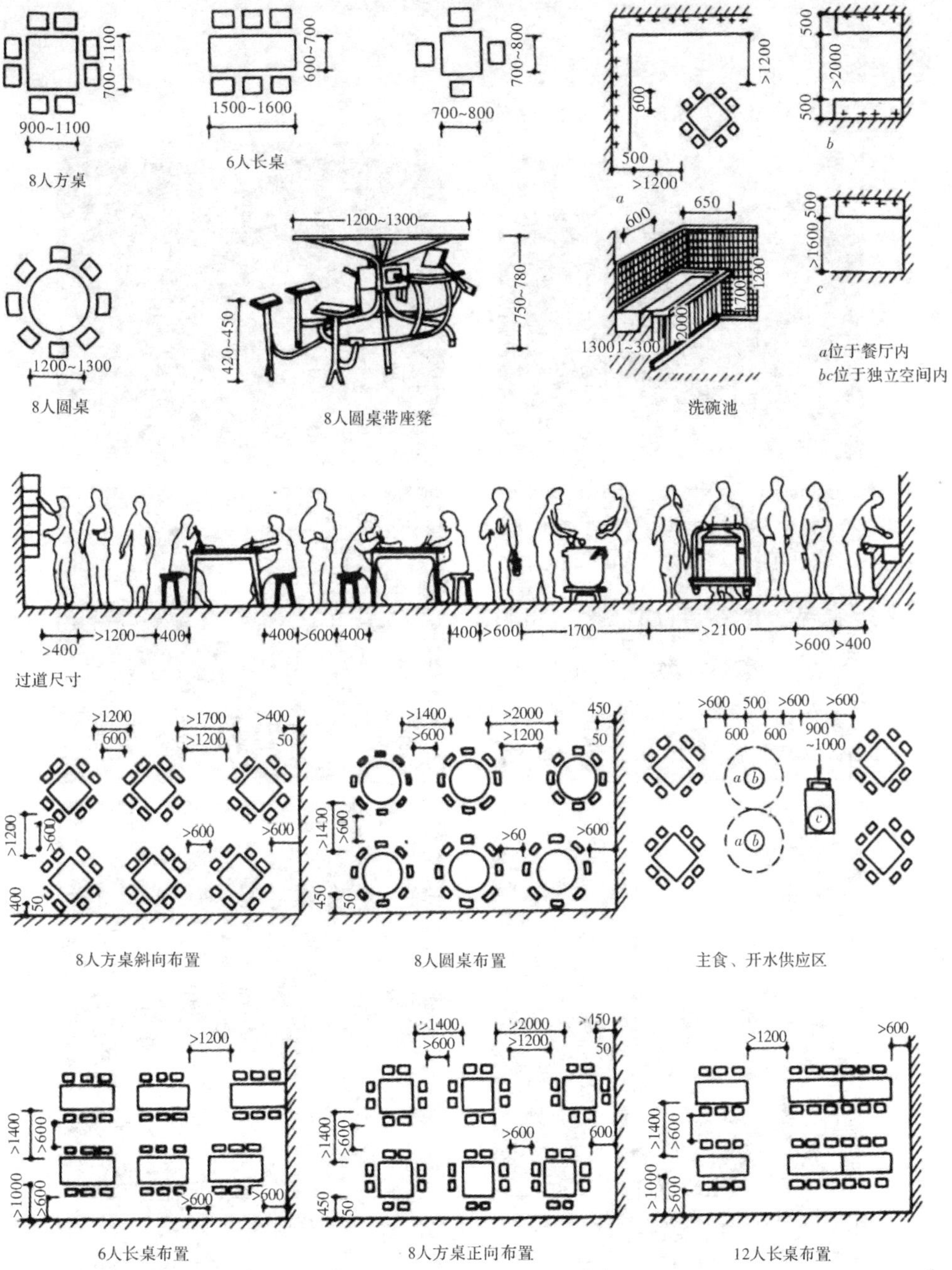
8人方桌
6人长桌
8人圆桌
8人圆桌带座凳
洗碗池
a位于餐厅内
bc位于独立空间内
过道尺寸
8人方桌斜向布置
8人圆桌布置
主食、开水供应区
6人长桌布置
8人方桌正向布置
12人长桌布置

餐桌椅布置尺度(二)

案例与习题

案例

案例：青藤茶馆室内设计（图 3－48）

图 3－48　青藤茶馆

青藤茶馆从设计到施工历时5个月的时间，设计总面积近5000平方米，是由中国美术学院Indesign设计任务室设计的，设计师是Ray Yee。施工单位是苏州金螳螂建筑装修有限公司。青藤茶馆曾荣获2003年度亚太地区室内设计大奖赛饮食类全场荣誉奖。青藤茶馆地处杭州最具文化特色的南山路街，紧邻风景如画的西湖，南山路是杭州风景最为优美的地段。青藤茶馆是杭州老字号的茶馆，也是杭州新茶文化的代表之一，在杭州茶界、文化界享有盛誉。

分析：功能布局、功能分区合理，交通流线清晰合理。青藤茶馆的设计在功能上设入口门厅、大厅散坐区、多功能区、陶吧、卡座区、中式包厢区、日式坐炕包厢、小型日式坐坑、表演区和院落式包厢区，分别按照中式、日式茶艺馆标准设计，分区合理，动静划分明确，人流组织通畅。设计师们在室内设计过程中大量采用中国古典园林的借景、对景的手法，使这4500平方米的空间以大化小，以小化精；大胆地将中国古典园林以及中国古典建筑的处理手法与较为现代的设计观念相结合，以传达中国古典园林般的空间美学理念，致力于创造一个新的中国特色的文化空间。更值得一提的是，茶馆的平面立面设计中结合了大量中国美术学院艺术家的艺术创造，使整个空间在文化上再上了一个层级，也使得青藤茶馆在空间的艺术品位上独树一帜，成为新西湖时代的新的旅游和休闲场所。

习题

1. 室内设计的概念与意义是什么？
2. 室内设计的三个阶段分别是什么？
3. 试述室内设计的内容与特征。
4. 试述室内设计的四个阶段。
5. 室内设计的风格与流派有哪些？
6. 阐述茶馆室内空间的功能与布置要求。
7. 在室内设计中茶馆的空间功能要求有哪些？
8. 怎样营造茶厅空间环境的气氛？
9. 茶厅的陈设设计有哪些要求？
10. 试阐述茶厅的照明设计。

第四章 茶馆形象与品牌打造

【导读】

当今世界已经进入了品牌时代,一个成功的品牌可以是一个好的产品、服务或地方,使购买者或使用者获得相关的、独特的、最满足他们需要的价值。一个好的产品必须要有自己的品牌才能显现出自己的价值。茶馆品牌是茶馆对其产品质量、服务,茶馆信誉、文化特色等方面的反映,是茶馆持续发展的关键因素。茶馆业品牌建设滞后,茶馆品牌的建设和发展不仅关系茶馆自身的发展,而且也关系着整个茶馆业及相关行业的可持续发展。

茶馆形象与品牌不仅有助于获取消费者的认可和信赖,也是茶馆发展走向健康成熟的重要标志。目前许多茶馆已认识到树立茶馆形象与品牌的重要性,并在努力培养、塑造和完善茶馆形象与品牌,这是茶馆市场走向诚信、规范和成熟的重要推动力量。因此,采取适宜的茶馆形象与品牌战略,塑造良好的茶馆形象与品牌,在茶馆业发展中起着至关重要的作用。

本章就茶馆形象与品牌的概念、类型,茶馆形象与品牌的塑造方法和策略做了简述,介绍了茶馆形象与品牌的评价方法及茶馆形象与品牌维护的相关知识,并通过案例剖析茶馆形象与品牌的塑造方法和策略。

第一节 茶馆形象与品牌的类型

一、茶馆形象与品牌概念

菲利普·科特勒认为“品牌是名称、符号、术语或设计,或是它们的组合运用,其目的是借以辨认某个销售者或某群销售者的产品或服务,并使之同竞争对手的产品和服务区别开来。”

品牌的基本含义包括:第一、品牌是品牌主使自己产品和服务与其他品牌区分开来的符号集,这是品牌最基本的功能;第二、品牌是经营管理活动的结果,是组织文化的公开展示;第三、品牌是一种无形资产和资源,能够提高产品与服务的附加价值。

茶馆形象是指人们通过茶馆的各种标志,而建立起来的对茶馆的总体印象,是企业文化建设的核心。茶馆形象是茶馆企业精神文化的一种外在表现形式,它是社会公众与企业接触交往过程中所感受到的总体印象。这种印象是通过人体的感官传递获得的。著名品牌专家 Keller 对企业形象所下的定义是:消费者在记忆中通过联想反映出对组织的感知。这种感知就是茶馆形象。茶馆品牌是茶馆以名称符号为基础,提供给消费者特别产品附加值与服务的承诺。

茶馆形象与品牌是一个综合、复杂的概念,它是商标、符号、包装、价格、声誉、广告风格乃至历史、文化、民族等方面留给大众印象的总和,指人们通过茶馆的各种标志(如茶馆的名称、装修风格、产品特点、行销策略、人员风格等)而建立起来的对茶馆的总体印象。茶馆形象与品牌能否真实反映茶馆的精神文化,以及能否被社会各界和公众舆论所理解和接受,在很大程度上取决于茶馆的自主努力。茶馆的形象与品牌相互包容而侧重点不同,形象是具体的,品牌则是抽象的。

二、茶馆形象与品牌的作用

一个成功的品牌,能够为其所有者不断带来超额利润。今天的市场竞争,很大程度上就是品牌竞争。市场经济在一定程度上就是名牌经济,市场竞争的最终局面就是名牌瓜分天下。谁拥有名牌,谁就拥有成功。品牌是打开市场的通行证,今天的市场已明显地向名牌集中。对于茶艺馆而言,品牌的作用主要体现在以下几个方面:

(1)有利于增加企业的凝聚力。这种凝聚力,不仅能使团队成员产生自豪感,增强员工对企业的认同感和归属感,使之愿意留在这个企业里,还有利于提高员工素质以适应企业发展的需要,使全体员工以主人翁的态度工作,产生同舟共济、荣辱与共的思想,使员工关注企业发展,为提升企业竞争力而奋斗。

(2)有利于增强企业的吸引力和辐射力。好的企业品牌使人羡慕、向往,不仅使投资环境价值提升,还能吸引人才,从而使资源得到有效集聚和合理配置。企业品牌的吸引力是一种向心力,辐射力则是一种扩散力。

(3)有利于提高企业知名度,是一种强化企业竞争力的文化力。这种文化力是一种无形的、巨大的企业发展推动力。企业实力、活力、潜力以及可持续发展的能力,集中体现在竞争力上,而提高企业竞争力又同提高企业知名度密不可分。一个好的企业品牌将大大有利于企业知名度和竞争力的提高。这种提高不是来自人力、物力、财力的投入,而是靠“品牌”这种无形的文化力。

(4)推动企业发展和社会进步的一个积极因素。企业品牌不是停留在美化企业形象的层面,而是要成为吸引投资、促进企业发展的巨大动力,进而促进企业将自己像商品一样包装后拿到国内甚至国际市场上“推销”。在经济全球化的背景下,市场经济正在向全方位社会渗透,逐步清除企业内的体制障碍,不断催化着中国企业品牌的定位和形成。

(5)有利于广告宣传,维护茶艺馆的正当权益。品牌经注册登记成为注册商标,该茶艺馆产品及其市场效益就受到法律的保护,防止他人假冒。

三、茶馆形象与品牌的类型

1. 仿古式茶艺馆

图 4－1　仿古式茶艺馆

仿古式茶艺馆在装修、室内装饰、布局、人物服饰、语言、动作、茶艺表演等方面都以某种古代传统为蓝本，对传统文化进行挖掘、整理，并结合茶艺的内在要求重新进行现代演绎，从总体上展示古典文化的整体面貌。各种各样的宫廷式茶楼、禅茶馆等，就是典型的仿古式茶艺馆。

2. 园林式茶艺馆

图 4－2　园林式茶艺馆

园林式茶艺馆突出的是清新、自然的风格，或依山傍水坐落于风景名胜区，又或是一个独门大院，它由室外空间和室内空间共同组成，往往营业场所较大。室外是小桥流水、绿树成荫、鸟语花香，突出的是一种纯自然的风格，让人直接与大自然接触，从而达到室内人造园林达不到的一种品茗的意境。这种风格是与现代人追求自然、返璞归真的心理需求相契合的，但它对地址的选择、环境的营造有较高的要求，所以现代茶艺馆中还为数不多。

3. 室内庭院式茶艺馆

室内庭院式茶艺馆以江南园林建筑为蓝本，结合茶艺及品茗环境的要求，设有亭台楼阁、曲径花丛、拱门回廊、小桥流水等，给人一种“庭院深深深几许”的心理感受。室内多陈列字画、文物、陶瓷等各种艺术品，让现代都市人在繁忙的生活中去寻找回归自然，心情舒畅的感觉，进入“庭有山林趣，胸无尘俗思”的境界。

图 4-3 室内庭院式茶艺馆

4. 现代式茶艺馆

图 4-4 现代式茶艺馆

现代式茶艺馆的风格比较多样化，往往根据经营者的志趣、爱好，结合房屋的结构依势而建，各具特色。有的是家居厅堂式的，开放式的大厅与各种包房自然结合；有的拱门回廊，曲径通幽；有的清雅、古朴、讲究静雅；有的豪华、富丽，讲究高档气派。内部装饰上，名人字画、古董古玩、花鸟鱼虫、报刊书籍、电脑电视等各有侧重，并与整体风格自然契合，形成相应的茶艺氛围。一般以家居厅堂式的较为多见，既有开放的大厅，又有多种风格的房间，客人可以根据兴致做出选择。现代式茶艺馆往往注重现代茶艺的开发研究，在经营理念上紧跟时代潮流，强调规范化管理和优质服务，通过营造温馨舒适、热情周到的服务氛围来吸引顾客。

5. 民俗式茶艺馆

民俗式茶艺馆强调民俗乡土特色，追求民俗和乡土气息，以特定民族的风俗习惯、茶叶茶具、茶艺或乡村田园风格为主线，形成相应的特点。它包括民俗茶艺馆和乡土茶艺馆。民俗茶艺馆是以特定的少数民族的风俗习惯、风土人情为背景，装饰上强调民族建筑风格；茶叶多为民族特产或喜爱的茶叶；茶具多为民族传统茶具；茶艺表演也具有浓郁的民族风情。乡土茶馆大都以农村社会的背景作为其主基调，装饰上竹木家具、马车、牛车、蓑衣、斗笠、石、花轿等应有尽有，凡是能反映乡土气息的材料都可以使用。有的直接利用已经少有人居住的古屋加以装修成茶艺馆；有的特别设计成乡村气十足的客栈门面，户外是花轿、牛车，室内是古井、大灶，服务人员穿着古朴的服饰来接待客人，生动形象地刻画出了乡土文化的特点。

图4－5　民俗式茶艺馆(图片来源：七彩云南庆沣祥茶庄)

6. 戏曲茶艺馆

图4－6　戏曲茶艺馆

戏曲茶艺馆是一种以品茗为引子,以戏曲欣赏或自娱自乐为主体的文化娱乐场所。这种既品茶又娱乐的文化形式,在我国由来已久。戏曲茶艺馆在装饰上更强调戏曲表演的氛围和要求,相对来讲,品茶是它的一种主要附带功能,它不太讲究茶叶、茶艺,而是以茶叶为引,在戏曲与乐曲声中,松弛身心,交流联谊,享受戏曲艺术。

7.综合型茶艺馆

综合型茶艺馆主要体现在经营服务项目上,以茶艺为主,同时有经营茶餐、餐饮、酒吧、咖啡、电脑、棋、牌等内容,把多种服务项目综合在一起,以满足客人的多种需求。

第二节　茶馆形象与品牌的塑造

据有关部门统计,目前中国有12.5万多家茶馆,从业人数达到250多万人。然而在这12.5万多家的茶馆中,普遍存在着经营模式趋同、顾客流失率较高等诸多茶馆品牌构建方面的问题。品牌构建已成为中国茶馆业亟须解决的重要问题。因此,找出茶馆品牌构建的核心驱动因素,并探讨茶馆形象与品牌的塑造成为研究的主要目的。

一、茶馆形象与品牌的形成

茶馆品牌建设概念的形成是从他觉到自觉的过程。最初一些传统茶馆在坚持原有的经营方式过程中,在市场竞争中自发地开始进行宣传和改进,当老舍茶馆、湖畔居茶楼、顺兴老茶馆等一批茶馆的品牌效应形成后,行业内外对知名茶馆的重视与关注,让茶馆经营者认识到品牌的重要作用。此后,整个茶馆行业开始注重品牌宣传、文化建设提升软实力。随后,随着各地区和全国性的茶馆品牌推荐活动的举办,一批特色突出的茶馆在行业内外形成,扩大了知名度。目前,国内已有近百家茶馆拥有向目标消费者投递的企业内刊,各种形式的茶会茶事活动不断兴起,不少茶馆组织的活动都超出了传统茶馆的功能范围。

茶馆形象与品牌是社会公众对茶馆普遍的、整体的、稳定的印象,是由茶馆的构成要素和全部活动的综合效应而产生的公众对茶馆的总体印象、评价、认可和肯定。因此,茶馆形象与品牌首先是社会公众对茶馆的普遍反映和评价,作为认知和评价的主体,社会公众有着各不相同的认知水平、识别能力,不相同的思维方式、价值观念和审美观;其次茶馆形象与品牌具有相对稳定的特征,是公众经过获取茶馆信息和进行过滤分析后,由表象的感性认识发展为深入的理性认识,从而对茶馆产生的比较固定的看法。

茶馆形象与品牌的形成一般经过认识——好感——信赖三个阶段。只有到了在信赖阶段茶馆的形象与品牌才能发挥效用。

二、茶馆形象与品牌塑造方法

良好的茶馆形象与品牌有助于茶馆获得社会各界的支持以及政府部门的重视和帮助;良好的茶馆形象与品牌有助于茶馆在竞争中赢得优势。因此,茶馆塑造茶馆形象与品牌的目的,是让社会公众普遍接受关于茶馆良好的观念模式,影响公众的消费心理和消费行为,提高公众对茶馆的认识和信赖。如何打造茶馆的形象与品牌是茶馆得以生存、竞争、发展的关键因素。

(一)茶馆形象与品牌塑造的基础

1. 树立以品牌为核心的战略

确立茶馆的品牌核心战略,把企业的品牌深刻地映入消费者的心中。品牌塑造的策略包括:品牌个性、品牌传播、品牌销售、品牌管理等策略。

(1)品牌个性:包括品牌命名、包装设计、产品价格、品牌概念、品牌代言人、形象风格、品牌适用对象等。如:杭州见山堂茶馆。这是一家清茶馆,茶馆的名字即是茶馆主人之名。主人将茶与时令相配,春有龙井,夏有福建白茶,秋有岩茶,冬有红茶,而普洱茶则是一年中任何时候喝都适宜的。因他是书法家,在见山堂,茶案之上半壁白墙悬挂着他笔走游龙的书法作品。茶馆的设计和定位是突出江南文人的生活方式,那便是一片茶叶、一滴墨汁,居处一杆竹,这便是文人雅士的理想之处。这就是见山堂茶馆的个性。

(2)品牌传播:包括广告风格、传播对象、媒体策略、广告活动、公关活动、口碑形象、终端展示等。可以具体执行某一策略,也可以通过整合营销的方案实现大规模的品牌传播。整合营销就是为了建立、维护和传播品牌,以及加强客户关系,而对品牌进行计划、实施和监督的一系列营销工作。

(3)品牌销售:包括渠道策略、人员推销、店员促销、广告促销、优惠酬宾等。

(4)品牌管理:包括品牌精神理念的规划、品牌视觉形象体系的规划、品牌空间形象体系的规划、品牌服务理念和行动纲领的规划、品牌传播策略与品牌通路策略的规划、公关及事件营销策略的规划等。包括队伍建设、营销制度、品牌维护、终端建设、士气激励、渠道管理、经销商管理等。

2. 茶馆的定位、标准与品牌形象塑造

茶馆由于投资及经营重点的不同,合理的定位与品牌形象塑造投入有很大的关系。茶馆的定位就是根据茶艺市场的整体发展情况,针对消费者对茶艺的认识、理解、兴趣和偏好，确立具有鲜明个性特点的茶馆形象，以区别其他经营者，从而使自己的茶馆在市场竞争中处于有利的位置。定位实际上是要解决为谁服务（即目标顾客），提供什么样的服务（服务内容、档次），以什么方式服务（服务手段、方法）等问题。顾客消费都有特定的兴趣和偏好，不同的人选择标准存在一定的差异，在对茶馆的选择上就表现出一定的倾向性。通过定位，确定目标顾客，明确他们选择茶艺馆的标准，就能增强经营管理的针对性，从而更好地吸引顾客，提高茶馆的经济效益和社会效益。

品牌定位是使品牌在社会公众心目中占有一个独特的、有价值的位置的行动。品牌定位过高、定位过低、定位模糊或定位冲突都会危害品牌形象。例如：北京有个避风塘茶楼，开在人流量大的街区，青年人成为这里的主流消费者，价格也比较低。就像“避风塘”这个名字一样，他的定位就是就让那些逛街感觉累的人、压力大的上班族们有个停留、交流的地方。目前国家有了茶楼茶馆的星级评定标准与颁证机构，茶楼茶馆的等级划分根据经营场所、设施设备、提供的服务品质为依据，划分为五个星级，即五星级、四星级、三星级、二星级、一星级。星级越高，表示茶楼茶馆服务等级越高。茶馆不断提高自身的星级评定等级，是茶馆品牌形象塑造的重要手段。

3. 茶馆服务与品牌形象塑造

茶馆的核心是服务，茶水、空间、时间、文化是茶馆的四大核心要素，服务把他们凝聚起来，茶馆服务对于品牌形象塑造来说是基础。服务除需要员工具备专业的服务技术技巧以外，更要注重服务理念和服务文化的理解与运用，在潜意识里认识顾客就是上帝，使高质量的服务成为一种习惯。

服务九原则：

（1）获得一个新顾客比留住一个已有的顾客花费更大。

（2）除非你能很快弥补损失，否则失去的顾客将永远失去。

（3）不满意的顾客比满意的顾客拥有更多的“朋友”。

（4）畅通沟通渠道，欢迎投诉。

（5）顾客不总是对的，但怎样告诉他们是错的会产生不同的结果。

（6）顾客有充分的选择权力。

（7）你必须倾听顾客的意见以了解他们的需求。

（8）如果你不愿意相信，你怎么能希望你的顾客愿意相信？

（9）如果你不去照顾你的顾客，那么别人就会去照顾。

应该如何做好服务营销？

（1）互动沟通——构建服务平台。

（2）消费认知——塑造专业品质。

(3)销售未动,调查先行。

(4)前期预热,营造活动气氛。

(5)中期控制,体现活动权威。

(6)后期宣传,强化活动效应。

这也是做促销活动要遵循的原则。

例如:在业内,和静园茶人会馆被称为"服务标准化的典范"。

和静园茶艺师的服务标准:"足容重、手容恭、目容端、口容止、声容静、头容直、气容肃、立容德、色容庄。"和静园人认为服务就是培育忠实客户、给茶客带来温暖的关键所在。

把服务的细节固定为标准:问候时,行鞠躬礼约30~45度,语气真诚热情,使用规定用语:"先生、女士上午好、下午好、晚上好!"微笑时露出八颗牙齿,眼神不能飘忽不定。引位时,侧行于客人右前方1米左右,右手平伸引导,手心朝上微弓、五指并拢。让位时,面向客人,侧身立正于门旁,伸手示意,请客先进。随客入室,拉椅、请坐、挂衣。所有动作要轻盈、利落,并向茶客询问室内灯光、温度。看似简单的一请一让,每个细节都直接影响着茶客们的体验,影响着服务质量。而和静园茶艺师的服务标准就如同军训时做的分解动作,把每一处都抠得严严的,规定得死死的。通过标准固定下来的基础动作,是和静园经营几十年总结下来的宝贵财富,也是提升服务质量最行之有效的手段。

(二)营销策略

在当今市场经济条件下,在品牌战略确立、茶馆标准达标、服务质量达成的基础上,树立茶馆良好的品牌形象,拥有恰当的营销策略是重点。

1. 差异化营销

差异化营销分两方面:对目标市场的差异化和对竞争对手而言的差异化。对目标市场的差异化表现在对目标顾客的服务上有两种以上的产品、价格和服务方案。

(1)产品差异化:茶馆从产品质量、款式等方面实现差别,寻求产品与众不同的特征。对同一行业的竞争对手来说,产品的核心价值是基本相同的,所不同的是在性能和质量上。由于产品具有与众不同的特征,可以为茶馆产生较高的边际收益,从而形成茶馆的竞争优势。

(2)服务差异化:茶馆通过服务差异化突出自己的优势,与竞争对手相区别。包括服务内容、服务渠道和服务形象等方面采取有别于竞争对手而又突出自己的特征,以战胜竞争对手。

(3)形象差异化:是指在产品的核心部分与竞争者类别相同时塑造不同的产品形

象以获得差别优势。形象就是公众对产品和企业的看法和感受，塑造形象的工具有：名称、颜色、标识、标语、环境、活动等。

在实施形象差异化时，企业需要有创造性的思维和实际，需要持续不断的利用企业所有的传播工具，针对竞争对手的形象策略，以及消费者的心智而采取不同的策略。比如老舍茶馆门前的大茶碗，茶馆内特设了老北京传统商业博物馆，展示老北京的传统商业；“老二分”的大碗茶，小二标准的京腔吆喝“大碗茶”和“糖葫芦”，这些都突出了“京味”，让人重温老北京，倍感亲切。建立起一个特立独行的品牌形象。由此可见企业巧妙地实施形象差异化策略就会收到意想不到的效果。

2. 分众营销

分众营销是通过周密的市场调研后，锁定一个特定的目标消费群，然后推出这一特定群体最需要的细分产品，以适应这一特定群体的特定价格，通过特定的传播、促销方式进行产品营销的精确营销手段。如果走高端化竞争比较激烈的话，可以适度向中低端延伸，利用分众营销锁定更多的小顾客。

3. 合作营销

合作营销是指两个或两个以上的企业为实现资源的优势互补、增强市场开拓、渗透与竞争能力，联合起来共同开发和利用市场机会的行为。可以强强联合进行大型茶艺文化节，宣传世界茶文化，从整体上带动市场消费，共建茶文化基础。合作营销的特征有：

(1)是建设性的伙伴关系。

(2)合作过程中双方是独立的。

(3)合作商家的范围广泛，比如国际健身会所。

4. 交叉营销

交叉营销是借助客户关系管理，发现顾客的多种需求，并通过满足其需求而销售多种相关服务或产品的一种新兴营销方式。从横向角度开发产品市场，是营销人员在完成本职工作以后，积极主动的向现有客户、市场等销售其他的、额外的产品或服务。交叉销售是在同一个客户身上挖掘、开拓更多的顾客需求，而不是只满足于客户某次的购买需求，横向的开拓市场。除了销售茶叶、品茶消费外，还可以交叉销售茶具、书籍、杂志等，视具体情况而定。

如北京的非常友普茶楼，提供丰富的茶品，几乎涵盖了所有茶类：红茶、绿茶、乌龙茶、黄茶、普洱茶，等等。非常友普茶楼，不仅是非常优秀的茶楼，还是紫砂壶的收藏馆。非常友普茶楼收藏并经营宜兴紫砂壶，主要包括名家壶和20世纪80年代末90年代初宜兴紫砂厂生产的老厂紫砂壶。

非常友普茶楼是交叉营销的成功案例，其紫砂壶、普洱茶销售是除茶水、餐饮收入外的又一项重要收入来源。荣获 2011 至 2012 年度全国百佳茶馆。

又如创立于 2005 年的丽江平湖秋月茶馆，是丽江当时经营面积最大、档次最高、专业性最强的茶馆之一，经过五年的发展，茶馆由原来的两层楼发展到现在的五层楼，经营规模达到 4000 平方米，业务涉及茶馆、茶庄、客栈、电子商务、茶文化与国学培训、茶事服务外派、茶叶学术研究、传媒合作、茶艺师经纪等领域。

如果你一个人到了丽江，想坐下来喝杯茶，那就一定会听说有座叫“平湖秋月”的茶馆。它是丽江城的一个剪影，也是一张名片，更留下过天南海北的情谊。在那些朝来夕往、寒暑交替的岁月中，“平湖秋月”和着它的道道茶汤一起，穿越了这古城岁月。

5. 绿色营销

绿色营销是一种能辨识、预期及符合社会需求的消费，并且可带来利润及永续经营的管理过程。企业在营销活动中，要顺应可持续发展战略的要求，注重地球生态环境保护，促进经济与生态环境协调发展，实现以保护生态环境为宗旨的绿色市场营销模式。茶楼的绿色营销模式要求产品的绿色无污染，能够提供绿色生态健康的产品，对于泡茶用水应该用比较高档的饮用水，保证水源绿色。

6. 情感营销

情感营销就是把消费者个人情感差异和需求作为企业品牌营销战略的情感营销核心，通过借助情感包装、情感促销、情感广告、情感口碑、情感设计等策略来实现企业的经营目标。

7. 文化营销

文化营销强调企业的理念、宗旨、目标、价值观、职员行为规范、经营管理制度、企业环境、组织力量、品牌个性等文化元素，其核心是理解人、尊重人、以人为本，调动人的积极性与创造性，关注人的社会性。在文化营销观念下，企业的营销活动一般为奉行一些原则，给予产品、企业、品牌以丰富的个性化的文化内涵。文化营销的重点是传播，做得好更要让人知晓。

8. 会员卡营销

当顾客办了会员卡就等于先买了单再来消费，这样表明顾客对我们茶楼是认可的。这样的顾客更应该维护好，会员会带来更多的顾客，也会为茶馆打一个免费的广告。

总之，茶馆的营销策划执行应贯穿茶馆经营的整个环节，即茶馆的全程营销策划。在开业时可以加大力度，等经营稳定，可以选择适合茶馆的营销模式，让茶楼在市场竞争中脱颖而出，成就一番事业。

三、茶馆形象与品牌的评价

品牌评价，也称“品牌实力评价”，指的是基于一定的评价体系，全面分析和描述品牌的发展特征，包括品牌战略的合理性、品牌与消费者的关系、品牌管理体系的效率、品牌营销的投入产出比等若干方面，并依据具体的评分标准对品牌的实力进行量化评分，使品牌评价的结果能够成为跨越多个经营周期，考核品牌管理绩效，了解品牌发展趋势的参照系。

（一）茶馆形象与品牌评价的依据

由中国商业联合会起草，国家质检总局、国家标准委颁布的《商业企业品牌评价与企业文化建设指南》国家标准（GB/T27925－2011）于2012年2月1日实施。这是我国商业领域首个品牌评价国家标准。

（二）茶馆形象与品牌评价的内容及方法

国家标准（GB/T27925－2011）《商业企业品牌评价与企业文化建设指南》分为两个部分：一是商业企业品牌评价，此部分对企业品牌进行了完整、权威、系统的解释，使各行业深入了解企业品牌的内在意义与价值。二是企业文化建设，从精神文化建设、制度文化建设、物质文化建设三大部分阐述企业文化建设的内在与外延。

主要内容：

国家标准《商业企业品牌评价与企业文化建设指南》核心内容为商业企业品牌评价指标和分值，满分为1000分，共分为能力、品质、声誉、企业文化、影响等5个一级指标，以及品牌规划、品牌管理、保障机制、企业品质、商品质量、服务质量、品牌知名度、品牌美誉度、品牌忠诚度、社会责任、诚信、精神信念、宣传推广、顾客感知、业界交流、行业影响、社会影响等17个二级指标。评价结果的等级有四级，依次为：950分以上，五星品牌；900分以上，四星品牌；800分以上，三星品牌；700分以上，二星品牌。

同时按企业品牌或商业品牌划分，分别授予以下荣誉称号：

（1）中国五星品牌。

（2）中国四星品牌。

（3）中国三星品牌。

（4）中国二星品牌。

（5）中国品牌400强。

（注：按国家标准规定，品牌证书有效期三年，每年进行复审，三年后复评。每年复查时可分别升、降级或撤销。）

附 1：2011—2012 年度全国十佳特色茶馆名单

浙江安吉第一滴水茶艺馆

福建易安居古堞斜阳茶室

江苏挹翠轩茶苑

陕西渭南水中天茶府

河南瓦库茶艺馆

江西泊园茶馆

湖北荆州鸿渐茶艺馆

浙江杭州青藤茶馆

云南丽江平湖秋月茶馆

上海秋萍茶宴馆

附 2：2011—2012 年度全国百佳茶馆名单

北京

圣仙亭茶院、灵之秀茶楼、非常友普茶楼、朋来先敬茶艺馆、名岩茶艺馆、唐茗轩茶艺馆、平月茶馆、碧波轩茶楼、惠量小院、静荷塘、品清轩茶馆、清香林茶楼、张一元博元舫茶楼

上海

老上海茶馆、江南茶人、一壶天茶楼、友缘茶人、茶识地茶馆、清风人家、泰和茶馆、春风得意楼茶馆、唐韵茶坊、合和茶馆、颐品茶道、雅趣、中和堂茶道、紫怡茶道、颐风茶道

浙江

韵和书茶馆、钱运茶馆、同香茶楼、沁和茶馆、桐庐新茗茶馆、城隍阁茶楼、清源茶楼、德胜茶馆、柒茶叁客茶楼

广东

茗山茶艺苑、聚缘堂茶坊、茗茶馆、流花茶艺城、风雅颂茶语会所

河北

山水和茶舍、幽燕斋茶楼、茶人会馆、三字禅茶院、金古月茶道会馆、一茗茶艺馆、桂府茶楼

贵州

百子桥茶楼、云岩翰林茶苑、大好茶味茶馆、文庙茶院、天壶品道厅、养心苑茶艺馆

湖南

聚茗缘万和茶会所、陆如轩茶艺馆、清荷茶馆、烟霞茶院、杜甫江阁、藏天阁、尚书

房茶馆、润兴和、竹淇茶馆、明惠春园、丹茗居茶艺馆

山东

楼外楼茶馆四、苑茶社、东尊茶馆、天运茶楼、尚泉茶韵、茗香小筑茶楼、名泉茶艺馆、大自然茶艺馆。

江西

协和昌品茗轩、濂溪茶楼、天楚雅集、鑫龙清茶馆、妙云轩茶馆、和茶堂

陕西

大唐茶韵、锦秀源商务会所

福建

静茶访

黑龙江

天下茶缘茶馆、七碗茶庄、茗轩茶艺馆

湖北

八马茶艺会所、当道茶馆、巴山夜雨老茶馆

广西

古鼎香茶馆、敬和轩茶馆

吉林

四平源道轩茶楼

江苏

岕茶名仕馆

辽宁

老白楼茶人会馆

山西

泓瑞商务茶楼

天津

海雅茶园

安徽

天方茶艺馆

云南

七彩云南庆沣祥茶庄

重庆

谈天说地茶艺会所

四川

福窝茶道馆、宽庭茶艺馆

内蒙古

茗贵茶楼。

附3:国内各地知名茶馆名录(2014-2-26)

北京

老舍茶馆、五福茶艺馆、碧露轩茶艺馆、碧水丹山茶艺馆、草木间茶艺馆、逸品清茶艺馆、思茗斋茶艺馆、水之榭茶艺馆、空港鑫潮茶艺馆、紫竹园茶艺馆、西子湖茶艺馆、元长厚茶艺馆、听壶轩茶艺馆、阳光茗苑茶艺馆、清香林茶艺馆、博福茶艺馆、龙苑茶艺馆

上海

湖心亭茶艺馆、秋萍茶艺馆、颐和茶馆、宋园茶艺馆、雅趣茶道、春风得意茶楼、老上海茶馆、紫藤苑茶楼、雨轩茶艺馆、国之香茶园

重庆

橙色记忆茶楼、凝翠阁茶楼

天津

双泉名茶园、清茗雅轩、洋楼茶园

河北

三剑茶艺馆、永福茶楼

辽宁

何静园茶楼、鸿兴泰茶楼、牧月晨放茶楼、百草园茶楼、陶渊茗茶楼、草味居茶楼、水无忧茶楼、静和园茶楼、正元春茶楼、一壶茶坊

黑龙江

品茗茶艺馆

吉林

盛堂茶苑

山东

世外桃源茶艺馆、金壶春茶艺馆、大自然茶艺馆、斯宇茶艺苑、名人茶馆、茶人会馆、阳光华府茶艺馆、溢香阁茶艺馆、三品堂茶艺馆、万年春茶楼、石庵茶社

江苏

溢壶茶宴楼、幽香茶艺馆、茗鼎茶艺馆、太湖白云茶楼

浙江

清和茶馆、清源茶馆、更香茶艺馆、天然居茶艺馆、新世界美食休闲中心、茶缘阁

福建

茶状元茶艺居、别有天茶艺居、易安居茶道会所、一品古道茶楼、茶禅一味

河南

文新茶艺馆、碧壶春茶艺馆、九华山茶艺馆

湖北

巴山夜雨茶艺馆、紫竹茶院、鸿渐茶艺馆

湖南

碧如庄清茶馆、聚茗缘茶庄、清荷茶馆

广东

雅韵轩茶艺连锁加盟机构、福茗堂茶馆、茶艺乐园、潮州名茶馆、茗山茶艺馆、心灵茶园、福海茶坊

广西

台湾功夫茶道、长裕川茶艺馆

四川

顺兴老茶馆、七子茶庄

贵州

鸿福茶楼、熙苑茶艺馆文庙茶院

云南

紫云茶庄、七彩云南庆沣祥茶庄

山西

龙福茶艺馆、泓瑞茶艺馆新山西茶点楼

陕西

福宝阁茶楼、逍遥茶艺馆

第三节　茶馆形象与品牌维护

品牌维护是品牌战略实施中的一项重要工作。在市场经济的环境下，一个良好的品牌形象是一个企业在激烈竞争中强有力的资本。竞争是残酷的，俗话说“打天下难，守天下更难！”品牌也需要保养，需要经营，需要维护。不得当的品牌维护后果就

是“千里之堤,溃于蚁穴”。一些例子表明,即使是著名品牌甚至百年老字号,由于没有监测市场的变化或者由于突发事件,也会使企业的品牌价值的损失甚至彻底破坏。如食品品牌中的“冠生园”、保健品品牌中的“三株”、酒类品牌中的“秦池”等。这些都告诉了我们品牌维护的重要性。还有很多企业由于缺乏对品牌理性建设的理解,一味地贪大求全,反遭市场淹没。由此可见,现代市场竞争,品牌维护不容小觑。品牌维护是从品牌诞生起便开始的一项长期性工作,任重道远。

一、茶馆形象与品牌维护的概念

茶馆形象与品牌维护,是指茶馆针对外部环境的变化给品牌带来的影响所进行的维护品牌形象、保持品牌的市场地位和品牌价值的一系列活动的统称。

二、茶馆形象与品牌维护的意义

形象与品牌作为茶馆的重要资产,其市场竞争力和品牌的价值来之不易。但是,市场不是一成不变的,因此需要茶馆不断地对品牌进行维护。

(一)形象与品牌维护有利于巩固品牌的市场地位

企业品牌在竞争市场中的品牌知名度、品牌美誉度下降以及销售、市场占有率降低等品牌失落现象被称为品牌老化。对于任何品牌都存在品牌老化的可能,尤其是在当今市场竞争如此激烈的情况下。因此,不断对品牌进行维护,是避免品牌老化的重要手段。

(二)形象与品牌维护有助于保持和增强品牌生命力

品牌的生命力取决于消费者的需求。如果品牌能够满足消费者不断变化的需求,那么这个品牌就在市场竞争中具有旺盛的生命力。反之就可能出现品牌老化。因此,不断对品牌进行维护以满足市场和消费者的需求是很有必要的。

(三)形象与品牌维护有利于预防和化解危机

市场风云变幻,消费者的维权意识也在不断增高,品牌面临来自各方面的威胁。一旦企业没有预测到危机的来临,或者没有应对危机的策略,品牌就将面临极大的危险。品牌维护要求品牌产品或服务的质量不断提升,可以有效地防范企业内部原因造成的品牌危机,同时加强品牌的核心价值,进行理性的品牌延伸和品牌扩张,有利于降低危机发生后的波及风险。

(四)形象与品牌维护有利于抵御竞争品牌

在竞争市场中,竞争品牌的市场表现将直接影响到企业品牌的价值。不断对品牌进行维护,能够在市场竞争中不断保持竞争力。同时,也会对假冒品牌起到一定的抵御作用。

三、茶馆形象与品牌维护的内容

形象与品牌发展经过形成期与成长期后，就进入了成熟期或知名期，即品牌业已发展成为国家级、国际级乃至世界级的著名或驰名品牌。相应地，这一阶段企业应采取的品牌发展战略即为维护战略。品牌维护应包括自我维护、法律维护和经营维护。

（一）形象与品牌发展的自我维护

品牌的自我维护手段主要渗透在品牌设计、注册、宣传、内部管理以及打假等各项品牌运营活动中。在品牌的设计、注册与宣传中渗透品牌的自我维护思想，这是在品牌创立阶段就应考虑的。因此，在我们所定义的品牌维护阶段，可以将品牌发展的自我维护定义为"企业自身不断完善和优化产品，以及防伪打假和品牌秘密保护措施"，具体包括产品质量战略、技术创新战略、防伪打假战略与品牌秘密保护战略。

（二）形象与品牌发展的法律维护

品牌的法律维护包括商标权的及时获得，驰名商标的法律保护，证明商标与原产地名称的法律保护，以及品牌形象受损时的反保护。"原产地名称的法律保护"也有类似情况。而"品牌形象受损时的反保护"不仅因企业和产品不同而措施各异，而且使用的法律条款繁多。因此，将法律维护定义为主要通过商标的注册和驰名商标的申请来对品牌进行保护。

（三）形象与品牌发展的经营维护

品牌发展进入成熟期后，不仅要通过自我维护使产品得到不断更新以维持顾客对品牌的忠诚度，采取法律维护以确保使著名品牌不受任何形式的侵犯，更应该采用经营维护手段使著名品牌作为一种资源能得到充分利用，使品牌价值不断提升。品牌的经营维护就是企业在具体的营销活动中所采取的一系列维护品牌形象、保护品牌市场地位的行动，主要包括顺应市场变化，迎合消费者需求；保护产品质量，维护品牌形象，以及品牌的再定位。

案例与习题

案例1：十七年铸就辉煌——和静园茶馆

品牌的建立和塑造是一个漫长的过程。和静园通过17年的耕耘，取得了骄人的成绩。和静园的名字来源于"得和、得静、得坦途"的禅机。自1996年第一家门店在沈阳成立至今，和静园始终致力于传统文化和茶文化的推广与传播。旗下现有沈阳和静园茶人俱乐部、沈阳和静园茶人会馆、北京和静园艺术馆、北京和静园茶人会馆，总营业面积1万多平方米，员工200多人。

北京和静园茶人会馆立足于北京国际化平台和已有的深厚茶文化基础，和静园致力于为京城消费者提供一个更包容的高品位茶主题会馆。

和静园主营业务：

茶品——商务茶饮，茶会活动，茶艺、茶礼、茶道表演，茶礼品。

餐品——原生态食材，加以用心烹制，从而体现生活的品质及生命的尊严，并且全面实行订餐制。

培训——茶道是和静园的灵魂，更是和静园的企业精神所在，所谓"大道无形，小而生发，同修太和，内外养静"，这是指真正的茶和茶人，最终必然超越茶技、茶艺、茶道等种种形式上的东西，达到"手中无茶，天地皆茶"的境界。为了将此境界传达给更多的人，和静园针对不同的人群，设立了和静园茶修学堂，分别推出了生活茶、生活禅和专业职业技能茶艺培训，先后为各类茶文化爱好者，学校、机关企事业单位职员和金融IT界人士，举办了难以计数的培训和讲座，让茶之风韵、茶之灵魂、茶之品格彻底融入到人的心中，让喝茶成为世人的一种生活态度，也让人但逢举杯，喝到的便是艺术之茶。

经营定位——茶文化商务会所。

会员制机制——至今和静园在全国已有近8000名会员，定期为会员及会员家属提供茶培训、国学培训和开展一些文化活动。

经营理念——打造原生态的生活理念，采用原生态的食材，定制原生态的出品。

文化活动——和静茶道学堂、陈雷激古琴工作室、雅集轩形象设计工作室、艺术展览及讲座、文化艺术沙龙等。

案例2：全国十佳特色茶馆——江西泊园茶馆

泊园茶馆由江西国弘投资有限公司斥巨资打造，致力于打造江西茶行业第一品牌。茶馆以徽派建筑为主，融合苏州园林、北京四合院风格，营业面积1600平方米。走进泊园，一步一景，中式楼阁，徽派遗风，天井幽庭让你应接不暇。茶馆80%以上的门窗采用明清及民国的老门窗，所有的木质结构均采用原木精雕细刻，处处凝聚着工匠艺人的精湛技术与艺术构思。四周在古典的壁纸上摆满了各种茶具，让人们在品茶休闲之余，再次深深体会中华茶文化的博大精深。

泊园人一直坚持走文化艺术路线，禅茶书画香是泊园文化的精髓。在泊园古色古香的环境中，你可以置身佛堂，参禅悟道；品一壶茶，清心养性；读一本书，幻想沉思；点一支香，凝气安神；赏一幅画，浓情淡境。泊园茶馆于2010年9月试营业至今，平均每月3000人次客流量，已有100多名会员，涉及各行各业的精英。每年定期举办泊园茶友会、书画沙龙、禅意讲座，给各界文人雅士提供一个资源共享、合作共赢的平台。

2011年9月10日江西财经大学EMBA学院在泊园老茶馆成立“总裁之家”。与江西民革、江西书法家协会等有密切合作。此外，中央7套收藏栏目和江西电视台均相继报道过泊园茶馆。

经过一年的悉心经营，泊园茶馆已成为江西省茶叶协会常务副会长单位及江西茶叶联合会常务理事单位。泊园人希望以泊园为平台使传统文化在江西迅速发展，饮茶之风在向着慢慢复苏并快速发展。短短三年时间，泊园茶馆被评为“全国十佳特色茶馆”。

1. 泊园老茶馆

泊园老茶馆有的不只是一壶茶……

南昌泊园老茶馆，坐落南昌市丽景路商城晶街，闹中取静，古色古香。茶馆里80%以上的门窗均采用清明及民国年代的老门窗，所有木质结构均采用原木，真材实料。清净悠然，情趣高雅。茶馆内全部家具都是红木，名家字画点缀其间，渺渺间的墨宝书香。更有工艺美术大师的瓷器静静安放，恭候您的品评。

还有川剧变脸、长壶表演、京剧、黄梅戏、采茶戏、茶艺表演、相声小品等节目；泊园老茶馆宛若繁华都市中一方净土，一件国宝，等待您的发现和珍藏。

胸有珍藏默然间，凭心而语语天下……

2. 泊园号茶庄

南昌泊园号茶庄，隶属于江西泊园文化传播有限公司的加盟式茶叶连锁店。有着自己优秀的销售团队，特别是对礼品茶销售有着丰富的经验。从2011年6月试营业到现在茶庄已有三家分店。

南昌泊园号茶庄为江西省茶叶协会常务副会长单位。茶庄以中高档普洱为主，茶叶茶具茶酒一应俱全。每个主题店各不相同，专一，专业，纯粹！

3. 泊园茶人服

泊园茶馆在经营的过程中发现国内还没有一家茶馆专门制作茶人穿的服装，而现在从事茶馆、茶文化的人员越来越多，于是泊园茶馆开辟了茶人服饰的生产项目，而且泊园茶人服已也为了泊园的又一亮点。

杭州泊园茶人服饰有限公司由江西泊园茶文化传播有限公司投资，成立于2012年11月，现已拥有一支热于奉献勇于创新的精英团队。尤其是来自五湖四海的优秀设计师们，更是从服装的设计到生产都倾尽心力。

杭州泊园茶人服饰有限公司致力于为人们提供古典朴秀、舒适优雅的服饰，已得到了业界人士的广泛认同。仅在启动之初，已拥有来自各地的大量订单。杭州泊园茶人服饰有限公司以复兴传统服装文化为使命，争创中式服装第一品牌，成为中国时尚界的鲜明旗帜。

案例3：杭州青藤茶馆

青藤茶馆创立于1996年，是杭城最早开始连锁经营的茶馆，围绕西湖做文章，规模一家比一家大。第一家创办于1996年5月，位于三公园对面，是西湖边第一家茶艺馆。开张之日，上海壶艺大师许四海先生专程前来举办“壶艺展”，江南民居风格，深受茶客喜爱。第二家创办于1997年4月，位于柳营路口，面积约200平方米，成为当时杭城营业面积最大的茶艺馆之一，仍保持着江南庭院风格。随着茶馆业的发展，内容不断丰富。1999年5月，青藤茶馆又开出了第三家茶艺馆，面积约2000平方米，成为当时杭城最大的专业茶馆。由于茶馆位于西湖边，为响应政府拆迁改造西湖整体环境的号召，三家分店已分别于2003年前陆续拆除。在2003年5月在一公园元华广场开出第四家青藤茶馆。馆内营业面积达5000余平方米，可同时容纳800余人品茗休闲。2011年在凤起路温德姆大酒店又开出一家新店——青藤锦绣店，以商务、品茗为主题，占地面积1500平方米。

茶馆不仅受到新老茶客的认可，还不断受到社会的好评和当地政府部门的表彰，先后获得“杭州市名茶楼”、“杭州市十佳温馨茶楼”、“杭城消费者最喜爱的休闲场所”、“百城万店无假货”示范单位、“巾帼文明示范岗”单位、“杭州市食品卫生A级”单位、“消费者信得过单位”、2006～2007年度“杭州市三八红旗手（集体）”、2008和2011年“杭州市著名商标”等荣誉称号。

习题

1. 什么是茶馆形象与品牌？

2. 茶馆形象与品牌的类型有哪些？

3. 简述茶馆形象与品牌的塑造策略。

4. 请你以熟悉的茶馆为例，谈谈该茶馆是怎样塑造形象和品牌的？

5. 案例分析：

案例1：

①和静园茶馆的名字暗示着什么禅机？

②和静园茶馆从哪些方面构建为京城一家高品位茶主题会馆？

案例2：

①谈谈你对全国十佳特色茶馆——江西泊园茶馆成功的认识和体会。

②文中说到泊园文化，你认为文化与茶馆品牌是否有联系？为什么？

案例3：

①杭州青藤茶馆的成功案例将给茶馆企业带来哪些启示？

第五章

茶馆经营与管理理论基础

【导读】

现代茶馆经营与管理是一门综合性学科，在参考其他服务行业成熟的理论与方法的基础上，只有认识并运用它的客观规律，才能对它的经营管理活动实行科学的、有效的控制与管理。本章对茶馆经营与管理的基本原理、茶馆经营与管理的组织以及茶馆经营与管理的方法进行阐述。

第一节　茶馆经营与管理的基本原理

茶馆的经营管理是以经营管理学为基础,综合运用多种科学知识来研究现代茶馆经营与管理的特点与规律的一门学科。因茶馆业所具有的特性,茶馆的经营与管理也具有其特定的理念与原理。

一、人本原理

“人是生产要素中最活跃的因素”,“人类社会的一切运作都是为了人”,这是人本管理的核心思想。人本管理的核心即人,在人本管理的系统范畴中,人是企业重要的资源,是管理的主要对象,根据人的思想、行为规律,运用各种手段,充分调动和发挥人的主动性、积极性、创造性来实现企业的目标是人本管理工作思想的基本内容。现代茶馆经营管理中人本原理体现在以下几方面:

(1)茶馆是因人的需要而存在,也为人的需要而生产和提供服务。茶馆是以人为主体组成的(of the people),是依靠人进行经营活动的(by the people),同时一切经营都是依人的需要而进行的(for the people)。因此“以人为本”是茶馆进行经营管理的必然指导思想。

(2)茶馆中,人是唯一能同资本和一切生产工具结合起来的生产要素。茶馆经营管理目标的实现必须依靠全体员工的努力,因此,必须把对人的管理放在首要地位,尊重人的生理、心理发生、发展规律,关心员工的思想状况,尽可能满足员工正当的物质、文化需求,使员工以良好心态和饱满的精神上岗。这也有助于创造出一种和谐的关系,充分调动和激发员工积极性、主动性和创造性。

(3) 人是茶馆最重要的资源和财富。现代社会经济增长的主要动力和决定性因素就是人力资本。茶馆经营的成功与否就取决于人力资本的高低。因此,茶馆重视人才,包括人才的发现、培养、选拔、招聘、保留以及给每位员工提供施展才华的平台。

(4)人本管理的基本手段是培育良好的茶馆企业文化。茶馆企业文化强调茶馆员工有共同的信念、共同的价值观、共同的目标、共同的作风等。茶馆企业文化把人放在第一因素加以考虑,力图通过不同方法来改变人的观念,协调人际和谐。茶馆管理者必须实现从经济人向社会人再到文化人的观念转变。

二、专业化原理

随着茶馆业的不断发展，对茶馆服务人员的专业性有了更高要求。近几年来，茶艺师列入国家职业，全国茶艺师的培训空前热门，为社会输送了不少具有茶学专业知识的各层次人才。此外，随着科学技术在茶馆服务中的应用和发展，茶馆经营与管理需要处理和传递的信息越来越多，茶馆服务及管理需要的硬件也越来越现代化，信息与安全系统、计算机管理系统越来越受到重视，这就需要各种各样的专业人员、技术人员。因此，茶馆服务及管理的运作需要茶馆人员树立专业化观念，专业技术工作让专业人员去做，充分发挥专业人员的作用和专业特长，也有利于服务质量的精进。

三、经济效益、社会效益、环境效益并重的原理

效益的获取是企业经营的基本目标。茶馆在策划设计、拓展新的服务动作模式、开发新项目时，应该具有效益思想，通过效益来衡量新产品和新项目的可行与否。作为茶馆这样一个兼负文化传播功能的服务企业，茶馆效益包括经济效益、社会效益和环境效益三个不同层面。

首先，茶馆服务管理人员在制定和实施茶馆服务项目管理目标时，必须立足于茶馆的经济效益，并把整个茶馆的经济效益与成本进行比较，只有低耗高效的经营目标与方法才是可取的。

其次，茶馆的服务和管理必须始终关注社会效益。符合社会利益的茶馆服务是健康积极的、符合社会主流的，在为人们提供健康的茶饮、轻松诗意的休闲空间的同时，有力推动和形成健康积极的生活方式。

最后，在能源紧张和环境保护成为世界关注的主题的今天，环境效益也成为现代茶馆管理的重要指标。在茶馆服务和管理中，降低茶馆服务中电、水等能耗、物耗，既是减少茶馆管理成本的需要，又符合茶馆降低服务对环境资源的占有与消耗，有利于资源的可持续发展，实现茶馆服务的环境效益。

四、环境作用原理

环境作用原理认为良好的工作环境是提高员工服务生产率的重要前提，它从生理学、心理学和社会学的角度出发，全面地分析了工作环境（包括物理环境、化学环境、

生态环境和社会环境）对员工生产服务中的影响。因此，在茶馆经营与管理中应尽可能改善和创造良好的服务环境，减少员工在服务中由于不良环境而引起的烦躁情绪和疲劳，以更好的服务质量面对顾客。

五、动态组织原理

茶馆系统的正常运转，需要有一个良好的组织结构，而茶馆系统的组织结构必须与经营管理机制相协调，才能有效地发挥茶馆系统的效益。随着茶馆系统内部与外部经营环境的不断变化，可能会发生内部的组织管理系统自身或其与外部环境不相协调的问题，所以，茶馆的管理人员必须树立动态的组织管理思想。当茶馆的外部环境或内部管理变化时，茶馆的组织观念必须动态地做相应的调整，以保证茶馆能达到经营目标。

第二节　茶馆经营与管理理论体系

茶馆的经营与管理是以管理学作为理论渊源，并结合现代茶馆管理本身的特点而产生的新的管理系统的分支。管理科学理论体系中有三个主要学派的思想，即科学管理理论、行为科学理论和管理科学理论。科学理论主要研究管理组织的问题；行为科学理论主要研究管理中的领导协调问题；管理科学理论主要研究管理计划决策问题，并对领导控制问题有所发展创新。根据茶馆服务的特点，微观服务管理理论对于茶馆的经营与管理具有十分重要的指导作用。

科学的现代茶馆管理应建立在对管理科学理论体系的三大分支学派的灵活运用上，从系统的角度出发对这三大管理思想进行整合，并由此探索新的以现代茶馆管理为实践基础的系统管理体系，以期指导具体的茶馆管理工作。

一、科学管理理论

科学管理理论形成于19世纪末20世纪初。科学管理理论的主旨在于解决原来家庭式的经验管理所带来的弊端，它倡导并推行管理的制度化和标准化。科学管理理论主体框架包括科学管理的目的、科学管理的方法和科学管理的制度三个基本方面。

科学管理理论对现代茶馆管理理论体系产生的影响，主要体现在以下几方面。

（一）标准化管理

工具、设备、材料、作业环境的标准化。为了使茶馆服务人员高质量地完成工作任务，不仅要使员工掌握标准的操作方法，还应适应标准操作方法的要求，把员工使用的工具、设备、材料及工作环境加以标准化。

工时定额化、操作标准化。对员工的操作和动作以及完成每一工序所需的时间精确记录下来，在观察和分析的基础上，消除其中多余的和不合理的部分，把各种最科学、效率高的动作、操作集中起来，在规律化的基础上，对员工进行标准化训练。

（二）职能制和例外原则

职能制原理是根据分工原理，实行职能分工，把管理职能和执行职能分开，以有效的监督体制来保证工作的顺利实施。管理工作实行"职能制"，即每个管理者只承担一两种管理职能，同时每个管理者对员工都有指挥监督权。"例外原则"是茶馆领导人员把管理工作中经常发生的一些事情，拟处理意见，使之规范化，然后授权给下级管理人员处理，而自己主要处理那些没有规范性的工作，并保留监督下属的权利。这样有利于调动下级管理人员的积极性，提高工作效率，又能使自己不陷入烦琐的具体事务中，能集中精力处理重大问题。

（三）岗位制度和团队协作

茶馆里每个岗位的职责与具体工作既要有明确分工，但同时茶馆正常运行又需要所有工作人员团结合作。管理者通过岗位分析来制定相关岗位的工作标准，并以此为基础对员工进行相应的培训，同时还要求员工按团队精神组合工作人员，培养共同协作能力，这是提高员工工作能力的重要途径之一，也是茶馆提高软竞争实力的重要法宝。

（四）按劳取酬与定量工资制

按劳取酬是管理科学理论的另一个思想。茶馆为了鼓励员工完成相应工作量，应提倡实行有差别的、有刺激的定量工资制。对于完成工资定额低的员工，按较高的工资率计算；对完不成定额的，按较低的工资率发放工资。

二、行为科学理论

行为科学理论是现代茶馆管理中得到重要运用的管理思想之一，它强调从员工的行为出发，对其进行激励、控制和组织。

（一）动机激励原理

动机激励原理是行为科学的核心。它认为：工作实绩＝能力×动机激励。员工在服务活动中的主动性、积极性、创造性的充分发挥是茶馆提高经济效益的主要方面。动机激励原理提倡管理人员经常地、有意识地探讨如何从“人之常情”“角色心理”及“个性心理”中寻找最佳的突破口，采取相应的措施和方法，使员工能在新的生活待遇与工作条件下按劳计酬，把茶馆的发展与个人的利益紧密联系在一起；让员工积极参与全面服务质量管理，并鼓励员工对茶馆的服务提出建设性的意见和改良措施。这些方法都有利于产生动机激励效应。

（二）行为控制原理

行为控制原理认为人的行为在发展初期是可控的，人是懂得如何约束自己行为的。行为控制原理认为实际行为控制有两个形式：一是从认同与依从角度出发的他控。认同是出于对领导或上级的好感或信赖感而去执行某个决定或是按一定的规则来约束自己的行为。感情因素是决定性因素。依从则是出于行为结果所可能导致赏罚的预料而被动地去实施某种行为来约束自己的行为。这只是一种被动行为，可靠性不高。二是从内在角度出发的自控。自控是在思想完全相同的基础上实现把“上级对我的要求”变成“我对自己的要求”这个心理活动的转变。在自己觉得“应该这样做，必须这样做”的前提下有意识地进行自我指导与自我约束。这是一种较高级的、可靠性较高的行为控制。

思想工作必须做在先，用惩罚来管理是一种不得已的手段；既要从主观上对行为动机进行分析，还不能忽视客观工作环境对人们行为的影响；行为控制是一个动态的过程，要根据发展的情况进行调整，从不同角度施加影响。

（三）组织与指挥原理

组织与指挥原理从社会心理学出发，对服务过程中人与人之间的关系进行分析，大量事例证明以下几个观点。

(1)茶馆服务组织应有一个工作效率高、适应能力强、信息系统完整、反馈控制系统健全的组织领导机构，领导机构对全员全工组织的协调、对茶馆营运起着至关重要的作用。

(2)人才开发与培养是茶馆生存与发展的一件大事。茶馆除要提供经常性的专业技术培训外，也应注意管理人员、服务人员、茶艺人员的知识和理念的更新。根据员工自身的特点与能力，充分调动积极性，挖掘已有员工的潜力；同时，还要注意人才的引进,不断提高员工的素质。

(3)组织指挥者的艺术性的管理是茶馆提高效率、持续发展的重要因素。组织管理人员在实施茶馆营运的各种具体方案时,能善于分析问题,抓住事物的主要矛盾,在处理问题时合理并巧妙地指挥与协调工作。这要求指挥协调者严于律己,以身作则,以利于指挥和协调的见效。作为指挥者,应善于用人、关心员工,注重下级及所用员工的建议和意见,调动一切积极因素。

三、现代管理理论

二战以后,社会发展使得各企业的状况和社会环境发生了极大的变化,管理理论也随着不断发展,不断完善,并由此产生了现代管理理论。现代管理理论建立在两个基本前提之上:一是认为企业管理是建立在三个因素之上,即人的因素、物的因素和环境因素,从而把企业从封闭的系统转到了开放的系统,管理的重点从内部转到了经营;二是认为企业和环境都不断变化,管理也要适应这种变化而不断做出相应的变化。现代管理理论包括系统论、信息论、控制论,这对茶馆经营与管理具有重要指导意义。

(一)系统论

现代茶馆要建立和健全以总经理为首的、统一的、有权威性的服务管理系统,从而向顾客提供完整流程的系统服务。在客人进入茶馆到出店的全过程中,茶馆各岗位工作人员应相互配合,为客人提供系统服务,满足顾客在消费期间的需求。

按系统论的观点,现代茶馆管理就是要把茶馆的内部条件与外部条件、当前利益与长远利益,定量分析与定性分析、经济效益与社会效益相结合,要以系统观来调整各要素之间的关系。对于茶馆自身而言,茶馆各部门、各岗位、各人员之间都是分工与协作,共同适应外界环境,一起完成任务的一个有机整体。

(二)信息论

在茶馆系统的运行中,除物质和客人的流动外,还有信息的传递。从某种意义上讲,现代茶馆管理既是对信息资源的利用,又是茶馆信息系统的管理。因此,对茶馆服务实行现代化管理,就应了解和掌握信息论。现代茶馆管理人员通过服务信息流通系统获取信息后,要进行认真的判断、分析和处理,并根据这些信息处理情况采取相应的措施,确定方案,做出决策,发出指令,有效地组织和指挥茶馆服务系统的各种活动。

茶馆管理人员对茶馆所做出的各种决策是将茶馆信息和自己掌握的知识综合运用的结果,没有信息,就不可能形成正确的决策。茶馆服务决策的实施,实质上就是信息在茶馆信息流通系统中的流通过程;而茶馆服务信息是所有服务管理机构和服务管理人员之间进行联系和开展工作的基础。

(三)控制论

现代茶馆管理中的控制就是采取相应措施,对复杂的现代茶馆服务系统及其经营活动进行控制。现代茶馆管理中的控制分为预先控制、现场控制和反馈控制三种方法。

1. 预先控制

是指防止将要投入的人力、物力、财力资源在质与量上发生偏差所采取的措施。

2. 现场控制

是指服务管理者按事先制定的标准,指挥和监督被管理者的工作,管理者的水平、能力对现场控制起决定作用。

3. 反馈控制

是指管理者通过信息的反馈,考察活动中实际与标准的误差,并对实际进展采取修正措施,进行调整的活动。反馈控制只对下一循环的工作起效,对已经发生的过程无效。

四、微观服务管理理论

茶馆服务质量高低与微观的行为过程有着直接的联系,微观服务管理理论是针对微观的茶馆服务行为进行的管理活动。

(一)茶馆服务质量管理理论

质量管理源自制造业的生产管理技术,于20世纪80年代传入中国,以后逐渐由制造业渗入到服务业,并首先在酒店业取得成效。由于社会经济水平的稳步提高,促使旅游业的迅速发展,促使服务消费意识的复杂化、多样化和层次化,使得人们对服务质量的认识、理解水平提高的同时,也对服务质量提出了更高的要求:由低需求向高需求发展、由物化技术层面向精神层面倾斜。因此,在未来的发展趋势中,质量管理将成为茶馆管理的核心内容。

(二)茶馆服务组织管理理论

1. 服务评价理论

正如其他大多数服务行业一样,茶馆服务评价的最终决定者是顾客,但顾客评价的主观性及由此产生的不稳定性在所难免,因此服务提供者和服务组织对服务的评价也很重要。如常有茶馆给由于受到客人误解或遇到故意惹是生非的客人责骂的服务员颁发“委屈奖”,正是在承认了客人评价决定性的前提下对服务的“再次”评价。以“宾客至上,员工第一”的管理哲学避免服务员热情降低和服务愿望减退。因此,为了使评价客观、科学、合理,必须建立由顾客评价、服务组织评价和自我评价三方组成的评价体系,并以此为依据来制定与各种不同服务评价相对应的管理政策与策略。

2. 服务规范理念

服务规范是指服务提供者为确保服务工作效率和服务质量而制定并要求全员遵照实施的一系列有关操作规程、员工手册、服务标准等制度性文件。它是一种行为规范,是服务管理不可缺少的工具;同时,由于服务因人而异的本质特征以及服务组织制定规范的目的、范围、对象和特性的不同,使得服务规范并不一定有固定模式。因此,可以说纳入服务规范的是茶馆服务的基本部分或必须部分,如基本服务流程、各类茶的科学冲泡流程等。但要承认的是,个性需求的多样性、多变性及无止境的特征,使得无论多么详细的规范都有一定局限性,而且个性服务是无法也不能纳入服务规范的。因此,按规服务和个人临时应变服务能力的互为补充是非常重要的。

(三)服务引导原理

服务引导是指服务提供方将宾客的需求转换成一种适合于自己应对的形式或状态,主动促成顾客充分利用服务方已准备好的服务项目及内容。服务引导的关键在于它不是强制,而是促成顾客自愿的选择,为了使客人能实现服务方的意图。

首先,服务引导要与客人需求相适应。引导成立的基本条件是客人有这种行动的愿望,否则引导将是无效的。

其次,要在一种良好的环境氛围中加以引导。在良好的环境氛围中,较容易使客人按照服务者的愿望采取自然的行动。良好的环境包括尊重客人的自主性、参与性和愉悦感,还包括诸如声音、光线和色彩的搭配等物理氛围及人与人之间距离的心理氛围等。

再次,充分发挥服务者个人的主观能动性,因人、因事而异地进行引导。在“引导”概念的指引下,也可促使服务人员工作变得更为主动,不是被动迎宾,而是主动相迎,不是客人提出要求才行动,而是替客人周到考虑。由此引出“客人没想到的,我们想到了;客人想到的,我们也想到了,并替客人做到了”的服务理论。

(四)服务心理理论

客人心理处于服务心理研究的核心地位,而服务心理理论的主体是消费者心理原理。

1. 基于心理原理的茶馆服务类型

按照消费者对不同服务的心理需求，茶馆服务大致分为功能性、心理性和复合性等三类。

服务的功能性是指客人对具体物质产品的基本需求，如提供所需的茶品、茶具、包厢等；服务的心理性是指客人对具体物质产品的需求是相同的，但对这种产品的服务环境和服务方式有特定的要求；服务的复合性是指功能性与心理性的结合，大部分服务活动属于此类，并因两者的复合形式、复合比例不同而有种种差别，以此组成了纷杂的服务项目和服务类别。从客人心理需求出发对服务进行分类有利于服务提供者对不同需求的服务消费采取不同的服务方式，从而在最大程度上符合消费者的心理需求。

2. 服务消费者心理原理

服务消费者都有各自的心理角色定位。作为个体，消费者具有人们共同的心理特征，如知觉、人格、态度等；作为消费决策者，由于消费者不同的经历和消费约束条件，相应表现出不同的消费心理特征。只有将两种角色融合起来加以考虑，才能更好地把握服务消费者的心理。

3. 个性化服务中的心理原理

标准化与个性化服务结合的服务是实现优质服务的前提。尤其是个性化服务，作为心理服务的一部分，已成为高层次茶馆体现竞争优势的主要因素之一。

1943 年，美国心理学家马斯洛发表了《人类动机的理论》一书。在这本书中，马斯洛提出了人的需求有一个从低到高的发展层次，从低到高分别是生理需要、安全、爱与归属、被尊重和自我实现的需要五个层次。人们对个性化的需求对应于马斯洛理论的第四阶段——承认与尊重。作为第三层次与第五层次的桥梁与纽带，越来越普遍地存在，与其作为个人的满足感紧密相关。

赫兹博格的“双因素理论”认为每个人身上都存在两组相对独立的“需求群”，它们对人的行为方式的影响是截然不同的。一组为机能需求，与其劳动环境相关，如经济条件、人际关系、噪音光度等。这些条件得不到满足，人就会产生不满情绪，但仅仅是这些条件得以满足，仍不能保证人们总体的满足程度会提高。另一组为情绪需求，是关于成功的认可及受尊重等方面的需求，当这些愿望得到满足时，人就表现出满意感。

可以看出，个性化需求与“承认与尊重”的需求具有很强的关联度，共同点在于赶走不满的同时获得满意。了解了这些能够激发人们满意的因素和条件，对有针对性地提供个性化服务以提高客人的满意程度，具有一定的理论指导意义。

第三节　茶馆经营与管理的方法

一、茶馆经营与管理的基本方法

茶馆经营与管理的方法是多种多样的，通常茶馆经营者运用经济方法、制度方法、教育方法等基本方法来进行管理。

（一）经济方法

经济方法就是采用经济手段，利用经济组织，按照客观经济规律的要求来管理茶馆。经济手段是指价格、工资、利润、税收、奖金和罚款等经济杠杆以及经济合同、经济责任等。

采用经济方法管理的特点是具有调节性、效益性和激励性。经济方法能加强茶馆外部的横向经济联系，提高茶馆内部各部门完成任务的责任心，从经济核算、物质利益上加强各部门完成任务的责任心，从而充分调动茶馆内各部门及每个员工的积极性，真正贯彻按劳分配原则，打破吃大锅饭的平均主义，提高茶馆的经济效益。但是，以这种纯经济方法管理，存在一些弊端，在运用时，一定要配合其他管理方法，以保证茶馆经营目标的实现。

（二）制度方法

制度方法就是依靠茶馆管理机构制定茶馆经营管理的方针、政策等规章制度，依靠组织者的权威，让员工在工作过程中按照制度来行事。

茶馆中比较稳定、成熟、带有规律性的经验或事务可以用立法的形式规定下来，以保证茶馆各项政策、制度、方法的实施，并用于调整茶馆内外部之间的经济关系。

制度方法的优点在于有自动调节功能，规章制度一旦形成，员工自己就必须去适应、去遵守，使茶馆的各项活动有章可循。在运用过程中，注意不要以制度限制各部门的主动性和积极性。

（三）教育方法

教育方法是指茶馆各部门通过教育，使员工具有好的职业道德和品行，能自觉处理好自己的工作，如爱岗敬业、团结友爱、尊重客人等，并通过相关的培训与宣传培养员工的事业心和责任心。据相关研究表明，这种激励所产生的效果远远胜过经济手段所产生的效果。

二、现代经营管理方法

在茶馆中常用的现代经营管理方法主要有现场管理、效率管理、目标管理、成本管理、知识管理、创新管理、计算机管理、柔性管理等。

（一）现场管理

现场管理就是根据现场进行即时管理的一种管理方式，在茶馆经营管理中有着十分重要的作用。其管理水平与质量主要由管理者的个人知识、经验、心理决定，并在很大程度上与管理者的个人兴趣、喜好和魅力有关。

茶馆现场管理的实质就是，管理者在现场发现问题，并即时解决，这种解决问题的方法与手段因人、因时、因情而异，运用时要注意以下几方面：

（1）现场管理具有随机性、即时性、实用性的特点，因此，管理者在发现问题的过程中，要弄清茶馆服务操作现场实际情况、存在问题和员工在操作中遇到的困难，才能运用自己积累的工作经验，指导部门或岗位的具体工作。

（2）现场管理中，管理者一定要抓住最需解决的问题，并能及时解决，从而使营运通畅正常，也能提高管理效率。

（3）现场管理中，管理者必须深入了解顾客动态，了解顾客对茶馆服务的要求，并能尽量给予满足，努力提高顾客满意度，树立茶馆良好形象。同时还要了解员工工作精神状态，关心他们，爱护他们，针对性地解决他们工作中的困难，让员工体会茶馆的核心价值与目标，培养员工爱岗敬业精神。

（4）由于现场管理是临时性的，同时无法完全排除管理者的主观臆断，使得管理无法完全客观、科学，经营上所负的风险大，因此，提高管理决策者的素质十分重要。

（二）效率管理

效率管理是茶馆通过建立规范的管理系统以提高茶馆整体效率，突出茶馆经营特色，从而达到茶馆管理目标的一种管理方法，包括制定详细的生产服务和销售计划；建立完善的组织结构和完善的规章制度、岗位职责、规范操作流程，并通过标准化、程序化操作保证茶馆提供的产品与服务承诺，达到茶馆服务效率的控制。

（三）目标管理

目标管理亦称"成果管理"，是指在企业个体职工的积极参与下，自上而下地确定工作目标，并在工作中实行"自我控制"，自下而上地保证目标实现的一种管理办法。目标管理的具体形式各种各样，但其基本内容是一样的。所谓目标管理，乃是一种程序或过程，它使组织中的上级和下级一起协商，根据组织的使命确定一定时期内组织的总目标，由此决定上、下级的责任和分目标，并把这些目标作为组织经营、评估和奖励每个单位和个人贡献的标准。

目标的制定一般应该注意下面几个方面：

（1）难易适中的原则：即所订目标要有难度但不能让人产生畏难情绪。

（2）方向一致的原则：即所订目标应是共同商定所得，所有员工都应朝目标方向努力。

（3）目标管理机制、工作程序比较复杂，要求员工具有较高素质，因此，应重视工作人员的素质的提高。

（4）目标管理以目标的达成为最终目的，考核评估也是重结果轻过程。这很容易让目标责任人重视目标的实现，轻视成本的核算。作为管理者，在督促检查的过程当中，既要保证目标的顺利实现，又要把成本控制在合理的范围内。因为，任何目标的实现都不是不计成本的。

（四）成本管理

成本管理是指在茶馆经营管理过程中各项成本核算、成本分析、成本决策和成本控制等一系列科学管理行为的总称。成本管理一般包括成本预测、成本决策、成本计划、成本核算、成本控制、成本分析、成本考核等职能。在茶馆管理中成本管理的目的是充分动员和组织全体人员，在保证产品和服务质量的前提下，茶馆经营管放、权力平等、民主管理，从内心深处来激发每个员工的内在潜力、主动性和创造精神，使他们能真正做到心情舒畅、不遗余力地为企业开拓优良业绩，成为企业在全球激烈的市场竞争中取得竞争优势的力量源泉。茶馆柔性管理体现在特色产品、特色服务、柔性组织和人性为本。

（五）知识管理

知识管理就是通过在组织中建构一个人文与技术兼备的知识系统，让组织中的资讯与知识，透过获得、创造、分享、整合、记录、存取、更新等过程，达到知识不断创新的最终目的,并回馈到知识系统内,个人与组织的知识得以永不间断的累积。从系统的角度进行思考,将成为组织的智慧资本,有助于企业做出正确的决策,以最大限度满足客人的需要,提高茶馆竞争力。管理大师德鲁克认为:“21 世纪的组织,最有价值的资产是组织内的知识工作者和他们的生产力。”由此可见知识对于企业发展的重要性。

(六)创新管理

创新管理是以管理者为主体,用来支持茶馆管理全过程的综合创新活动,它包括观念创新、组织创新、技术创新和制度创新等。观念创新是管理创新的前提,即对茶馆现行的经营策略提出新的思路,在设计、日常管理中都能体现创新的理念和思想。技术创新是对茶馆从投入到产出产品的生产过程中所发生的变革。

(七)计算机管理

在计算机日益发达的今天,计算机管理在茶馆经营中的优越性不断体现出来,现已成为众多茶馆经营与管理中重要职能担任者。目前,在茶馆企业中计算机的运用主要有以下范围:

1. 前厅作业计算机系统

前厅计算机系统用于客人预订消费,接受预订时,需要了解客人的姓名、消费时间以及相关的消费要求;前厅计算机系统可以清楚显示茶馆各楼各包厢的设施布置,各个包厢的大小与风格,处理客流量的分布;现场信息的获得有助于现场管理人员迅速合理解决问题。

2. 计算机安全系统

目前,在茶馆里使用的计算机安全系统多为普通防火系统,一来为茶馆的防火带来了较大保障,同时还具有报警功能,在任何强行入侵者进店时发出警报,有的还具有监控和保管贵重物品的功能。

3. 计算机财务系统

现代茶馆中计算机财务系统可以迅速、准确、有效地处理茶馆运作中所有的财务、会计、成本核算、审计等方面的事务。如,通过计算机财务系统,把客人点单及所有消费项目等信息即刻送发吧台,并且进行消费结账计算,不仅能提高工作效率,也有利于服务质量的提高。对管理过程的各个环节进行科学合理的管理,力求以最少生产耗费取得最大的生产成果。

(八)柔性管理

“柔性管理”是相对于“刚性管理”提出来的。“刚性管理”以“规章制度为中心”,

用制度约束管理员工；而“柔性管理”则“以人为中心”，对员工进行人格化管理。“柔性管理”的最大特点，在于它主要不是依靠发号施令等外力，而是依靠人与人之间的理解和认同达到管理成功。

案例与习题

案例

案例：某公司决定在元月一号到当地一家经营良好的商务茶楼开展元旦茶话会活动。12 月 28 号，公司秘书以电话方式向茶楼预定了一个能容纳 20 人的大包厢，并对消费时间和要求进行了说明。但元旦那天，当公司员工按计划到茶楼去消费时，服务员却因包厢已满无法接待，引起茶楼主管和顾客的争吵。茶楼经理调查后查明原来是 12 月 28 号的前台值班员因家有急事请假回家，而没有将此预定信息及时向主管汇报，从而引发一场不愉快的争吵，不仅影响了正常的经营，而且使得茶楼形象受到损坏。

分析：工作失误的造成是由于值班员没有及时将信息传达，从而造成茶馆系统内部信息传达受阻，使得茶馆经营无法正常运作，此种事例如果经常发生，势必会给茶楼的营运带来极其严重的损失。这一案例正说明了茶馆服务信息是各服务岗位之间进行联系和开展工作的基础。

习题

1. 如何理解茶馆经营与管理原理中的“人本原则”？
2. 如何在茶馆工作人员内部树立“团队精神”？
3. 什么是服务引导原理，其特点是什么？
4. 谈谈对经济管理方法利与弊的看法。
5. 谈谈计算机管理在现代茶馆经营管理中所起的作用。

第六章
茶馆人力资源管理

导读

茶馆管理以人为本，人是决定茶馆活力与生命力的关键性因素。茶馆的人才资源管理就是对茶馆从业人员的管理，它在茶馆中以隐形的软实力存在，决定了茶馆的发展方向、经营模式及发展高度等。因此，运用科学的方法对茶馆的人力资源进行合理的开发和利用、加强茶馆的人力资源管理力度对茶馆的经营和发展至关重要。本章从茶馆人力资源概述、茶馆从业人员的招聘及培训方面对茶馆人力资源管理进行阐述。

第一节 茶馆人力资源概述

人力资源、经济资源、物质资源和信息资源并称为企业经营的四大资源。人力资源是最重要的资源，它是生产活动中最活跃的因素，被经济学家称为第一资源。任何企业的人力资源都具有与企业类型相符合的特点，人力资源管理也具有其独特的内容和作用。茶馆行业属第三产业，具有茶馆业的独特性，因此，茶馆的人力资源管理也具有服务行业的典型特点。

一、人力资源与人力资源管理

（一）人力资源

人力资源（Human Resources，HR）概念最早是在 1954 年由美国著名管理学家彼得·德鲁克提出的。他在其著作《管理实践》中指出："人是企业中具有其他资源所不具有的'特殊能力'资源。"20 世纪 60 年代以后，美国芝加哥大学教授西奥多·舒尔茨创立了人力资本理论，对人力资源和人力资源对经济发展的作用进行了系统的研究，并提出了深刻的见解。此后，越来越多的学者开始研究和应用人力资源，并从不同的角度对人力资源概念的认识做出了不同的解释。国内和国外学者对人力资源概念的认识也有差异。但一般认为，人力资源是指能够推动整个经济和社会发展的具有智力劳动和体力劳动的人的总和，它反映一个国家或地区人口总体所拥有的劳动能力。

人力资源的指标一般包括数量和质量，数量即一个国家和地区拥有的劳动人口的总数，质量则指劳动人口的整体素质水平，包括身体素质、文化素质、思想道德素质及专业技术水平等。

人力资源因以人为特殊的物质而存在，较其他物质资源而言具有其鲜明的特性，其主要特征有能动性、时代性、时效性、持续性、智力性、增值性、社会性等。

（二）人力资源管理

管理是指合理利用组织资源，有效地实现组织目标的过程，其中组织资源包括人力、财力、物力、信息、时间等内容。人力资源管理（Human Resources Management，HRM），是指用现代化的科学方法对人力资源的获取、配置、保持、评价、开发、利用等方面进行计划、组织、领导和控制等一系列管理的过程。人力资源管理的目的就是使组织单位充分挖掘和利用个人才华，并将其安排在合适的岗位上为组织赢利，最终实现组织目标。

人力资源管理包含获取、保持、开发、激励、控制与调整五个方面的基本职能。获取是人力资源管理中的先行职能，是指通过募集和配置人力资源实现组织目的的过程；保持是指通过提供合理的工资福利、良好舒适的工作环境等措施，达到有效保持所拥有的员工及其工作环境和劳动关系的目的；开发是指组织为提高员工的能力和素质、发挥员工潜能而采取的一系列有计划的活动；激励是指组织通过建立一系列的激励政策来提高员工的工作热情和效率；控制和调整是组织对员工常用的一种科学合理的动态调整政策，它包括人员的调配、晋升、解雇、离退、奖励、惩罚等一系列措施。人力资源管理的五项基本职能联系密切、相辅相成，共同促进着组织的发展繁盛。

二、茶馆人力资源管理

（一）茶馆人力资源管理的概念

茶馆人力资源管理作为茶馆资源管理中的最重要组成部分，它的合理开发与高效管理对提高茶馆的市场竞争力和经济效益作用重大。

茶馆人力资源管理是指根据国家人事劳动政策和茶馆的管理方针，对茶馆的人力资源进行有效的整合和管理。从量上来说，茶馆人力资源管理包括茶馆对从业人员的合理协调、组织、高效培训，调整茶馆人力和物力方面的比例，使其保持最佳的比例和组合，促使茶馆的人和物都发挥出最高效益，从而使茶馆高效、有条不紊地运转；从质上来说，茶馆人力资源的管理包括对茶馆从业人员思想、心理和行为进行适当引导、管理和协调，即通过调动员工的主观能动性来提高茶馆人力资源的管理效率，从而实现茶馆目标。

（二）茶馆人力资源管理的特点

1. 局外性

茶馆行业属于服务行业，其局外性是指茶馆的服务质量和水平主要由客人监督和评定。这样不仅可减少茶馆管理人员巡视检查的工作量，还可以对茶馆管理人员的疏漏给予填补，完善茶馆管理制度。

2. 动态性

茶馆人力资源管理与其他企业的人力资源管理相似，它不是封闭、停滞、一成不变的系统，而是开放、发展、与时俱进的系统，它根据时代环境、社会需求的不同而不断更新完善着。

3. 超前性

茶馆管理人员必须要具备前瞻远瞩的能力，用超前的意识尽早解决好茶馆人力资源开发的超前性和茶馆人力资源利用的滞后性之间的关系、茶馆人力资源开发的长期性与茶馆人力资源利用的短期性之间的矛盾。

（三）茶馆人力资源管理的内容

茶馆人力资源管理的内容即茶馆人力资源的运作环节，它包括了形成、开发、分配和使用四个环节。

茶馆人力资源的形成是指对具备各种劳动能力的人及其体质、智力、知识和技能的发现；茶馆人力资源的开发是指潜在人力资源向现实人力资源的转化；茶馆人力资源的分配是指根据不同的需求将不同的人力资源投向不同的部门和岗位；茶馆人力资源的使用是指茶馆充分发挥和运用各部门所拥有的员工的能力，使员工迅速完成茶馆不同阶段所指定的目标任务。

（四）茶馆人力资源管理的重要性

茶馆人力资源管理的原理是“以人为本”，它在实践过程中以人的价值观为中心，对人与人、人与工作、人与组织的互动关系采取一系列的协调管理活动，从而提高茶馆的社会竞争力和经济效益，决定了茶馆的发展前景与高度。因此，茶馆的人力资源管理在茶馆的经营与管理中意义非凡，主要表现在以下方面：

（1）加强茶馆的人力资源管理是保证茶馆正常经营的基础。从宏观的角度看，茶馆的组成部分就是人与物，其中，人是茶馆经营活动的决定因素。此外，茶馆的从业人员不是一个个单独分离的个体，而是一个分工协作的团体。因此，在加强茶馆人力资源管理方面，科学处理、安排、协调人与人、人与事之间的关系，并使之有机地结合起来，在茶馆的经营与管理中异常重要。

（2）加强茶馆人力资源管理是增强茶馆活力和提高茶馆素质水平的前提。当今社会是市场经济时代，人们在满足物质需求的同时，对消费环境的整体感受要求越来越高，这其中就包括茶馆的活力与茶馆的素质水平。茶馆的活力与茶馆的素质水平归根结底取决于茶馆员工的整体素质与其工作状态。因此，茶馆必须为激发茶馆员工的主观能动性、提高茶馆员工的人均素养而加强茶馆的人力资源管理。

（3）加强茶馆人力资源管理是提高茶馆服务质量、创造良好社会效益和经济效益的保障。茶馆是一个服务效益占据主体的经济组织，茶馆的许多物质、设备必须通过服务人员的劳动才能获得最大经济效益，而茶馆的服务质量决定于茶馆员工的服务意识、心理素质、身体状况、精神状态等主观因素和操作技术、服务艺术水平等专业水平。因此，茶馆必须提高茶馆人力资源管理。

第二节　茶馆从业人员的招聘

茶馆从业人员的招聘是茶馆新的活力与生命力的主要来源，也是茶馆人力资源管理的重要环节，它与茶馆人力资源管理的其他组成部分联系密切，直接决定了茶馆整体素质、服务水平的高低，也影响着茶馆的发展方向与高度。

一、茶馆从业人员招聘的准备工作

(一)制定茶馆人力资源规划

茶馆人力资源计划是指茶馆人事部门科学地预测和分析人力资源的供给与需求状况，制定必要的人事政策和措施以确保获得各种所需的人力资源的管理过程。茶馆的人力资源计划是茶馆从业人员招聘的依据，它必须经过对茶馆原有的人力资源状况进行严谨细致的分析后，结合茶馆的发展计划与目标任务而制定出合理的计划书。

1. 收集分析相关信息资料

收集与茶馆相关的信息资料是实事求是地规划茶馆人力资源的基本措施，也是茶馆人力资源的高层管理者的新思路、新想法的源泉。其中，与茶馆相关的信息资料有茶馆的经营战略、经营目标、工作说明书、工作任务书以及现有人力资源的详细资料等。

2. 预测茶馆人力资源的需求状况

茶馆从业人员的需求预测是指对茶馆在某一具体的时间段内所需员工的数量和类型进行预测，其预测的依据主要是茶馆的组织结构、经营业务水平、部门判断以及趋势分析等。

茶馆的组织结构是影响人力需求的关键因素之一，它既影响着人力需求的数量，又影响着茶馆管理人员与普通职员的比例。目前，我国茶馆普遍采用的组织结构形式是直线职能制,因而茶馆的主要部门分为两大类,即主线部门和职能部门。此外,茶馆部门的分类方法也多种多样,如按茶叶种类分部、按功能分部及混合分部等。不同的部门分类方法会形成不同的茶馆组织结构,而不同的茶馆组织结构对茶馆员工和茶馆领导者的要求各不一样。因此,茶馆人力资源的负责人必须针对茶馆的具体情况和外部环境,选择一种适合茶馆发展经营的组织形式,并以此为依据预测茶馆的人力资源需求。

茶馆的经营业务水平是决定茶馆人力需求的因素之一。不同茶馆的经营业务水平不一,从而其经营计划也不尽相同。一般茶馆的人力需求会根据茶馆每一年的经营计划而进行预测,且管理人员常常将茶馆的经营指标分解为各营业部门的经营指标和职能部门的工作指标,并依次得出计划期所需的工时总额和用人数量。

部门判断是指茶馆管理人员根据工作经验来预测未来茶馆所需的人力资源数量和类型的方法。首先,茶馆各部门的管理人员会根据往年茶馆的工作负担的轻重和未来茶馆的业务目标,预测和提出本部门所需的各类人力资源数量和类型;其次,茶馆人力资源部门会对各部门提出的人力资源申请进行评估;最后,茶馆的高层管理者根据人力资源部门的评估进行决策判断。

趋势分析是指通过分析茶馆在以往的若干年中所雇用的员工资料和以往茶馆的经营业务水平来预测未来的人员需求。趋势分析的基本流程是:首先,确定茶馆中与人力资源的数量和结构关系最紧密的某一种因素;然后找出这一因素影响茶馆从业人员的相关度,并以此来推测出将来的发展趋势和人力资源需求。

3. 预测茶馆人力资源供给状况

预测茶馆人力资源的供应必须首先清查和分析茶馆现有的人力资源,然后推断出计划时期内可能会流失的从业人员数量和类型,最后确定需要填补的空缺职位并提早为其准备引进人才。

茶馆人力资源的清查包括对茶馆人力资源结构和数量的清查。结构的清查可以从员工的分类和结构统计方面进行,员工的分类资料一般分为专业技术、年龄和工作年限等;员工的结构统计一般从年龄、性别、工作年限、文化程度、专业技能等方面进行的。数量的清查是通过分析现有的人力资源数量,重点检查现有的茶馆人力资源供应是否符合一定业务量下的标准人力资源配置。

茶馆人力资源管理人员可根据茶馆员工的技能清单来估计现有员工换岗的可能性,并确定可以补充茶馆当前空缺的员工。员工技能清单包括了员工的经历、受教育程度、主要技能、培训背景及主管的能力评价等。

茶馆人力资源的高层决策者可通过分析、商榷管理者的晋升和培训内容，进一步确定茶馆需要补充的管理职位空缺。

4. 确定茶馆人力资源的净需求

确定茶馆人资源的净需求是通过分析茶馆人力资源的需求与供给后，判断出茶馆现有的人力资源状况是属于劳动力剩余还是短缺。若茶馆员工过剩，则可采用解聘、裁减、限制雇用、提前退休、减少工作时间等方法改变这种状况；若茶馆人员短缺则可采用针对性的培训增强现有员工的工作能力和招聘新员工来解决需求问题。

5. 制定茶馆人力资源规划

根据时间的长短，茶馆人力资源规划一般分为三年长期计划和年度短期计划。

三年长期计划一般采用“远粗近细、逐年滚动”的办法，即茶馆人力资源计划要根据内外环境因素，及时调整和充实，近期内需要细致具体，远期内可宏观抽象，且每年年底重新制定长期计划，并把计划向前推进一年。

年度短期计划是指茶馆以部门为单位，分别编制一年内的详细、具体的人力资源计划。

（二）分析茶馆工作岗位

茶馆工作分析包括分析工作岗位的要求和工作岗位的报酬。

1. 工作岗位的要求分析

工作岗位的要求包括该岗位的工作任务，以及完成这些任务所需要的技能、知识和能力等。茶馆工作任务分析即详细描述茶馆某一岗位的工作任务以及完成这项工作任务所需要的具体的工作条件。通过工作分析撰写报告，并形成《茶馆工作任务书》和《茶馆工作说明书》，这是茶馆招聘员工和培训员工的重要资料依据。

2. 工作岗位的报酬分析

工作岗位的报酬包括一般分为内在报酬和外在报酬。内在报酬是指员工在工作过程中的主观感受；外在报酬指的是员工的工资、福利、晋升机会等。茶馆工作岗位的报酬分析既要明确识别外在报酬，又要全面识别内在报酬，特别是后者，它以隐形的方式存在，需要通过员工交流、科学调查等方法来详细分析。

（三）设计相关的招聘表格

1. 招聘简章的设计

茶馆的招聘简章一般以广告的形式进行宣传，招聘简章设计的好坏，不仅体现着茶馆的形象，而且直接决定了应聘者的素质。因此，茶馆的人力资源管理者必须高度重视招聘简章的设计与撰写。

设计茶馆招聘简章时必须遵循如下原则：合法、真实、内容详细、条件清楚、版面美观、标题醒目等。招聘简章的主要内容一般有茶馆简介、茶馆招聘职位的介绍、应聘者的准备内容、应聘的方式、录用条件、工资待遇、详情咨询方式等。（表 6－1）

××茶馆招聘简章

茶馆简介：××茶馆成立于××××年，茶馆以接待顾客的休闲饮茶为主，以卖茶、茶具、字画等为辅，另外还承办一些会议、活动。多年来，茶馆因文化底蕴深厚、经济效益良好、管理有条不紊，受到了广大消费者和茶馆员工的一致好评。目前，茶馆属于×星级的消费场所，因××原因，人力资源短缺，现诚聘下列职位：

茶馆茶艺师（×名）

要求：

1. 女性，18～35 岁，高中以上学历；

2. 具有较强的沟通交流能力，能够随机应变地对答客人提出的问题；

3. 略懂茶类相关知识，熟悉茶艺表演，能主办一些常见的茶艺表演活动；

4. 有责任感、正直、勤奋好学、有上进心；

5. 具有×年的工作经验；

6. 爱看书、会舞蹈、懂乐器，持茶艺师证和茶学专业毕业者优先考虑。

待遇：

实习期内（××个月）工资××元，转正后工资（××）元；

报名方式：

1. 应聘者可将简历送到××茶馆人力资源部；

2. 应聘者可将简历的电子档发送至 ××茶馆的人力资源邮箱：××××××；

3. 应聘者可将简历寄至××茶楼人力资源部参与报名。

地址：××市××区××路××号

邮编：10××××

联系方式：13×××××××××、15×××××××××

报名日期：×××年××月××日至×××年××月××日

××茶馆人力资源部

表 6－1

茶馆简介要求内容精炼、文字流畅。内容要点包括茶馆全称、经营年限、地点、性质、规模等。

应聘方式需要详细说明，如，经过考试或面试筛选后，入选者需经过体检再签订合同等。

工资待遇需清楚表明实习期内的工资待遇和正式员工的工资待遇，也可备注为根据实际情况面议。

2. 招聘登记表的设计

茶馆招聘登记表的设计原则是简明扼要、信息齐全，其目的是为统计报名人数，了解报名者的基本情况。一般涵盖报名者的应聘岗位、报名日期、姓名、性别、出生年月、最高学历、编号、目前单位、专业、身高、体重、外语情况、兴趣爱好、期望月薪、通讯地址、邮编号码、电话号码等（表6－2）。

表6－2　××茶馆应聘人员报名表

编号		应聘岗位		报名日期	
姓名		性别		出生年月	
专业		最高学历		外语状况	
身高	cm		体重	kg	
兴趣爱好					
目前单位					
通讯地址				邮政编码	
联系方式				期望薪资	
备注					

3. 简历表的设计

简历表是应聘者向茶馆展示的初步资料，包含了应聘者的相关信息，它的好坏直接影响茶馆获取信息的有效度。简历表一般包涵了应聘者的一般情况、受教育情况、工作经历、工作成就等。（表6－3）

表 6－3　××茶馆应聘人员简历

<table>
<tr><td>姓名</td><td></td><td>性别</td><td></td><td rowspan="3">照片</td></tr>
<tr><td>出生年月</td><td></td><td>专业</td><td></td></tr>
<tr><td>身高</td><td></td><td>体重</td><td></td></tr>
<tr><td>应聘岗位</td><td></td><td>兴趣爱好</td><td colspan="2"></td></tr>
<tr><td>联系方式</td><td colspan="4"></td></tr>
<tr><td>地址</td><td colspan="4"></td></tr>
<tr><td rowspan="6">主要学历</td><td colspan="2"></td><td colspan="2"></td></tr>
<tr><td colspan="2"></td><td colspan="2"></td></tr>
<tr><td colspan="2"></td><td colspan="2"></td></tr>
<tr><td colspan="2"></td><td colspan="2"></td></tr>
<tr><td colspan="2"></td><td colspan="2"></td></tr>
<tr><td colspan="2"></td><td colspan="2"></td></tr>
<tr><td rowspan="6">主要工作经历</td><td colspan="2"></td><td colspan="2"></td></tr>
<tr><td colspan="2"></td><td colspan="2"></td></tr>
<tr><td colspan="2"></td><td colspan="2"></td></tr>
<tr><td colspan="2"></td><td colspan="2"></td></tr>
<tr><td colspan="2"></td><td colspan="2"></td></tr>
<tr><td colspan="2"></td><td colspan="2"></td></tr>
<tr><td>主要工作成就</td><td colspan="2"></td><td colspan="2"></td></tr>
</table>

二、茶馆从业人员招聘的途径

茶馆员工的招聘的渠道主要分为内部招聘和外部招聘。

（一）内部选拔

内部招聘指的是从茶馆已有的员工中挑选出合适的人员填补空缺的岗位。

1. 内部选拔的方式

内部招聘的主要方式有内部晋升、工作调换、内部人员重新聘用等。

内部晋升是指把员工从一个较低岗位提升到一个较高岗位的过程，它是茶馆填补重要岗位空缺的常用方法。茶馆内部晋升一方面可以给员工提供更好的发展舞台，鼓舞茶馆员工的士气；另一方面由于被提升的员工是茶馆的老员工，对茶馆的环境、业务了解甚深，对茶馆来说是一个省时、省力的好办法。但内部晋升弊端在于易产生“近亲繁殖”的现象，所以，当茶馆的重要职位出现空缺，且内部没有十分合适的人员填补时，宜采用外部选拔的方式。

工作调换也称为“平调”，是指茶馆员工的级别不变，职位变化。“平调”可为茶馆员工提供更多的工作机会，有利于培养茶馆员工的综合能力，为员工的晋升做准备。但“平调”过于频繁易影响茶馆员工的工作积极性，因此，茶馆人力资源管理者需通过深思熟虑后采取合适的人力资源调换。

由于一些不定的外部因素的存在会使茶馆经营出现淡季和旺季，淡季时茶馆会裁减一批员工，当旺季出现时可优先考虑对茶馆裁减员工的重新招聘。因为重新招聘的员工对茶馆知根知底，在进入工作状态方面需要的时间更短，有利于茶馆的经济效益的提高。

2. 内部选拔的利弊

茶馆内部选拔的优点：①有效激励员工；②降低招聘风险；③为员工提供更好的发展平台；④减少企业的招聘和培训费用；⑤提高茶馆员工的连续性和稳定性等。

茶馆内部选拔的缺点：①易促使“近亲繁殖”，使茶馆内部员工出现小团体和分派、分帮现象，不利于茶馆文化的和谐，影响茶馆发展；②茶馆人员更新少，不能为茶馆注入新鲜血液，使茶馆活力降低，影响茶馆的创新发展；③由于部分员工在内部选拔时落选，可能会使其产生嫉妒、攀比、不满等情绪，“动摇军心”，影响茶馆员工的工作氛围。

（二）外部招聘

当茶馆需要新理念和新思维的员工、内部没有合适候选人或茶馆需要开拓新业务时，常常需要采取外部招聘的方式来填补茶馆职位的空缺。

1. 外部招聘的方式

茶馆外部招聘的主要途径有广告招聘、人才市场、校园招聘、网络招聘、猎头招聘、职业介绍所、熟人介绍、人才和劳动力交流活动等。

广告招聘是指茶馆为吸引应聘者，在报纸、电台、电视、杂志、马路张贴或刊出茶馆的招聘广告。这种招聘方式发行量大、覆盖面广、见效快，能很快使求职者获得企业的用人需求情况。

人才市场招聘是指茶馆在人才市场内摆摊设点，待应聘者前来咨询。这种招聘的优势是时间短、见效快、费用低、双方信息了解详细，其缺点是挑选面较窄、工作强度大、应聘环境较差。

校园招聘是指茶馆直接到茶业、管理等专业相关的学校对毕业生进行现场招聘。此种招聘方式针对性强，能吸引大量专业性的人才。但因为学校毕业生缺乏工作经验且流动性较大，不适合应聘茶馆的高层管理者。

网络招聘是指茶馆通过在人才求职网上发布招聘信息来获得应聘人员。其优点是填补了传统招聘的缺点，招聘信息时效长且不需要任何费用，省力、省时；缺点是给虚假信息提供了可乘之机，使应聘者产生怀疑，降低了招聘者与茶馆之间的双向信任度。

猎头招聘是指茶馆通过委托猎头公司寻找适合茶馆要求的应聘人员。这种招聘方式费用较高、周期较长，但针对性强、隐秘性高，适合招聘茶馆所需的高级人才和特殊人才。

职业介绍所介绍员工一般是采用中介机构介绍或直接在其人才资源库搜寻合适人员。这种招聘方式速度快、费用低，适合茶馆招聘普通员工、初级管理人员或急需工。但职业介绍所普遍服务质量不高、职业信息参差不齐、人才资源鱼龙混杂，茶馆应视招聘需求认真思考、仔细筛选。

茶馆通过熟人介绍的员工可靠性一般较高，但易产生“近亲繁殖”，促使小团体的出现，茶馆人力资源管理人员应仔细斟酌。

目前，全国各地都有一些或大或小的人才市场和劳动力市场，他们会不定期地举办人才交流活动，茶馆可在活动期间到当地的人才劳动力交流市场摆摊设点、招聘员工。

2. 外部招聘的利弊

外部招聘的优点：①应聘人员来源广泛、层次多样，可保证茶馆人员需求的数量和质量；②有利于茶馆吸收外部新型先进的管理模式和经营理念，适合茶馆不断开拓创新；③可在一定程度上削弱内部员工的相互竞争，有效缓解内部员工之间的矛盾。

外部招聘的缺点：①茶馆人力资源管理人员对应聘者的实际水平和工作能力很难在短时间内完全判别出来，不称职者会占一定的比例，因此外部招聘存在一定的测评风险；②外部招聘的人员需要一定的时间适应工作环境，在这段时间内可能会影响到茶馆的经营管理；③应聘者带来的新的文化可能与茶馆本来的企业文化相冲突；④茶馆中的老员工有可能对外聘人员的工作能力和管理能力不服，易产生内部矛盾，老员工的积极性降低。

三、茶馆从业人员的招聘测试、面试与录用

（一）选拔测试

茶馆为了降低风险，深入了解应聘者真实的工作能力和专业技能，全面了解应聘者的实际能力和个人信息，常常在招聘时对应聘者采取多种形式的测试，以便分析出应聘者是否能够胜任茶馆工作。选拔测试的方式有很多种，茶馆常用的测试方式有智能测试、操作与身体技能测试、个性测试、模拟测试等。

1. 智能测试

智能测试是测试人的一般认知能力、智力和学识水平的一种方法，它采用的主要方式是笔试。茶馆对应聘者采用笔试的方式主要是测试应聘人员的社会常识、百科常识、茶学专业知识、企业管理能力、文字表达能力等综合能力。

2. 操作与身体技能测试

操作与身体技能测试主要是测试应聘者的身体协调能力和反应灵敏度，以便判断出其专业操作水平和接受学会新技能的时间长短。茶艺操作与身体技能测试主要是测试应聘者的泡茶水平、茶艺表演水平、服务操作水平等。

3. 个性测试

个性是指人对客观现实的态度、行为方式中常表现出的稳定倾向。世界上没有两片完全相同的树叶，人也是如此，每个人都有其独特的性格特征，有的人性格谨慎，有的人行为果断。而这些性格特征常常体现在人的行为举止中，并影响其工作。对应聘者进行个性测试能更加深入地了解每个人的性格特征，并将其安排在合适的岗位上。

个性测试的方式主要有问卷测试和投射测试。问卷常常是由心理学家针对个性要素专门设计的，应聘者通过填写或回答问卷上的题目，能准确地反映出其个性；每个

人都具有一些内在的隐蔽行为和潜意识动机和态度，它们很深层、不易探测，需要将其测试出来就采用投射的方式，其原理是利用一个含义不明、可多种解释的“投射物”，让测试者迅速观察后，马上做出解释，不允许片刻的分析思考，以此来探测测试者内心的隐秘倾向。

4. 情景模拟测试

情景模拟测试需在一种特定控制状态的模拟情景下，用多种方法测试应聘者的心理素质、潜在能力等。情景模拟的内容很多，常见的有公文处理、无领导小组讨论、角色扮演、谈话和即席发言等。

公文处理测试是指在规定的时间内，让应聘者对茶馆中待处理的一些报告、材料、信函等做出决定、采取措施的一种方法。这种方法可以测试应聘者的独立处事能力、分析能力、判断决策能力等。

无领导小组讨论可测试出应聘者的自信心、主动性、语言表达能力、人际影响力、说服力等。

角色扮演是指让应聘者扮演某个角色，如茶艺表演人员、茶叶销售人员、茶馆管理人员等，然后根据其表现来了解应聘者的心理活动和个性特征。

谈话可检测应聘者的反应能力、分析能力、控制能力、处理问题的能力和承压能力等。

即席谈话就是给应聘者一个题目，让其稍做准备后，随意发挥，如茶馆员工动员会、茶馆活动开幕词等。这种测试方式能考验应聘者的随机应变能力、语言表达能力、思维方式、风俗气质和分析推理能力等。

（二）招聘面试

招聘面试是茶馆选拔优秀人员的主要途径，它能使应聘者和茶馆管理者双方在当面对答的过程中深入了解彼此的信息，能使茶馆管理者清晰明了地了解应聘者的面貌、气质和综合能力，还能彼此交流协商应聘中的各种问题。因此，面试是最直接、最迅速的招聘方式，对招聘影响深远。

1. 面试的类型

面试的类型：结构性面试、目的性面试、内容面试和管理面试。

按照结构的程度，结构性面试又分为非结构化面试和结构化面试。非结构化面试是指在面试过程中应聘者可随心所欲地讨论各种问题，不必遵循特定的顺序和形式。而结构化面试是指茶馆管理者在面试之前准备好面试的各种问题和答案，并将其排好顺序,面试时按照顺序对面试者一一发问,并记录好应聘者的回答和对应聘者的评价。

目的面试是指茶馆招聘人员根据招聘目的有针对性地对应聘者面试。常常会问应聘者一些突如其来或不太好回答的问题,以便观察应聘者的敏感性、耐性甚至人品。

内容面试是指茶馆招聘人员就茶馆中经常出现的工作情景和工作内容对应聘者提问,并根据应聘者的回答来判断其处理方式和工作能力。

管理面试包括一对一面试、小组面试和计算机面试。一对一面试是指茶馆招聘者和应聘者一对一地交谈;小组面试是指一组招聘者对一个应聘者进行面试,能使每个招聘者从不同的角度了解应聘者;计算机面试一般是较大的公司进行面试的方法,它是指把面试的问题由应聘者填写后,交由计算机阅读判断。

2. 面试的程序

面试的程序:面试准备、营造和谐气氛、提问、结束和回顾面试。

面试准备包括工作分析,确定面试目标,审查求职申请表、登记表和建立表,确定招聘的地点、时间和人员等事项。

营造和谐气氛主要是为应聘者提供一个比较轻松、自由、友好的面试氛围,以便更加准确地了解应聘者的相关信息。

提问是整个面试中的核心阶段,是招聘者分析判断的主要依据。

面试结束时,招聘者应留有时间让面试者自由提问,并礼貌真实地回答问题,若不方便回答的可委婉拒绝。当应聘者离开后,招聘者根据面试记录回顾面试场景,做出最后判断。

(三)录用

录用是茶馆从业人员招聘的最后一个环节。确定预录用的名单后,茶馆人力资源管理者就应准备录用手续和报到手续。

1. 录用手续

录用手续就是招聘的最后一道筛选过程,主要包括对应聘者的政审和体检。政审是茶馆对预录用人员的档案情况和现实表现的了解,茶馆会派外调人员去应聘者的档案所在部门查阅档案、鉴定现实表现,记录相关情况,并将情况表交由相关部门的负责人核实、签字、盖章。体检的目的是为检查应聘者是否具有胜任相关工作的健康体质,茶馆会给应聘者寄送体检通知单,要求其到茶馆的指定医院体检。当政审和体检都合格后,茶馆的人力资源部就应为应聘者办理报到手续。

2. 报到手续

录用手续包括为新员工发放录用通知单、熟悉情况和签订合同。

录用通知单包括聘用岗位、相关工作和聘用条件，茶楼的人事、管理等相关制度，上班报到的时间和注意事项等。

熟悉情况是指新员工第一天上班时，由人力资源部安排相关负责人对新员工的相关工作进行解释和辅导，一来减轻新员工的不安和压力，二来使新员工迅速了解和掌握相关工作。其中，负责人应对新员工介绍的事项包括茶馆的组织结构、部门设置、主要管理人员、具体职位和工作内容、工资支付方式、着装和仪表要求、工作时间、就餐安排、火警措施守则等。此外，负责人还应为新员工发放员工职务说明书、员工守则、工作证、更衣柜钥匙、宿舍钥匙等。

茶馆与新员工签订的合同一般是劳动合同，它是确定双方之间劳动关系的保障。劳动合同的内容一般包括双方基本信息情况、合同期限、员工待遇福利、员工守则条例、纪律处分条例、公证和签署等。

当茶楼与应聘者签订劳动合同后，应聘者就成为茶馆的正式员工，招聘程序结束。

第三节　茶馆员工培训

茶馆员工培训是指茶馆根据茶馆发展与相关工作岗位的需求，对员工的茶学专业知识、泡茶和服务技能、工作态度等方面有计划开展的一些培训活动。茶馆员工培训是茶馆人力资源管理的一个重要组成部分，它不仅能提高员工的工作技能和业绩，还能提高茶馆在竞争中的人力资源优势。

员工培训是项复杂的工作项目，它不仅需要茶馆投入一定的人力、财力、物力，而且还要占用员工一定的工作时间。因此，员工培训需要精心的设计、组织和实施，才能使培训达到事半功倍之效。

一、茶馆员工培训的程序

（一）分析培训需要

分析培训需要既能确定茶馆培训的需要，又能降低培训成本，是茶馆培训的基本准备措施。培训需要的分析角度一般从茶馆的组织层面、工作层面和个人层面展开。

1. 组织层面

组织分析主要是对茶馆的目标、环境和资源等因素进行分析，找出培训可能存在的问题，分析其产生的原因，并快速有效地解决这些问题。

茶馆组织目标是指茶馆运作发展的方向，包括茶馆的利润、销售、市场份额、产品质量等方面的目标。根据这些目标，反思茶馆现有的人力资源状况及实现这些目标可能存在的问题，并针对相关问题展开培训。

茶馆的组织环境是指影响茶馆的内部因素和外部因素。茶馆的组织环境是动态发展的，为确保茶馆的人力资源能适应这种动态环境，必须要对茶馆的组织环境进行分析，确定合适的培训方式与内容，以便保证茶馆人力资源能满足动态变化的要求。

茶馆的组织资源分析包括对茶馆的人力资源分析、培训投入分析和培训时间分析。茶馆的人力资源分析包括了解和掌握现有员工的知识层面、专业技能、基本素质、工作经验和发展潜力，统计其年龄结构、学历结构和职称结构等。培训投入分析即对培训费用进行预算，分析培训投入与效果的关系，合理安排培训的时间和顺序，尽可能地降低培训费用，提高培训效率。培训时间一定要安排合宜，在不影响员工的正常工作的前提下，提高培训效率。

2. 工作层面

茶馆工作分析就是分析与绩效相关的工作内容、标准、知识技能等，找出实际情况与理想目标的差距，确定培训内容。

工作分析的主要步骤：一是根据职位分析了解工作内容、特点，了解茶馆员工所需的专业知识、操作技能和服务态度；二是根据茶馆要求，确定茶馆工作的最低工作标准；三是按照工作标准，比较茶馆完成工作的实际情况；四是根据比较出来的差距，确定培训内容。

常用的工作分析方法：观察法、调查法、座谈法、绩效考评法。

3. 个人层面

茶馆员工个人分析，首先，要比较员工的绩效情况与工作标准之间的差距，一般培训的需要程度等于理想绩效与实际工作绩效的差距度；其次，分析差距度产生的原因；最后，针对原因确定培训对象及相关项目。茶馆员工常见的一些差距有茶学专业知识、操作技能、服务态度、工作心态等。

（二）设置培训目标

培训目标的设置能为员工培训提供方向与动力。一般茶馆的培训目标有传授知识、提高技能和转变工作态度三大类。

1. 传授知识

传授的知识范围包括茶馆工作常识、茶学专业知识以及现今更新的相关知识等。

2. 提高技能

提高茶馆员工技能包括提高茶馆管理技能、沟通交流技能、操作技能等。

3. 转变工作态度

员工的工作态度会影响员工的心情和工作效率、业绩，因此，为彻底改变工作态度，必须通过培训，提高员工之间、员工与茶馆之间的了解和信任程度，提高员工对茶馆文化和理念的认同感，提高员工的忠诚度。

（三）制定培训计划

培训计划需要制定得详细、具体，才能有助于培训顺利进行。一般来说，培训计划的主要内容有：

（1）培训项目及其具体内容。根据分析确定的项目制定具体内容。

（2）培训的方式。如脱产培训、不脱产培训。

（3）培训的方法。如授课法、角色扮演法等。

（4）培训课程、资料。根据培训目标确定培训相关课程和授课计划、选择课程教材和课外资料。如茶学专业的著作、大学中茶学专业的教材或请专家编写教材。

（5）培训要求。包括培训的纪律、考勤、考试等相关规定。

（6）培训所请的老师。可选大学教师、科研人员、经验丰富的茶学专业工作者、企业家等。

（7）培训的对象。根据培训目标和需要，挑选合适的员工参加。

（8）培训的时间和地点。根据参加培训的员工和老师的时间，合理安排培训日期，地点的选择要根据培训的内容而定。

（9）培训预算。

（四）实施培训

当培训计划落实后，就要实施培训。它是整个培训程序中的关键步骤，必须依计划行事，不容有误。因此，培训负责人一定要选择有培训经验且有责任心的人员负责培训工作，并视培训规模挑选一定的辅助人员和工作人员。

培训实施的过程中，培训工作人员要对培训工作进行实时的检查、监督、协调和控制。若出现一些特殊情况，要对培训项目进行及时的调整。

（五）评估培训

1. 对受训者评估

对受训者评估的目的是检查受训者在培训期间的效果与成绩，评估的方式有笔试、情景模式、操作测试等，常用的是笔试和操作测试。

2. 对培训过程本身进行评估

对培训过程的评估是在培训结束后，对培训中教学过程、行为、效果、教师水平等进行评估。

二、茶馆员工培训的方式与方法

（一）培训的形式

培训的形式可分为两大类，一类是脱产培训，另一类是在职培训。

1. 脱产培训

脱产培训（Off the Job Training）是指茶馆员工暂离自己的工作岗位，专门参加培训项目的方法。脱产培训包括专业性的脱产培训和管理性的脱产培训。

专业性的脱产培训是指茶馆员工针对专业知识和技能进行的培训，这种培训技术性强，适合茶馆培养技术人才。如茶馆为增强员工的评茶技能，派员工参加评茶员的培训；为增强茶艺师的服务礼仪，派员工参加服务礼仪培训项目等。

管理性的脱产培训是指为增强茶馆管理层的整体水平，派遣管理人员参加管理性的培训项目。如许多高档茶馆适时地派高层管理人员去北京大学的茶学MBA研修班进行培训。

2. 在职培训

在职培训是指茶馆员工在茶馆的工作岗位中接受培训。这种培训在工作的同时进行，由茶馆主管担任教员，常用于茶馆基层操作者和经理培训，采用的方法是学徒培训、工作轮换等。

学徒培训就是采用师傅带徒弟的方式进行培训，茶馆一般用这种方式培训茶馆主管、经理的候选人，师傅一般是茶馆的高层管理者。

工作轮换是指通过变换茶馆员工的岗位进行培训的一种方法。如茶馆为提高茶艺师的服务意识和服务员的泡茶技能，可让其互换岗位进行培训，从而达到效果。

(二)培训的方法

培训的方法多种多样,常用的方法有授课法、研讨法、角色扮演法、情景培训法、四步培训法。

1. 授课法

授课法是指是通过教师讲授知识、传授技能展开培训。这种方法应用较广,其优点是能对大批量的员工进行培训,成本较低;缺点是教师单向输入,易使受训者疲惫、走神。因此,要求教师在授课时要采用视听设备和多种变换式的教学方式,提高受训者的积极性。如茶馆可请一些专业人士在茶馆的下班时间内对全体员工进行培训,采取多媒体教学设备和启发式的教学方法。

2. 研讨法

研讨法是指针对某一专题运用研讨的方式进行培训。具体的操作是受训者就某一主题展开讨论后,每个人发表意见,相互交流。在这个过程中,教员要对话题的讨论进行有意识地引导和控制,最后对受训者的观点和意见进行总结归纳。此外,还可以在上述基础上添加一些管理游戏,使讨论更加生动、丰富。

3. 角色扮演法

角色扮演法是指让受训者在一个真实的场景中扮演一个特定的角色,使其在角色中从另一角度加强对某一工作的认识。这种培训方法适合人际沟通能力的提高和员工自我能力的提升。如通过扮演茶馆客人来了解客人的真正需求;通过扮演茶馆经理来了解管理者的着重点。

4. 情景培训法

情景培训法是指针对茶馆工作中常出现的一些代表性的问题,提出一些假设性的解决办法,由员工讨论和选择后,教师做出综合分析。

5. 四步培训法

四步培训法是指利用讲解、操作示范、实习和上岗操作四步来进行培训的方法。它是提高员工能力最有效的方法。

讲解是指讲述工作情况、操作要领,说明操作要点的重要性,其目的是动员受训者,使其提高对培训项目的了解,并轻松自如地学习。

操作示范是指速度适当地讲授、解释和表演每一个操作动作,以一套完整的动作为课程安排,重点可反复示范。

实习是指让受训者实习所学的操作内容。

上岗操作是指让受训者在掌握操作要领后,独立上岗。

三、茶馆员工培训的内容

茶馆是一个以茶为核心的服务场所,它既要求茶馆员工有扎实的专业知识,又要求有高质量的服务能力,还要求管理者具有丰富的管理经验。因此,茶馆员工的培训中,这三项是必需的基础培训。

(一)茶学专业知识的培训

茶学专业知识应用在茶馆中的主要是茶艺技能、评茶技能、茶叶销售、茶学基础知识以及其他相关知识等。教师在培训过程中可从这些方面着重培养茶馆员工的专业知识。

1. 茶艺技能

茶艺技能包括茶艺师的沏茶技艺和茶艺表演能力的提升。沏茶技艺要分别掌握茶性、茶具、水、艺等方面的相关知识。茶艺表演是指表演能力和茶艺能力的完美融合,主要包括舞台的布置、茶艺剧本的编写、茶席的设置等方面的学问。前者偏向技艺,后者偏向于艺术,两者各有特点与优势。茶馆管理者可根据员工的不同条件特点安排其参与不同类型的培训。

2. 评茶技能培训

评茶技能培训是指通过提升受训者的嗅觉、味觉、视觉和触觉对茶的感知能力来提升其审评茶叶的能力。茶叶审评包括审评茶叶的干茶、汤色、香气、滋味、叶底。茶馆员工经过培训后要掌握茶叶审评的基本要素,并能用一些专业术语表达出来。

3. 茶叶销售培训

茶叶销售是介绍以茶叶为主的商品给顾客,在满足顾客需求的同时,为茶馆获得经济利益。茶叶销售培训应着重培养茶馆员工在销售技巧、销售心理、观察能力、逻辑推理能力等方面的技巧。

4. 茶学基础知识培训

茶学基础知识包括茶叶的加工、分类、栽培、文化史等方面的内容。这些基础知识是茶馆员工充满自信心工作的基石,茶馆应安排没接受或是较少接受茶学专业知识学习的员工参与这种类型的培训。

5. 其他相关知识培训

相关知识包括中国传统文化、植物学、营养学、养生学等。

（二）服务能力的培训

茶馆员工服务能力培训的内容主要包括形体训练和语言训练。

1. 形体训练

形体训练指按照茶馆标准礼仪对茶馆员工的坐姿、站姿、走姿、举手投足、仪容仪表等方面进行严格的要求和训练，以使员工在外形上具有气质美和形体美。

2. 语言训练

服务语言包括敬语、委婉语和幽默语等，茶馆员工在使用这些语言时要用适当的语调语速和仪态。

语调语速方面要求员工根据不同的场合选择不同的语调语速，如在和服务对象交谈时用平调，语速适中。

仪态是第二语言，它会以无声形式传递给交流者一些其他的信息。如茶馆员工在服务时，应面带微笑，并用关注的目光与客人交流，使客人感到轻松、亲切。

此外，茶馆员工的语言一定要简单、准确、中心突出、富有逻辑性，在与客人交流的过程中留下美好深刻的记忆。

（三）管理者的培训

1. 茶馆高层管理者的培训

茶馆高层管理人员包括总经理、副总经理和茶馆顾问等。对其进行培训时要重点培训其管理决策能力、合理用人能力、协调和控制能力、创新能力等。培训的相关内容包括茶馆的业务管理、管理学原理、茶业经济学、旅游经济学、组织行为学等。

2. 茶馆中层管理者的培训

茶馆的中层管理者包括茶馆的部门经理和主管人员。对其进行培训主要是培养其在本职位的专业理论知识，本部门的运行管理、指挥控制知识以及对员工的发展培训知识。

3. 茶馆基层管理者的培训

茶馆的基层管理者包括茶馆的主管和领班等。对其培训的要求相对较低，培训内容主要有茶馆管理的基本原理、人事管理和劳动管理的基本理论、基本沟通方法与技巧、人际关系的掌握、工作计划的掌握和制定等。

第七章

茶馆财力资源管理

【导读】

财务管理发展到今天,已经是一门成熟、完善、专业的学科。本章针对茶馆行业做一些学习和理解,通过学习茶馆财力资源管理的概念和意义、茶馆的投资与管理、资产的内容与管理、成本的控制与管理、利润的分配内容与管理、财务报告和财务分析的基本内容等一系列的基础财务管理知识,了解茶馆经营发展到今天,已经从一个传统简单型的大碗茶售卖情况,发展到了多种经营模式共存,休闲、旅游、特色、文化等茶馆企业类型多样,甚至有了全国性、国际性连锁等新型的现代食品企业经营方式,管理上有了更综合、完善的要求。

茶是一种饮料,茶馆业传统上归并为餐饮行业,由于茶饮料本身具有的物质性和精神性特征,它的行业特点明显区别于餐馆、酒吧等,因此想要适应新的发展趋势和要求,需要在财务管理上进行准确的定位和认识,这样才有助于茶馆行业取得重大突破和科学发展。一个好的财务管理,会让茶馆经营的资金使用更科学合理,更安全,回报率更高。专业的财务经济知识内容博大精深,本章仅进行简单介绍学习。

第一节　茶馆财力资源概述

企业资源是企业竞争优势的重要来源。从20世纪80年代开始,管理学界开始从企业自身的资源及其运用来探寻企业成功的奥秘。1990年,著名学者普拉哈拉德指出了企业核心竞争力的巨大作用,核心竞争力来源于企业的各种资源及其运用。企业财力资源作为企业资源中的重要组成部分,参与其他资源形成、提升、决定着核心竞争力,财务资源配置管理是提高企业核心竞争力的关键,在企业生存、发展、竞争中的巨大作用是显而易见的。

一、茶馆财力资源与管理

（一）基本概念

1. 茶馆的财力资源

财力资源是一定时期内由一个国家或经济组织所实际掌握和支配的物质资料的货币表现。就茶馆行业而言,茶馆的财力资源是从价值形态上表现的企业经营和发展实力。主要有两个方面:一方面是茶馆所拥有的现实的财力,即企业现实拥有的资金;另一方面是茶馆拥有的获得现实财力的能力,即潜在的财力。现实财力的大小决定了茶馆经营规模的大小和发展能力的高低,是茶馆企业生存发展的基础;潜在的财力是指茶馆在一定时期内可以继续从外部融资的能力,这部分财力还没有成为企业所拥有的现实财力,但客观存在着,当企业需要转化或发展提升的时候有可能转变为现实财力。只有兼顾茶馆的财力资源管理的两个方面,才能兼顾茶馆财务管理的现状和发展。

内在因素和外在因素都对茶馆的潜在财力有着影响。内在因素主要有茶馆的偿债、盈利能力,发展定位、品牌塑造、可持续发展能力等,是其决定性的因素;外部因素主要是市场社会发展环境及相关国家政策法律环境等。现实财力和潜在财力是相互关联、互为发展的。茶馆行业的财力资源管理首先要偏重于现实财力的管理,目的在于将茶馆的现实财力投放到利润最高、发展潜力最大的投资经营方向上,通过提高茶馆的生产经营效率和盈利能力,平衡茶馆运营的资金流出流入,获得良好的经济效益和发展能力，增强茶馆的衍生财力，为企业发展做好筹划、筑牢基础。

茶馆财力资源具有流动性、时间性、收益性、风险性、被动性、变化性等几方面的特征。茶馆财力资源在茶馆企业筹建、经营过程中的重要性主要表现在：财力资源是茶馆创建、经营、发展的经济基础，是实现茶馆经营发展目标的保障，是获得人力资源和其他物质资源的基础条件。

2. 茶馆的财力资源管理

茶馆的财力资源管理是指茶馆企业根据国家的有关法律制度规定，以获得经济发展效益为目标，以企业可控资金为对象，通过预测、计划、控制、协调等手段，按照经济价值规律，组织好相应财务、经营活动，妥善处理平衡各方面经济社会关系的一项综合性管理工作。

随着社会经济向前发展，现代企业的发展要求不断变化，财务管理的内容和功能也有了新的发展和变化，企业管理会计功能也从传统会计功能中分化凸显出来。茶馆的财力资源管理具有企业财务会计管理的功能和企业管理会计的功能两部分。根据茶馆企业的内外部管理的不同需要，依据国家政策法规，需要进行财务会计核算、报表编制、利税核算上缴、财税监督管理等，要求茶馆企业及时准确提供其主要财务信息，使相关管理部门、茶馆企业本身及相关方能及时、准确地了解茶馆企业的财务状况和经营成果，以实施管理、获取信息、保障其相关方切身合法权益。同时茶馆企业内部，需要向企业各管理人员提供有关的经济信息，对内完成管理会计功能，进行投资预算、成本核算、评估风险、内部控制等工作，以便确立目标、做出决策，不断提高茶馆经营管理发展水平和经济效益。企业财务会计管理和企业管理会计，虽然在对象、内容、形式和实现目的上有所不同，但两部分功能又是相互交叉，互为作用。

（二）茶馆财力资源管理的主要内容和任务

现代茶馆企业内外控制的财务管理是茶馆经营管理的核心内容，凡涉及茶馆资金和物资流向的每一个环节，从采购、加工、销售、服务、收入、支出、资金回笼、物资流向等一系列生产经营活动，都离不开财力资源的管理。茶馆资金的供应链体系是否高效有序运转，物资支出与人员统筹安排是否科学有序，都决定着茶馆财务管理目标和经营效益目标的实现。

具体地说，茶馆财力资源管理的主要内容和任务有：

1. 广泛地开辟财源，合理筹措资金

茶馆的顺利经营是以资金的正常周转为前提条件的，因此，财力资源管理首先要开辟财源，实现现金流的平衡，从资金绝对数量上保障茶馆日常正常经营活动的需要。

2. 提高资金和物资的利用效率

在具体的财务管理工作中，应经常分析茶馆资金与物资在生产经营活动中的占用情况，查明各种不合理的资金和物资占用原因，正确组织茶馆企业的资金合理分配使用，加速资金周转，平衡资金占用，实现财力的良性循环。注意节约资金和物资支出，避免无谓的浪费，提高资金运用效率和物资使用效率。

3. 成本管理

根据实际需要，科学合理设置成本核算科目，总目标是降低成本，增加盈利，平衡收支，实现发展经营目标。分析、调整、控制生产经营过程中的人力、物力和财力消耗，核算相应成本，或者根据实际需要分块核算单一成本。分析成本高低的因素，从而寻找出不合理的生产经营费用支出。注意调整生产环节中的不合理支出，有计划地根据茶馆经营情况，提出措施，促使茶馆改善经营管理，从而达到合理降低生产费用、增加茶馆赢利的目的。

4. 收入和利润的管理

合理分配和平衡茶馆收入，正确处理茶馆企业同各方面的财务来往关系，这是财力资源管理的重要内容。其中，包括依据国家相关法律法规进行正确的利润核算；及时完成税法规定的各种税金的上缴；及时归还到期贷款、欠款等；按规定提取各种专用基金；在增加盈利的基础上实现国家、茶馆企业、企业员工的收入增长，同时，兼顾茶馆企业下一期经营发展目标的资金和物资需要。

5. 实行财务监督，维护财务纪律

茶馆财力资源管理，是一项企业经营管理信息变化和经营状况的货币化表现。实行财务监督，不仅仅是国家财务法律法规的要求，也是茶馆企业发展的内在需要。建立健全财务管理制度，维护茶馆财务自身运行纪律，加强内部财务管理控制，应贯穿于茶馆企业的日常经营管理全过程，从而及时掌握完善企业经营状况，保障经营目标的实现。

6. 进行财力资源管理分析

财力资源管理分析与基本的会计分析不同，它涉及面更广阔，内容更深入，经营状况的信息量更大。具体而言，就是在茶馆财务会计分析的数据基础上，进一步分析茶馆固定资金的利用效果，流动资金的利用和周转情况，茶馆成本控制情况，盈利及其分配情况，财务计划及执行效果，等等，以从中寻求企业没有达到发展预期的原因，分析影响因素和存在问题，归纳总结经验，提出改进措施和办法，从而提升茶馆经营水平，增强发展能力，促进茶馆企业实现可持续发展；同时可通过分析茶馆财力资源情况，根据发展实际需要，制定新的近期及远期发展目标。

（三）开展茶馆财力资源管理的意义

财力资源管理是茶馆企业创建、运营的基础，是企业管理的重要组成部分，像肌体血液贯穿于茶馆企业的每一个环节和每一个角落。财力资源管理从组织企业财务活动来看，包含了资金的筹集、资金的投放与分配、成本利润管理等内容。从外部财务关系管理来看，涉及企业与债权人、债务人、管理部门、其他相关方之间的关系；从内部财务关系管理来看，涉及茶馆内各部门之间的财务关系及企业与员工间的财务关系等。因此，茶馆要重视财力资源的优化管理，通过实施资金管理、成本控制、监督控制等功能，促进经营管理目标的实现。首先对资金筹资、预算、投资、资金使用与流动实施科学管理，保障企业资金效率与安全；同时在经营过程中，通过加强成本管理，提高员工工资效率、扩大经营、降低单位物品消耗，不断降低单位经营成本支出，充分发挥茶馆行业在社会再生产中的中介地位，连接生产者与消费者，使茶馆行业发挥其个体与社会的媒介作用，在产品推介、消费引导、文化交流、价值认同等方面，使产品的使用价值和社会文化功能，在消费中得到充分地感受及体验，由此实现产品和服务的价值和利润，并实现茶馆的社会功能价值，有效实现企业和社会目标的有机统一，是现代茶馆企业的发展方向。通过财力资源的科学管理，减少中间环节，实现库存合理化，加速流动资金使用效率，合理控制降低成本，增加资金和物资使用效率，把实现企业经营效益的最大化和社会价值目标合二为一，是有效实现茶馆经营可持续良好发展的基础推动力。

二、茶馆财力资源管理及财务部门的设置

经营茶馆是一个经营活动，直接目的是盈利，要对盈利和经营状况进行科学有效的管理，必须有相应的财务管理方法。根据不同茶馆的规模、经营方式，制定相应的管理制度，采取适宜的管理模式，设置相匹配的财务部门；同时，根据茶馆财务部门等内设部门中的人员分工，按照开展财力资源管理的信息收集需要，明确不同员工的职责和任务，实现基本财务统计管理和其他统计信息的有效结合，达到开展财力资源管理的目的。

(一)部门设置及工作的基本原则

1. 适合实际原则

财务部门的设置,应符合茶馆企业组织形式的现状。大型企业根据需要可设置独立财务部门;而理财活动相对简单的中小型企业,可以采取财务、会计、物资、采购部门多功能合一的设置模式。

2. 成本效益原则

部门的设置需要投入一定的人、财、物力,需要企业权衡利弊,只有当部门设置成本能够有利于提高管理效率、带来相匹配的收益时,财务部门的设置才合理。

3. 协调有序原则

开展财力资源管理,涉及茶馆内部员工的互动协助,也涉及信息收集的真实科学合理,要有效调动茶馆人力资源的相互配合,就需要做好内部员工的协调合作。

4. 合理保密原则

现代茶馆企业的市场竞争日趋激烈,开展财力资源管理,涉及茶馆企业多种生产经营信息的运用和分析,特别是产品配方、商业设计与策划等知识产权的内容,需要必要的保密措施,妥善保密保存。

(二)财务部门设置的重要性

茶馆企业财务部门实施的是一项综合性的资金管理活动,主要负责企业财务管理工作,承担资金筹集、编制财务预算、投资经营决策、营运资本日常管理、信用和保险、利润分配以及日常财务活动的控制、分析、评价并提出报告。在整个企业经营管理中,财务部门是茶馆经营状况信息量最集中的部门,在经营活动中具有举足轻重的地位,财务部门的科学设置和财务管理人员的合理配置,是财务管理职能实施发挥的基础保障。

(三)如何选择适度的财务管理模式及规模?

财务部门设置一般根据不同的规模、等级和内部管理的需要而制定,没有固定的模式。具体如何设置,需要依据经营规模来决定,如财务部门规模、岗位设置、财务方法、记账方法依据经营规模来决定,个体经营、中小型私营企业、较大公司、连锁店均有不同的财务管理要求。具体工作中,需要根据茶馆经营企业的现实需要,科学合理设置财务部门,来满足不同的管理要求,规模较小的茶馆甚至可以委托专业财务公司来进行管理。

1. 比较大的茶馆经营企业如何建立财务部门

比较大的茶馆经营企业服务项目较多,销售品种杂,营业收入来源多,管理的范围广，需要设置专门的财务部门来完成财务管理的工作，考虑到企业规模大，可以按职能分工在财务部下设不同的组，如：资金组、总账会计组、成本控制组、采购组等。财务部通常可以分为以下几个职能部门，如图7－1所示：

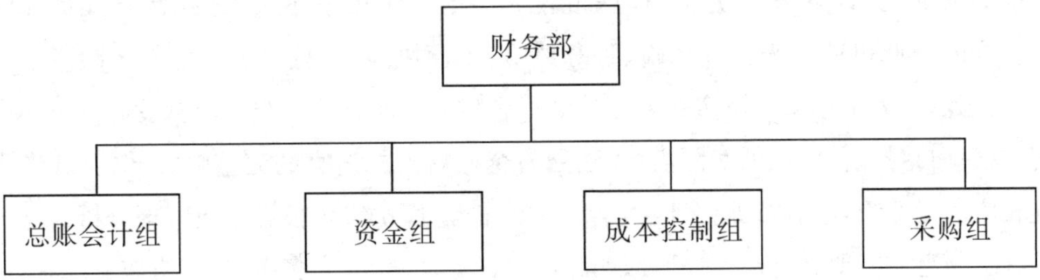

图7－1　财务部结构示意图

总账会计组：负责账务处理、预算制定、财务报告、审计、税务等工作。保证企业正常经营的同时，为企业管理层提供准确可靠的财务数据信息，为企业管理者决策管理提供保障和依据。及时核算与监督茶馆的财务状况、经营活动、经营成果和利润，为总经理及董事会提供准确可靠的会计信息。监控茶馆的运营方针，加强财务分析，考核各项指标执行情况，总结经验、发现问题、促进管理。

资金组：主要负责企业账户资金的管理，包括：与营业款收入相关的收银、出纳活动；与日常营运相关的资金支出活动，企业的融资及投资活动也可以归入该组。资金组下还需要设置收银和出纳小组，对于连锁企业，或其他经营地点多的企业，可以设置单独的收银和出纳小组。

成本控制组：主要负责各项经营成本的核算和控制，库存商品和物资的管理。包括进货成本的核算，成本预算完成情况的监督，制定成本节约的措施、库存商品结构的优化等。以此来提高茶馆物资的利用，节约费用、降低成本、增加利润。

采购组：保证茶馆所需物资及时采买、开拓优势货源供应、降低采购成本、保障采购质量。

财务部组织机构（职级）基本上是直线式的，从上至下可设立财务总监、财务部经理、主管、会计、出纳、收银员等，每个职级可以有一人或多人，在本职级中做更详细的分工，来实现对茶馆企业财务经营活动的全面性管理。同时也是开展财力资源管理，收集分类整理各类经营状况信息的核心部门。

2. 中小型茶馆经营企业如何建立财务管理制度

随着社会经济的发展，中小企业已成为国民经济的重要组成部分，一方面建立相对完善的财务制度是国家管理的要求,同时更是茶馆经营企业自身发展的需要。总体而言,现在的中小茶馆企业由于投资规模小,自有资金有限,企业经营管理水平、产品服务竞争力总体不高,都不同程度地存在着融资困难,投资能力弱,财务控制能力薄弱,会计核算不健全,证账混乱,不能兼顾短、中长期发展等经营管理问题。同时由此可能带来会计风险、税务风险、工商风险、债权风险等经营风险。

因此,作为中小型茶馆企业要充分认识到财力资源管理是企业经营发展的核心内容。根据自身经营发展的实际需要,建立与企业规模相适宜的完整财务部门,或者设立相应的专业管理岗位,如会计、出纳、收银、采购、库房等。根据收集整理分析自身经营状况信息的需要,细分管理职责,明晰岗位任务,实行一人多岗,分工协作,提高茶馆的规范化经营管理水平,增强茶馆自身的市场竞争能力。具体工作中需要注意岗位交叉,财务风险的控制授权者与执行者分工明确,执行者与审核者分工明确,同时,建设完善的内控管理运行制度,来保证茶馆企业利益最大化的实现。

3. 个体经营的茶馆如何建立财务会计制度

一方面由于个体工商户也要向国家缴纳税收,另一方面个体工商户中存在着合伙经营、出资人与经营者不一致等多种经营情况,需要通过记账来算账, 核算和分配财务成果。同时,茶馆收支等经营状况的信息变化,特别是随着茶馆经营的不断扩大,就茶馆自身的发展和管理而言, 也需要建立一定的财务会计管理制度, 以加强成本支出核算, 提高茶馆经营效益。

对个体工商户如何建立财务会计制度,国家专门出台了《个体工商户会计制度》(试行)和《个体工商户建账管理暂行办法》等规定,对个体经营户的建账要求、建账种类和记账要求等做了具体、明确的规定。大多数个体经营户没有建立完整、系统、齐全的凭证和账簿,只是为了掌握每天的经营情况记简单的"流水账",甚至有的连简单的"流水账"也没有。但茶馆经营情况复杂,库房管理取货换货,商业优惠政策变动多,特别是茶的精神性消费特征,消费者的消费需求弹性较大,长期来看粗陋传统型的茶馆经营管理方式,已不利于茶馆企业的经营管理与发展。因此,即使作为个体经营的茶馆也有必要建立简单的财务管理制度,进行登记记账、会计核算和财务控制,及时掌握了解相关经营变化信息,根据经营状况信息的记录、整理、分析,制定经营策略,寻找发展机会。

第二节　茶馆投资管理

茶馆企业投资项目前期，需进行翔实的茶馆市场调研报告、市场定位、建设方案、营销策划方案、材料、设备的档次定位、财务融资计划等，一系列前期市场调查分析，调查情况越精准细致，越有利于投资分析和决策。在项目决策过程中，依据多方案比选，选择优化方案，对项目所需投资金额进行估算，可以降低主观因素的影响，使决策减少一些随意性，多一些科学性，让投资更趋科学合理，提高投资回报效益。项目投资估算是项目建设前期，从投资决策到初步设计阶段以前的重要工作内容，是项目建议书、可行性研究报告的重要组成部分，是项目决策的重要依据之一。在茶馆投资估算的基础上，需要进一步细化估算的各项指标，对茶馆投资项目中各种支出做详尽的规划，进行深入的投资预算。

一、茶馆投资预算

（一）基本概念

1. 茶馆投资预算

投资预算是指特定的时间和空间范围内，为达到一定的目标，经济单位合理利用各种生产性与非生产性资源，以取得预期的综合效益，而做出的投放资本的预算行为。

茶馆投资预算是指为了茶馆建设投资，或今后更好地发展，获取更大的报酬而做出的资本支出计划。它是综合反映建设资金来源与运用的总预算，是将预算的支出与收入系统集中地反映出来，估算出投资方案的投资报酬，同时也是一项制订项目资金运用控制标准的项目管理工作，它涉及项目的各项具体建设内容，确定具体的资金预算。其支出主要用于茶馆建设，其收入主要是债务收入。

2. 茶馆投资预算的特点

茶馆投资预算要求对市场有准确的判断，具有资金量大、周期长、风险大、时效强，且预算对未来茶馆投资支出有导向性五方面特点。

3. 茶馆进行投资预算的重要性

茶馆投资预算的意义，在于可以使投资方案更科学和可行，减少投资风险；可以运用预算控制资本支出，检查投资方案实施后的收入和投资报酬的实现情况。

（二）投资预算的分类

（1）按投资的目的划分为扩充型项目、调整型项目、服务型项目。

（2）按关系划分为相互独立的项目、相互排斥的项目、相互关联的项目。

（3）按项目性质划分为新建项目、重建项目、扩建项目、更新改造项目。

（三）茶馆投资预算的过程

茶馆投资预算贯穿于整个建设项目投资决策过程之中，是对投资茶馆项目进行决策、计划、控制、评价的过程。大致可以分为以下几个阶段：

（1）寻求投资机会，提出投资项目。投资前期规划，即事前决策，主要解决投还是不投的问题，具体可分为机会研究、初步可行性研究、可行性研究和评估决策四个阶段。

（2）数据收集、评估并做出投资决策。投资实施管理，即事中控制主要解决如何进行投资过程控制和管理的问题，具体可分为项目实施准备阶段的管理、项目实施执行时期的管理。

（3）对已决策项目进行再评估和调整。投资事后再评估，即事后评价主要解决投资项目建成后的评价问题。

在以上步骤中，寻求投资机会这一步通常并不被大家所重视，然而这一环节也非常重要，需要有商业的直观性和敏锐性。在数据收集的过程中，仅仅着眼于现有的数据资料或是市场调查是不够的，茶馆企业投资者还需知道不同事件发生的可能性。对于茶馆不同服务产品需求上涨或下跌的可能性，通常可以借助统计分析的方法较为客观地加以测算，而其他的一些事件的概率则可能依赖于主观的估计。

在尽可能完成所有数据的收集和评估工作之后，茶馆投资者就需要做出最终的投资决策，并做出详尽的投资预算，在投资决策最终施行后，还必须对投资结果不断地进行监测，并以此为据对项目未来的运行做出调整。比如，基于第一年的结果，决策者需要对一系列事件发生的概率重新做出估计；同时，原本投资于产品甲而非产品乙的决定也必须重新评估，其结果有可能是逆转性的。

（四）投资预算的评价方法

投资预算是对企业长期资产投资所导致的现金流量的陈述，决策影响持续许多年，影响很大。预算方法有很多种，在没有考虑风险的情况下，常用的方法有：回收期法、平均会计收益率法、净现值法、内部收益率法、盈利指数法等。下面就简单介绍几种：

1. 投资回收期法(Pay Back)

投资回收期法由于计算简单,容易掌握,且考虑到了一定的投资的风险状况,所以很长时间以来被投资决策者广泛使用,目前仍是投资决策时需考虑的重要指标。从投资回收期来看,投资回收期长,投资风险就高;反之,投资风险则减少。当年现金净流量相等时,计算公式如下:

投资回收期 = 原始投资总额/年现金净流量

投资回收期法易于理解掌握,计算简单,得出结论简单直观;但其标准确定主观性较大,只考虑回收投资的年限,没有评估资金的时间价值、项目获利能力及项目寿命周期的盈利水平,通常只在项目初选时使用。

2. 会计收益率法(Accounting Rate of Return)

会计收益率是指项目的原始投资所获得的年平均净收益率。会计收益率法就是将投资项目的会计收益率与该项项目投资的资金成本做比较,评估可否投资,从多方案中选择会计收益率大的投资方案的投资决策方法。会计收益率法由于计算简便,运用范围广,易于为决策人员掌握,是一种广泛使用的投资评价方法。会计收益率的计算公式如下:

$$会计收益率 = \frac{年平均净收益}{原始投资额}$$

会计收益率法由于计算中容易取得财务报告的数据,考虑了整个项目寿命期的全部利润,计算及判断使用简单,是一种衡量企业盈利性的简单方法;但该方法是一种非贴现评价方法,未考虑现金流入的时间先后、资金的时间价值,这些都影响着决策的准确性,常在项目评估过程中的初步评估时使用。它通常用于资金少、追求较快回收投资和管理水平较低的企业。

3. 净现值法(Net Present Value,简称 NPV)

净现值是一项投资所产生的未来现金流的折现值与项目投资成本之间的差值。净现值法就是按净现值大小来评价方案优劣的一种方法。净现值大于零则方案可行,且净现值越大,方案越优,投资效益越好。计算公式如下:

$$\mathrm{NPV} = \sum_{t=1}^{n} \frac{NCFt}{(1+\mathrm{i})^t} - I_0$$

$$\mathrm{NPV} > 0 \text{ 可行}$$

$$\mathrm{NPV} < 0 \text{ 不可行}$$

净现值法的计算较麻烦,相较复杂一些,但该方法由于考虑了资金时间价值,增强了投资经济性的评价；考虑了项目计算期全部的现金流量，体现了流动性与收益性的统一；考虑了投资风险性，风险大则采用高折现率，风险小则采用低折现率。但是，净现金流量的测量和折现率较难确定，不能从动态角度直接反映投资项目的实际收益水平；项目投资额不等时，无法准确判断方案的优劣。如果投资项目存在不同阶段有不同的风险时，最好分阶段采用不同折现率进行折现。不过总的说来，净现值法是一种相较科学的投资方案评价方法。

4. 三种方法的简单比较

尽管每种方法都有自身的特点，比如回收期法，计算比较简单，也比较容易理解，但是没有考虑货币时间价值，也忽视了回收后的效益。平均会计收益率法计算简单，数据易得，但也仅仅考虑了本期的收益，没有考虑折旧回收等流入，也没有考虑货币时间价值，等等。从理财学的角度来看，它们都不如净现值法，从而也注定了它们的辅助地位。

二、茶馆投资效益分析

（一）基本概念

投资效益是指投资活动所取得的成果与所占用或消耗的投资之间的对比关系。无论是对投资的宏观调控，还是每一个具体投资项目管理，都要重视提高投资效益。

投资的财务效益，是指投资项目的投入与产出相比较，能否获得预期的盈利，是从投资者的角度衡量投资活动是否值得。

（二）投资效益的评价指标

投资效益指标是投资经济活动成效的数量表现，是考核、比较和分析项目投入和产出对比关系的工具。静态评价指标主要包括投资回收期和投资收益率。由于静态评价指标对方案进行评价时没有考虑资金的时间价值，因而主要适用于对方案的粗率评价、机会鉴别、初步可行性研究。动态评价指标主要有净现值、内部收益率、动态投资回收期，与静态评价指标相比，动态评价指标考虑了时间价值。

（三）茶馆投资效益估算

投资风险无处不在，茶馆投资效益估算是为决策而进行的，决策的理想方案是以最小的风险而获得最大的收益；然而这种理想方案实际上是不存在的，通常风险和收益紧密相连。

在茶馆开业之前，应对店内的硬件设备投资及所需资金量、建设装潢时间、日常流动资金量及筹集方式、各项茶叶的利润和经营费用等诸多事项加以详尽地了解掌握。只有在充分调查论证评估下，充分考虑投资资金的筹措、投资资金的投入支出、投资资金的运转等情况进行分块详细的预算，才能增加茶馆企业投资的成功率。

在茶馆企业的筹备运营初期，需要投入基础设施、经营设施、经营物资、经营费用等，需要较大的资金量。投资者需要从财务角度认真地分析论证。

1. 基础设施部分

该部分主要包括茶馆馆舍、工作设备、环境设备。购置时注意控制预算。

(1)茶馆馆舍。馆舍投资包含经营场所(自建或租入)、装修装潢、茶叶陈列架、品茶桌椅、招牌等的投入。经营场所的取得是茶馆企业经营投资一个重大的投入，可以通过租赁场馆，也可以是固定资产投资。基础设施部分投资时要充分考虑是否与项目本身贴合，茶馆馆舍的地理位置、方位、楼房环境、装修、陈列风格等均要针对目标客户群进行充分的评估，以消费者的角度来考虑分析投资需要，包括目标客户群的消费心理的满足、消费行为的要求等问题，甚至是否有停车位等相关因素都要充分考虑其中，这些都有可能影响到投资资金的支出和未来效益的可能性。

(2)工作设备。购置工作设备时，根据营业范围的不同，选择不同的加工、制作、冲泡设备，如电动磨豆机、消毒柜、榨汁机、微波炉、烤面包机、续杯机、茶馆冲泡器具、茶艺表演器具等。对工作设备投资时，首先要从工作需求和工作设备的性价比来考虑，需兼备方便适用和文化特征特色等方面，注意对估算预测工作设备生产能力与未来营业量的合理匹配。

(3)环境设备。环境设备包括空调、影像、音响、灯光、植物、图片等装饰陈设。在环节设备的投资上，投资者根据目标客户群消费需要，来确定环境风格，从声、光、色、形的搭配协调，到与茶品的味、感等人体感知配合，来构建舒适的茶馆精神文化消费空间，预算投资时要注意平衡投资和经营回报关系。

2. 经营设施部分

经营设施部分主要包括电话、电脑、收银机等用于茶馆经营管理的设备。

3. 经营物资部分

经营物资部分主要包括相关茶叶产品、茶食品、茶饮料、茶器具等用于经营销售、服务的商品。经营物资是成本核算的主要构成之一，茶馆投资运营初期，可少量多次进行物资采购，避免物资闲置，保障资金流动，不适销对路时才能尽快转换经营策略。

4. 经营费用部分

经营费用部分主要包括人事费用、设备费用、维持费用、广告宣传费、相关税收等。

(1)人事费用。如工资、加班费、福利金等。

(2)设备费用。如装潢、经营设备折旧、租金、保险费等。

(3)维持费用。如水电费、消耗品费、事务费、工杂费等。

(4)广告宣传费、修理修缮维修费等。

(5)相关税收。

经营费用也是成本核算的一个重要部分。茶馆投资运营初期,做好成本的合理预算和控制,及时发现问题,纠正偏差,实现经营目标,避免造成投资成本回收期的延长。

三、投资预算与效益分析方法的适用

并不是每个茶馆投资时都需要进行很详尽的市场调研、市场定位、建设方案、营销策划方案、财务融资计划、预计成本收益估算等,在实际应用中,根据预期投资规模、相应的做投资预算和效益分析的能力和必要性来选择适当的方法。避免进行不符合客观条件的投资预算与分析。如果投资资金量大,风险就大,需要较完备全面地进行投资预算和效益分析来投资决策。如果投资能力小,完备全面地进行投资预算和效益分析就过于耗时耗财,意义不大,相较就可以简化一些,只需进行必要的市场调查定位、资金预算、成本效益分析等。

四、茶馆投资资金筹备与运用

(一)投资资金筹备

筹资是其进行一系列活动的先决条件,在决定投资茶馆时,对投资茶馆的资金筹措及运用,有详细的规划是很重要的一个方面。能投资的资金量也决定着具体的茶馆投资情况。在资金筹备方面,如果有足够的资金,可以独资经营;若资金不足,可寻求投资合作伙伴,向银行贷款,寻求风险投资资金等其他筹资方式。在此,要注意筹集合理适量的资金数量,使按计划规模计算的筹建费用、经营活动所需的资金数量与能筹到的资金数量这三者之间保持平衡,如果缺口过大,应进行及时调整,可采取压缩规模或增加筹资来解决。

资金筹集的合理原则有两点:一是确定合理的资金需求量;二是确定资金的合理结构。

（二）资金运用计划

在筹备了足够的资金后，首先要有详细的资金运用计划书，资金运用计划书可能随着具体的建设实施计划的变化而发生变动；但资金运用的数值是茶馆投资计划实施上的目标数值，因此在实际筹建时，应努力按目标实施，避免计划与实际差距太大，影响资金的使用效率，对于筹建中各项难以预测的突发事件，在计划之初，也要考虑到可能的变化情况，制定必要的应对措施。

资金运用计划大致可分成收支计划、利益分配计划和资金计划三部分。其中值得注意的是，茶馆投资初期可能需要大量的资金，而在茶馆营运开始后，茶馆企业收支的情况对资金的运用也有很大的关系，因而对于经营环境、行业动向、资金计划和公司的经营能力等，在拟定收支、资金计划书时要全面、慎重。此外，还要充分考虑到茶馆投资后的中、长期计划，注意项目投资资金运作的整体性。

1. 收支计划

（1）营业额估算。对于开店之后第一个年度的营业额，可依照市场调查、茶馆位置条件、经营能力与同业之比较而加以估算，第二年以后则可根据宏观经济情况和居民的消费支出情况，社会消费趋势情况，上年度茶品消费者反馈信息，结合茶馆经营年度增长情况予以估算。若中途有改扩建计划时，在对营业额的估算时要将其考虑在内。

（2）经营支出计算。依据经营的需要，费用支出可分为变动费用和固定费用。变动费用是依照营业额的高低比例来确定的，比如营业税等。固定费用则包括人事费用、水电费和各项管理费等，固定费用内也有部分与营业额高低相关联的费用；对于固定资产折旧的提取和开办费用的摊销，也应计入经营费用。

2. 利益分配计划

公司的利益分配，除了缴纳各项税收外，可以依照有关财务规定提取公积金，作为茶馆发展预备资金，或是作为红利分配给股东。

3. 资金计划

资金计划可以分为资金使用计划和资金调配计划。

（1）资金使用计划。资金使用计划包括开店前的计划及开店后的计划，开店前资金使用计划包括茶馆馆舍费用、装潢费用、设备投资、茶叶费用及加盟资金等。茶馆投资后的资金使用计划则包括经营运转费用、茶叶周转费、维修费用、宣传策划费用等，针对各项费用使用的必需时期、金额、内容等来做翔实的资金的使用计划。

(2)资金调配计划。资金调配计划也包括营业前计划和营业后计划。营业前调配计划是根据营业前资金的使用需要而准备的,通过合理调配可以控制投资成本。调配计划是根据茶馆营业活动的实际情况,使茶馆在扣除经营费用、折旧等费用后的剩余资金得到合理运用。

五、提高茶馆投资效益的途径

投资效益管理必须贯穿投资全过程的各个阶段和环节,也就是说,投资的宏观调控的各个方面都要注重提高投资效益。

(一)完善茶馆投资决策,提高科学决策水平

正确的投资决策是提高投资效益的首要前提。投资效益的无论大小,首先取决于经济发展战略与国民经济和社会发展计划对投资规模、结构和布局等的宏观决策的影响,还取决于具体茶馆投资项目的确定及其进度和相互配合等微观决策。要想茶馆投资决策成功,就要充分考虑到国家及投资目标城市,经济和社会发展宏观方向对经营的影响因素;同时制定正确的投资方向,优化投资结构,合理安排投资地区布局;选好投资目标,重视项目内部、外部的配套建设和同步建设。

(二)茶馆投资规模适度性与投资结构合理性相结合

合理确定茶馆投资规模是提高投资效益的基础。投资规模过大或过小,都不利于提高投资效益。投资结构不同,投资效果也会不一样,茶馆产品组成结构也同样影响茶馆盈利水平。所以,要通过对投资能力、投资结构、消费增长、盈利水平、商品搭配等的分析和调整,保持需求与供给、收入与支出的动态平衡,促进茶馆经营的持续快速健康发展。此外,还要正确处理投资规模与投资结构的关系,使两者更好地结合起来,达到最佳投资效益。

(三)细化项目全过程的管理

在建立健全茶馆经营管理制度、优化经营管理环境、完善投资跟踪问效和提高经营管理运作水平的基础上,加强投资具体项目的效率效益分析,查找存在的问题,及时优化改进管理,加强投资项目的全过程管理,确保投资效益目标的实现。

(四)提高服务水平

服务水平的进步和服务质量的提升,对于提高茶馆企业投资效益具有重要的特殊意义。在投资项目中,采用先进的服务理念,围绕消费者需求,提高服务质量,是茶馆经营竞争能力的体现。如改善茶产品的经营特色不足、改进经营者的服务管理理念、

降低经营支出成本、完善员工服务标准等，改善服务水平和服务质量，提高服务能力，从而大幅度地增强茶馆企业的盈利能力。

第三节　茶馆资产管理

茶馆企业特有的食品行业和文化休闲行业跨界性，决定了资产体系杂、繁、多、众的特性。大到机械机器设备、茶台、茶席等摆设，小到毛巾，茶具中的杯、碟、碗、盖，茶宠等众多细小杂碎用具，还有茶叶、茶食品、茶具等众多经营产品，种类繁杂，品种众多，尤其是规模化、多元化的茶馆企业还涉及茶餐饮、茶艺表演等多种经营服务方式，涉及更多的器具物资。资产管理是茶馆经营管理中普遍存在的薄弱环节，不同程度存在资产流失、保养不及时、毁损严重、管理不到位、责任不明确等问题。资产是茶馆企业营运必须具备的基本要素。资产的安全、完整、齐备、完美是对消费者服务、创造效益的基础物质保障条件。本节结合茶馆企业资产特点和自身管理模式，对资产管理作简要阐述。

一、基本概念

（一）资产

资产是指企业过去的交易或事项形成的，由企业拥有或控制的，预期会给企业带来经济利益的资源，是能以货币计量的经济资源，包括各种财产、债权和其他权利。

（二）资产的分类

资产按其流动性可分为流动资产和非流动资产。

按实物形态的可触性和可视性可分为有形资产和无形资产。

（三）茶馆资产管理的重要性

资产是茶馆经营的必备要素，资产管理是为了保障茶馆资产的安全有效，提高资产的使用效率，资产管理是从资产的形成（购置）到资产的运营全过程的管理，不仅仅是其中的某个环节，其重要性表现在通过实现资产有效管理，降低运营成本，提升经济效益，解决资产管理不规范，资产利用率低等问题。

资产形成阶段是一个决策过程，此时进行全面评估，则可避免盲目购置，减少资产闲置,或与茶馆经营实际需求不匹配,造成成本浪费。资产到位后,通过资产管理,可以有效地将多余闲置的资产合理化分流,促进资产整合、调剂和共享,提高资产使用效益。同时,资产的退出要有完善规范的报损制度,降低随意性。

二、茶馆流动资产管理

(一)茶馆流动资产的特点及内容

1. 茶馆流动资产

茶馆流动资产是指可以在一年内或者超过一年的一个营业周期内变现或者可以运用的资产,是茶馆资产中必不可少的组成部分。

2. 流动资产的特点

流动资产形态变化多样,在茶馆经营各环节中不断循环周转,从总体上具有使用周期短、变现能力强、形态多样化、波动性强几方面的特点。

3. 茶馆流动资产的组成

茶馆流动资产主要包括相关的现金、各项存款、应收账款、预付款、存货等。

(二)茶馆流动资产管理的要求

1. 茶馆流动资产管理的意义

(1)茶馆流动资产管理的一个重要内容,是要加速流动资金的利用效率,保障茶馆的顺利经营。只有流动资金顺畅周转,茶馆经营活动需要的资金才能得到满足,才能顺利进行各项经营活动。比如茶馆流动资产中存货的管理问题一直是管理中的一个难点所在。存货包括各类茶叶原料、茶商品、茶食品、包装物、低值易耗品、加工材料等,存货具有较大的流动性,且占用分布于各经营环节,存货的运转情况将直接影响企业的流动比率,若在这些环节占用过量资金,则有可能对茶馆营业带来极大的困难。

(2)加强茶馆流动资金管理有利于提高经营管理水平。茶馆经营过程中涉及的不断采购、销售、服务或重置等经营环节,经营管理的问题会在流动资金运转上显现出来。以茶馆存货周转为例,存货周转速度越快,存货的占用越低,流动性就越强,存货转换为现金或应收账款的速度越快,存货管理的业绩就好,也就显示出良好的短期偿债能力和盈利能力。

(3)加强茶馆流动资金管理、加速资金周转,可以降低资金积压,减少资金贷款需求,降低成本,从而提高茶馆经济效益。

2. 流动资产管理的要求

流动资产的内容包括货币资金、短期投资、应收票据、应收账款和存货等。由于各项目的特点不同，应根据各自不同的要求，分别进行审查管理。具体内容如下：

(1)认真分析，正确预测流动资产的需要量。

(2)合理配置，及时供应所需的流动资产。

(3)做好日常管理工作，尽量控制流动资产的占用量，保持最优资产结构，正确处理盈利和风险的关系。

(4)提高资金使用效益，加速流动资金的周转，提高其使用效果。

可通过一些指标来衡量流动资产管理的情况。如流动资产周转率指一定时期内流动资产平均占用额完成产品销售额的周转次数，是主营业务收入净额与全部流动资产的平均余额的比值，反映流动资产周转速度和流动资产利用效率。

三、茶馆固定资产的管理

(一)茶馆固定资产的内容和特点

1. 茶馆固定资产

茶馆固定资产是指为生产商品、提供服务、出租或经营管理而持有，使用期限超过一年，单位价值在规定标准以上，并且在使用过程中保持原有物质形态的劳动资料，如场馆、设备、器具、工具等。不属于生产经营主要设备的物品，单位价值在 2000 元以上，并且使用年限超过两年的，也应当作为固定资产。

2. 茶馆固定资产特点

(1)茶馆固定资产的循环周期比较长，其周期取决于其使用年限。

(2)固定资产的价值补偿和实物更新是分别进行的。

(3)固定资产不构成产品实体。

(4)固定资产是一次性投资，其损耗和补偿是分次逐步回收的。

(5)固定资产的投资效益评估要特别注意考虑资金的时间价值，因其购置属于长期投资而引起的特点。

3. 茶馆固定资产的分类

茶馆固定资产主要包括产权属于本企业所有的房屋和建筑物、经营设备、专用设备、文物和陈列品、桌椅等固定资产。

(二)茶馆固定资产的管理要求

茶馆固定资产管理主要要求是正确确定固定资产的价值；加强固定资产的实物管

理;实现固定资产的保值和增值。

1. 固定资产计价

为了便于管理,固定资产要同时使用实物指标和价值指标,固定资产计价的正确与否,不仅关系到固定资产的管理和核算,而且也关系到企业的收入与费用是否配比,经营成果的核算是否真实。以下三种计价方法各有不同用途,原始价值便于分析投资效益;重置完全价值有利于在统一价格基础上反映固定资产的动态,有助于考察不同时期茶馆资产装备水平;净值方便反映了固定资产的新旧程度,便于固定资产的管理更新。

(1)原始价值。原始价值也称历史成本或原始成本,是指茶馆为取得某项固定资产所支付的全部价款以及使固定资产达到预期工作状态前所发生的一切合理和必要的支出。采用原始价值计价的主要优点在于原始价值具有客观性和可验证性。同时,原始价值可以如实反映企业的固定资产投资规模,是企业计提折旧的依据。因此,原始价值是固定资产的基本计价标准,我国对固定资产的计价采用这种计价方法。

固定资产的原始价值登记入账后,除特殊情况外,企业不得任意变动、调整固定资产的账面价值。

(2)重置完全价值。重置完全价值也称现时重置成本,是指在当前的生产技术条件下重新购置同样的固定资产所需要的全部支出。重置完全价值的特点是可以比较真实地反映固定资产的现时价值,但也会带来一系列复杂的问题,会计实务操作也较为复杂,因此,不宜作为普遍的计价基础。由于接受捐赠或盘盈的固定资产无法确定原值,可以重置完全价值。如茶馆企业购入旧的固定资产或发生盘盈固定资产时,无法确定其原始价值,可以采用重置完全价值计价。

(3)净值。净值也称为折余价值,是指固定资产原始价值或重置完全价值减去累计已提折旧后的净额。净值是固定资产现有的账面价值,反映了实际占用在固定资产上的资金数额和固定资产的新旧程度。

2. 固定资产的折旧

固定资产在生产经营过程中损耗的价值是生产经营成本的重要组成部分,应按期把这部分损耗的价值计入茶馆经营成本。固定资产折旧指一定时期内为弥补固定资产损耗,按照规定的固定资产折旧率提取的固定资产折旧,或按国民经济核算统一规定的折旧率虚拟计算的固定资产折旧,它反映了固定资产在当期生产中的转移价值。

3. 固定资产的日常管理

由于固定资产具有价值高、使用周期长、使用地点分散、管理难度大等特点,给固定资产日常管理带来困难,实际工作中资产管理部门、使用部门和财务部门相互配合,形成管理制度来进行管理。要特别注意资产管理中账、卡、物不符,资产不明,设备不清,闲置浪费、虚增资产和资产流失问题。

(1)建立健全固定资产的各项基础工作,编制固定资产目录,建立健全档案,以便全面掌握固定资产基本情况。

(2)固定资产集中管理,分部门负责,按固定资产的类别,分别由使用部门具体负责管理,落实到人。

(3)对新增固定资产的管理,要进行采购前分析控制,避免固定资产闲置,购买后则及时验收登记管理。

(4)固定资产减少的管理:对于调拨出其他部门的物资要及时移交变更;对于报废固定资产要查明原因,要按规定审评核实,防止差错。

(5)固定资产的定期清查盘点,清查要彻底,做到账卡物相符,同时除了注意清查固定资产的数量外,还要注意清查固定资产的使用和维护情况,全面掌握固定资产实际情况。

我们可通过一些指标来衡量固定资产的管理情况。如对固定资产资金利用效率进行定量定性分析评价;如茶馆固定资金利润率,是指经营利润总额对茶馆企业全部固定资金平均占用额的比率,又称资产报酬率。通过该指标的测算可发现固定资金使用中存在的问题,以便拟定改进资金管理的措施,来促进茶馆生产经营管理水平和效益。

四、茶馆的无形资产

(一)茶馆无形资产的内容和特点

1. 茶馆无形资产

茶馆无形资产是指企业长期使用并能带来经济利益但没有实物形态的资产。它通常代表企业所拥有的一种法定权利或优先权,或为企业所拥有的高于一般水平的获利能力。

2. 茶馆无形资产的特点

(1)非实体性。即无物质实体,这是无形资产最基本的特点。但无形资产的存在要依赖于一定的物质实体。例如发明专利往往要通过配方、工艺流程来实现。一方面,无形资产表现为人们感官状态不可触摸;另一方面,在使用过程中没有有形损耗,报废时也无残值。

(2)独占性。无形资产仅仅与特定经济主体有关,并受到法律、制度、合同保护,禁止非所有者取得。有些无形资产不能与企业整体分离,除非整个企业产权转让,否则别人无法获得,如商业信誉。

(3)不确定性。一方面,无形资产的有效期易受技术进步和市场变化的影响,使其很难准确评估;另一方面,由于受宏观外部因素影响,有效期不稳定,可以在多个经营周期为企业产生效益。

(4)共享性。是指无形资产有偿转让后,可以由几个主体同时所有,而固定资产和流动资产不可能同时在两个或两个以上的企业中使用。例如,商标权受让茶馆可以使用,同时出让茶馆也可以使用。

(5)高效性。无形资产经营恰当,能给茶馆提供远远高于其成本的经济效益。茶馆无形资产越丰富,则其获利能力越强,市场竞争力也就越强。

3. 茶馆无形资产的分类

茶馆企业的无形资产主要包括:土地使用权、商标权、专利权、非专利技术、著作权、独创的独特性茶艺表演等,是指茶馆企业拥有或者实际控制的没有实物形态的可辨认非货币性资产。

(二)茶馆无形资产的管理要求

无形资产属脑力劳动创造的知识产权,具有流动性,并且有效期较长,无形资产虽没有物质实体,但未来收益较大。随着高新技术的迅猛发展,现代茶馆企业对于无形资产在国民经济、社会发展、科技进步和企业竞争中的作用地位要有进一步的认识,要重视茶馆无形资产的管理,关注创新茶馆自有知识产权。

无形资产管理是对企业无形资产的形成、积累、评估、管理、使用和创新整个过程的控制和管理。根据茶馆企业自身的文化传统、技术水平、管理经验、核心业务和科技实力以及本地资源、市场、生产条件等培育开发独具特色的无形资产,把无形资产的管理列入企业的财务管理范畴,对企业内价值高的无形资产进行集中、分类、管理,通过市场或非市场途径传播,使之得到消费者的理解、认同和支持,并关注其价值的变化,适时注册进行保护。

由于无形资产本身的隐蔽性、非独立性等特点,很容易让人忽视无形资产的存在,特别是茶馆应对无形资产更为重视,宣传茶馆无形资产的价值,会极大地促进市场对企业业绩与潜力的认同,不但企业商标、专利权、专有技术等是企业有价值的无形资产,稳定的营销渠道、独特的茶艺茶道、企业所处的地理位置、与债权债务人的合作关系都可能形成企业有价值的无形资产，都有可能成为茶馆企业的隐形竞争力。

五、茶馆资金的循环

茶馆资金的循环过程是指资金从被占用到以货币形式被重新回收的循环过程。良好的茶馆经营是建立在茶馆资金良好的循环运动上的。总体上来说，茶馆的资金循环分为以下几个步骤：

(1)资金筹集，取得货币形式的资金，如现金、银行存款等。

(2)资金的投入及使用，货币形态的资金转换为实物形态的资金，如固定资产、流动资产等。

(3)在对客服务等日常业务营运中，实物消耗后转换为货币资金回收。

(4)回收资金的再分配，经营回收后的资金用于补充营运费用消耗，保障茶馆正常运营资金；用于税收缴交；用于支付投资者报酬等。

如图 7－2 所示：

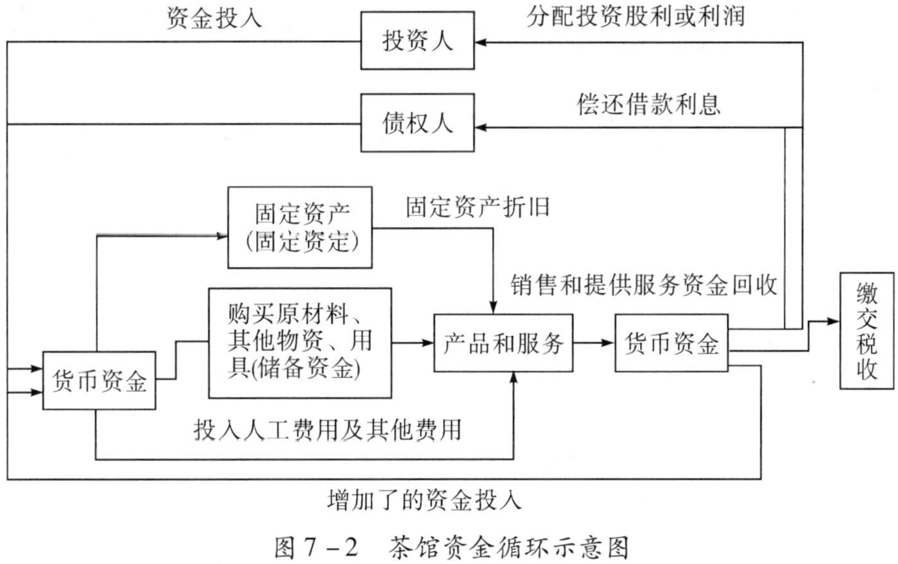

图 7－2　茶馆资金循环示意图

下面具体就一个茶馆开业经营的资金运动做具体的分析，如表 5－1 所示：某市李某准备筹集 500 万元资金经营茶馆，投资人投入资金 300 万元，同时向银行长期贷款 200 万元，此时该茶馆拥有货币资金 500 万元，茶馆为了开业购置了固定资产和原材料，分别形成固定资金和储备资金，此时资金合计为 500 万元。茶馆开业经营后，资金支付茶馆员工工资、银行利息，计提固定资产折旧，发生了原材料消耗，发生了资金耗费 66 万元，同时也形成了产品和服务，此时资金合计为 434 万元。接着茶馆通过产品及服务，一个周期取得现金销售服务收入 110 万元，增加了货币资金，此时茶馆资金合计为 544 万元。最后茶馆根据当期盈利向国家缴交税收 2 万元，向投资者支付股利 4 万元，此时茶馆拥有资金为 538 万元，比较开业时投入 500 万元，可视作产生收益 38 万元。此资金将参与到下一个营业周期循环经营。

因此，茶馆经营的资金运动贯穿于茶馆经营的每个角落，对于茶馆的资金的管理关系到茶馆经营的状态，通过对资金运动的管理，从中分析发现经营管理中的经验及存在问题，提高茶馆经营管理水平是非常必要的。

表 7－1　茶馆资金的运动实例解析（单位：万元）

资金运动环节	筹集资金		资金投入		资金耗费		资金增加		资金分配	
茶馆经营业务过程	投资人投入	300	购买固定资产	120	茶馆员工工资	20	提供产品及服务收入	110	缴交税收	2
	银行贷款	200	购买材料物资	50	原材料消耗	14			分配利润	4
					固定资产折旧	12				
					利息支付	20				
合计	500		170		66		110		6	
茶馆资金运动状态：货币资金	500		330		290		400		394	
茶馆资金运动状态：固定资金	0		120		108		108		108	
茶馆资金运动状态：储备资金	0		50		36		36		36	
资金期末余额	500		500		434		544		538	

第四节　茶馆成本与利润管理

通过对茶馆成本的管理,来提升企业竞争能力,是茶馆生存与发展的基础与保障。在目前市场供大于求的激烈竞争中,不断调整企业的销售服务策略,管理收入支出,控制成本费用,稳定保持合理利润,增强竞争优势,从而实现茶馆经营企业的良性发展。

一、茶馆成本及管理

(一)茶馆成本

茶馆是为公众提供茶叶、茶水、茶艺表演、茶餐等综合销售与服务的商贸机构。成本是指企业在一定时期内为了生产和销售一定数量的产品所支出的费用,也称为总成本。茶馆企业的成本费用总的分为经营支出和期间费用两部分。在经营过程中发生各种耗费,为了便于核算和管理,将其直接支出部分列为生产营业成本,如茶叶的成本、食品的成本、商品进价的成本等。将其他非资本性支出所发生的耗费列为期间费用,即在一定期间所发生的不能直接归属于某个特定的产品成本的费用,如营业费用、人工费用、管理费用和财务费用等。

(二)茶馆成本管理的意义

在市场经济条件下,成本管理是企业核心竞争力的基石。当前茶馆经营竞争激烈,场地、人工等成本逐年递增,企业盈利能力面临着极大考验。茶馆的成本管理是通过对茶馆企业生产服务经营过程中的产品成本和所发生的费用进行计划、组织、核算、控制等过程,目的在于降低生产服务成本,增大利润空间,加快资金积累,增加茶馆盈利,从而完善企业管理,提高茶馆经营管理水平,增加经济效益。

茶馆产品服务成本是反映茶馆经营管理水平的综合指标之一,茶馆的运营的各个方面都能通过产品服务成本反映出来,通过对产品服务成本的分析,能够找出经营管理环节中的优势服务产品和薄弱环节,扬长避短,能为改善经营管理指明方向。成本分析既是总结成本管理的前一个阶段的工作,这个环节是为了找出成本的优势和劣势,同时也是下一阶段成本管理的开始,通过分析来指导制定下一期间成本计划的依据和基础,是茶馆企业总结过去,规划未来的重要指标。

(三)茶馆成本的管理

茶馆成本的管理控制就是在产品成本形成过程中,通过经常的监督核算,及时控制不合理的偏差,使得各种成本费用消耗控制在成本计划和预期规定范围内,并对不合理的成本控制进行及时的调整。

按照成本与经营业务量的关系来划分,茶馆成本可以为固定成本、变动成本和混合成本三部分。固定成本主要是指在一定期间内,其成本总额不随业务量的增减而变动的成本,也就是说即使业务量为零也必须支付的成本。一般包括场地租用费、固定资产折旧、员工工资等。变动成本是指其总额随着业务量变化而变化,主要指茶馆的各种直接支出,如销售的茶产品成本、食品成本、洗涤费用等。混合成本是指其成本总额中既有固定成本又有变动成本的部分,如电话费用、汽车费用等。如果茶馆在营业量大时雇用临时工人的工资则不完全属于固定成本,而属于混合成本。

茶馆成本和费用的大小受经营管理的影响很大,管理容易产生漏洞,通过对成本的划分,能够更好地来规划茶馆的经营管理,提高茶馆的经济收益。怎样做好成本管理,这是茶馆管理经营者应不断思索的问题。下面具体就茶馆经营管理的一些环节来阐述茶馆成本管理。

1. 茶馆采购环节的控制

良好的采购控制,应包括采购的标准及相关制度。采购环节首先要注意以合理的价格、适当的时间、安全可靠的货源,按照规定标准和预算数量采购茶馆销售服务所需的各种茶原料及产品、各种相应食品、物资等,从而保障茶馆经营服务的顺利进行。采购环节控制要注意采购数量、采购标准、采购价格与茶馆需要、资金情况、仓储情况、市场需要相结合,兼顾顾客需要品质与茶馆效益。强化各项预算定额和费用标准的约束力,使各种耗费得到预先控制,促进管理的规范化,使各项材料采购有章可循、有据可依,避免成本开支的盲目性、随意性,提高资金使用效率和经济效益。

2. 验收与存货环节的控制

验收是茶馆进货采购后,材料产品入库前必需的关键步骤,包括验收和收货入库两个关键环节,要根据订货单和入库单检查验收物资数量、质量、价格后,按时入库或者直接发放到所需部门。

3. 储存与发料环节的控制

茶馆经营需要茶原料及产品、食品原料及其他存货。首先是食品,与其他生产物资不同,要特别注意采购时的数量的合理性,注意入库出库与物资生产加工保质期的关系，在保管过程中要根据材料的不同属性进行管理。如茶叶的保管储存有特殊要求，茶叶是容易吸附异味的产品，根据不同茶叶种类有不同的储存要求。再如食品中如果涉及鲜果等，则应根据产品经营情况调整数量，及时送达物资使用部门妥善保管使用。

存货发放是茶馆存货的出口，可根据物资情况直接发给使用部门，也可以经过仓库存放后由使用部门领用。发料环节的控制要注意程序上严格按照审批的原料领用单领用，要注意管理过程中的漏洞，避免物资损失。数量上既要满足茶馆经营使用需要，又要有效控制发料的数量，时间上要设定一定的周期和次数，避免全天无时间限制领用，这样能够促使使用部门做出相对完善的用料计划，有利于提高茶馆物资的整体计划水平。

同时注意物资的及时清理、淘汰、报废，做到采购管理、验收入库、仓储发放等程序环环相扣，减少浪费，降低存货成本，从而提高成本的管理水平。

4. 生产环节的控制

茶馆的生产与服务环节往往是连为一体的，茶叶原料、食品原料的加工泡制、使用服务，对茶馆食品、茶服务产品的成本高低有直接的关系。在这些环节如不加以控制，浪费原料的现象便往往非常突出，会导致产品服务成本增加，且影响服务质量，比如泡制一壶普洱茶的用量跟该茶的品性、泡制技术有很大的关系，要熟悉该种茶叶的冲泡最佳效果用茶量及泡制技术。因此，在生产环节要注意产品原料的使用方法及操作的熟练性，产品原料使用的标准量等，避免出现差错，减少浪费，提高服务品质。

5. 销售服务环节的控制

销售服务的目标是向消费者提供所需产品和服务，茶馆企业生产服务内容繁杂，成本投入点多面广，这就要求在日常销售服务工作中采取精细化管理手段，合理安排生产服务的衔接，通过使用现代化管理服务设备，对销售服务环节进行管理，提高生产服务效率，严格成本过程控制，减少无效投入，从而保障茶馆的产品、服务能够产生良好收入回报。

6. 人工成本的管理控制

人工成本是指茶馆向员工支付的劳动报酬，包括工资、津贴、奖金、福利等。通过科学设置合理的员工数量，形成良好的协作，来控制经营机构保持合理的人员数量。同时设置科学的薪酬体系，来激励不同管理、工作岗位的员工工作的高效性、积极性和创造性。特别要注意避免人员数量过多，反而整体绩效下降管理状况。

7. 能源及其他费用的管理控制

茶馆的能源费主要包含水电、燃料等能源耗费,其他费用包括行政管理费用、市场销售费用、维修保养费用等。这些费用的弹性较大,很多细节看起来不起眼,但如果管理不善,浪费增加,成本也就随之增加,所以在茶馆成本控制过程中,应注意精细化管理,开源节流,创造更多的效益。要注意严格控制和压缩会议费、招待费、差旅费等非生产性支出,杜绝铺张浪费,降低运营成本。

(四)茶馆成本管理控制应注意避免的误区

茶馆是一个以实现企业经济效益最大化的社会经济组织,现代茶馆企业既有其个体盈利性为目的目标性追求,也有其社会功能性为方向的社会价值体现。在各种类型的社会组织形态中,经济组织的盈利性与社会价值的功能性,是一对矛盾的有机体。这就要求茶馆企业在成本控制时,既要考虑内部盈利目标的实现,又要兼顾社会文化环境、消费者消费需求等外部社会性变化问题。特别是饮茶行为的精神性需求特征,更需要茶馆经营者,关注分析消费者个体和社会群体消费行为的变化,避免只关注成本控制,而损坏了茶馆产品服务质量。

当然,作为企业,追求经济效益最大化无可厚非,通过成本管理控制追求经济效益是企业经营管理必要手段之一,但要充分认识到控制成本不等于短斤少两、质量打折扣。但在现实经营管理过程中,有些茶馆,特别是规模较小、档次低一些的,有时为了追求短期利益最大化,而采用舍本逐末的做法,对承诺消费者的产品和服务打折扣,原材料采购以次充好,食品安全不能得到充分保障等。杜绝这样的成本控制误区,才能实现茶馆企业良性发展。以下为成本控制中存在的一些常见误区。

1. 注意避免侵犯消费者合法权益

茶馆消费是弹性消费,消费与否几乎取决于消费者对该茶馆的服务及产品的认同,"顾客就是上帝",如何创造一个良好的氛围让消费者反复消费是茶馆经营者要长期思考的问题。因此在成本控制的过程中要注意优质服务和产品才能带来优价,而绝不能为了短期小利而通过虚假手段欺骗消费者。

2. 注意避免降低原材料、物资质量

为了节约成本,商家往往喜欢低价采购原料和物资,而有时行业成本透明情况下,降低物料成本是强迫供应商偷工减料。因此,控制成本要建立在对物资和原料保质保量的基础上来考虑。如对已经到保质期的食品、过时的宣传册等不及时报废更新,就会影响服务质量，最终影响茶馆的经营效益。

3. 注意避免盲目压缩正常营业费用

茶馆正常的营业费用支出是保障茶馆生产服务质量的基础，在不浪费的情况下，支出是必要的，不能随意削减，不能为了短期利益而不顾服务质量而任意降低。如茶馆必要的促销活动、员工素质培训、员工服饰更新、使用空调等。如果盲目压缩必要的正常支出，从表面上看成本控制目标完成了，但对于茶馆企业来说，如果盈利下降，便会导致整体成本上升。

4. 注意避免仅以部门为控制单位控制成本

在企业组织运行的现实过程中，普遍存在的问题，是各部门相互封闭，仅从单一部门算小账，就部门局部而言，局部成本是有所控制，部门在保证自己利益的同时，损害了其他环节的利益，对于整体来说很难达到成本下降的目的。不从企业组织运行的整体分析，通常会使这种成本控制相互抵消，反而造成浪费。

5. 注意避免削减员工合法福利待遇

有些企业对员工斤斤计较，通过克扣员工正常的工资和福利来严格控制成本，诸如不按国家为职工缴交保险金等，员工对薪酬的不满意容易在工作中带有不愉快情绪，是很难做好茶馆服务工作的。茶馆服务是强烈依赖于员工的服务质量的，一个积极愉快、高效工作、充满凝聚力的团队才能带来优质的服务质量。

二、茶馆收入与管理

(一)茶馆收入

茶馆企业的营业收入是企业对客户销售茶叶、提供服务等日常活动中所形成的经济利益的总流入。包括主营业务收入和其他业务收入。主营业务收入是指来自茶馆为完成其经营目标而从事的日常活动中的主要项目，如茶商品销售、茶食品销售、茶冲泡服务、茶会议服务、茶艺表演服务等。其他业务收入来自主营业务以外的其他日常活动，如企业材料销售、技术转让、固定资产出租、包装物出租等其他业务取得的收入。

茶馆营业收入指标的高低，直接影响着茶馆利润水平的高低，茶馆经营活动中所耗费的资金、物资、人工需要通过茶馆提供销售与服务后取得的收入进行资金循环，如果无法获得相应的收入，茶馆将面临资金周转困难，甚至茶馆企业面临生存威胁，因此要对营业收入进行管理。

（二）茶馆收入管理的意义

茶馆收入控制是企业内部管理的重要部分。收入是企业的主要经营成果，是茶馆取得利润的重要保障。当茶馆对顾客实现销售产品、提供服务后，收入的取得是茶馆现金流入量的重要组成部分，能够及时补偿生产经营耗费的资金。收入控制主要是对整个收入实现的过程，以及在这些过程中涉及的单据以及各个岗位人员的责任进行控制，以保证茶馆收入的实现符合国家法律、法规以及茶馆内部规章制度的要求。收入控制是茶馆财务控制中比较关键的一项控制，加强收入控制对茶馆维护其财务安全，保持正常的生产经营，实现其经营目标等具有十分重要的意义。

茶馆销售收入控制是为了保护茶馆内部财产和销售服务收入，检查会计资料的准确性与可信性，而制订协调方法和控制措施。良好的茶馆收入控制，不仅能保证其销售服务收入，而且能够提高服务水平，树立茶馆品牌形象，促进员工内部团结，保障茶馆良好运营。

（三）茶馆收入的管理特殊性

（1）茶馆收入控制贯穿于茶馆经营活动的整个过程。茶馆经营管理环节涉及岗位、内容多。包括茶馆服务员、茶艺表演师、厨房、前台、收银员、稽核员等多个岗位。服务内容纷繁细微，包括茶产品、茶食品、茶点、茶餐销售，茶艺表演、茶冲泡、茶会议等服务。酒店收入控制的管理，需要明确各岗位权限且协调统一，才能达到良好的控制效果。

（2）茶馆空间广、人员流动性大，且有一定私密性空间要求。由于茶馆中顾客与员工在较大且相对私密的空间中运动，收入管理困难增大。

（3）茶馆服务项目多，价格差异大，收费打折有不同的标准，计价工作繁杂，收入控制涉及的现金比较多。

（四）茶馆收入的管理

（1）组织与人事分工。茶馆的经营管理与业务运作建立合理的组织结构与分工，相互制约与协调，达到管理控制的作用。

（2）建立岗位责任制度。根据各个工作岗位的工作性质和业务内容，明确规定其职责、权限，并按照规定制度进行考核及奖惩，有助于收入管理科学化、制度化。必须责任明确，各尽其职。

（3）注意不相容职务分离的基本原则。不相容职务分离的核心是内部牵制，如通过经济业务的授权者与执行者分离，执行者与记录者、监督者分离等，完善收入控制的监督体系。

(4)对重要部门员工聘用应严格审查,做到知人善用。

(5)开展业务培训,提高工作业务素质。

(6)通过设置科学业务活动程序控制。茶馆收入活动涉及钱(账单)、单(点菜单)、物(茶、食品原料)三方面,三者的业务活动流程是:先消费物,依据制作账单,收取消费款项,三者既要有机联系在一起进行管理,又要对三者分开进行控制。通常采用"三线控制、三点核对"的管理流程,来保证营业收入的准确性。

三. 茶馆利润与管理

(一)茶馆利润

茶馆利润是茶馆在一定期间内的经营成果,集中反映茶馆生产经营活动的各方面效益,是茶馆最终的财务成果,是衡量茶馆生产经营管理的重要综合指标。也就是茶馆在一定期间内取得的收入扣除营业成本、费用、税金后的余额,包括营业利润、利润总额和净利润。用公式表示如下:

经营利润 = 营业收入 - 营业成本 - 营业费用 - 营业税金及附加

营业利润 = 经营利润 - 管理费用 - 财务费用

利润总额 = 营业利润 + 投资净收益 + 营业外收入 - 营业外支出

净利润 = 利润总额 - 所得税

茶馆在经营过程中在一定资金投入的前提下,支出成本费用,形成产品和服务,对顾客进行销售服务,取得利润,按国家规定缴交税金,进行利润分配,满足企业扩大生产服务盈利、员工获取劳动报酬的需要,从而保障国民经济良性运转。

(二)茶馆利润管理的意义

茶馆利润管理是国家、社会、企业发展的共同要求。从国家层面而言,一方面,可为政策法规的制定提供借鉴和参考;另一方面,利润也是国家取得财政收入的重要来源。利润信息也为投资、信贷、决策等提供重要信息,是评估决策的重要依据。从茶馆企业发展而言,利润管理至关重要。首先利润是企业生存发展的根本,追求利润是茶馆经营的动力,利润是实现企业财务管理目标的基础,是企业发展的资金保障;同时只有企业实现利润,债权人、投资人的利益才会得到保障,才有可能实现留存利润追加投资,以此带给企业更大发展。而且利润管理能反映出企业的管理经营和经济效益状况,有利于企业实现财务目标,为企业制定发展战略提供决策信息。

（三）茶馆利润的分配

茶馆利润的分配就是将茶馆取得的利润在茶馆与利益主体间进行分配，这种分配不仅关系到茶馆的现金流量，而且影响到茶馆价值及各利益主体的经济利益，进而影响茶馆财务的安全稳定，所以茶馆应根据国家的有关政策和规定，根据自身发展需要决定利润分配政策。

1. 股份公司的利润分配顺序

股份公司缴纳所得税后的利润在弥补亏损和提取法定盈余公积金和公益金后，按下列顺序分配，要注意我国财务制度规定，企业当年无利润不得向投资者分配利润。

（1）支付被没收的财物损失和税金滞纳金、罚款。

（2）弥补以前年度亏损。

（3）提取法定盈余公积金。

（4）提取公益金。

（5）支付优先股股利。

（6）提取任意盈余公积金。

（7）支付优先股股利。

2. 非股份公司的利润分配顺序

（1）支付被没收的财物损失和税金滞纳金、罚款。

（2）弥补以前年度亏损。

（3）提取法定盈余公积金。

（4）提取公益金。

（5）提取任意盈余公积金。

（6）按公司规定的金额，上缴未分配利润或向投资者分配利润。

（四）茶馆目标利润

茶馆目标利润是茶馆经营决策者根据现有企业经营状况，对企业所处的市场环境、茶馆发展能力进行分析，考虑到顾客市场、原材料等情况，明确市场定位，合理预测未来经营状况，而为茶馆制定的利润经营奋斗目标。制定适当的目标利润有利于提高企业预算管理水平，有利于激发企业潜力、降低无效成本、提高产品服务质量、改善产品结构，对执行预算的全过程产生制约作用，从而创造出最佳的经济效益。但应注意，确定目标利润要因地制宜，与茶馆相匹配的利润目标才可能获得好的实施效果，过高过低都不利于指导企业发展。通常制订方法有如下几种，茶馆经营企业应根据自身特点，选用适合自身实际情况的方法。

1. 本量利分析法

这种方法是根据茶馆一定期间的利润、成本、销售服务收入之间的变动规律，来对目标利润进行分析预测。具体步骤是：在进行市场预测的基础上，科学预测商品销售量、销售价格、销售收入、单位产品服务变动成本、固定成本等，最后确定目标利润。计算公式如下：

目标利润 = 预计销售收入 -（固定成本 + 变动成本）

2. 利润增长百分比法

这种方法是根据产品上一期间实际获得的利润额和过去连续若干期间的平均利润增长百分率，并分析影响利润的相关因素，来预测目标利润。运用该方法应该注意到，需要茶馆销售收入利用率指标较为稳定，能够反映企业未来的经营趋势。主要应用于稳定发展的企业，根据上年度达到的利润水平及过去连续几年利润增长率的变动趋势与幅度，并结合预测可能发生的变动情况，分析预测利润增长率，来预测出目标利润。但茶馆企业发展到一定高度后，其利润基数越来越大，利润提升空间有限，要结合茶馆发展及市场的实际情况来预测。计算公式如下：

目标利润 = 上期利润总额 ×（1 + 预计利润增长百分比）

3. 资产报酬率法

这种方法是根据茶馆资产投资应该达到的报酬率，分析估算目标利润。具体有两种，净资产报酬率和总资产报酬率。净资产报酬率反映企业净资产获利能力的高低，该比率越高说明股东投资收益越多，企业获利能力越强。总资产报酬率反映企业总资产获利能力的高低，该比率越高，说明资产利用效率越高，企业获利能力越强。其计算公式如下：

净资产报酬率 = 净利润/净资产 ×100%

总资产报酬率 = 净利润/资产平均总额 ×100%

目标利润是茶馆企业努力实现的利润，要达到总的目标利润，还要通过完善茶馆管理，通过目标分解落实到各个部门，各部门通过开源节流、挖掘潜力、相互协作，来共同提高企业经济效益。在此特别需要注意的是，茶馆企业的经营利润目标的实现仅仅靠传统单一的降低成本费用是难于达到很好的效果的，企业应该通过管理创新来降低管理费用，通过改善产品结构、开发新的产品、技术创新来寻找新的盈利点，通过企业茶文化战略来扩展消费群体。

第五节 茶馆财务报告与财务分析

一、茶馆财务报告

(一)茶馆财务报告的内容

1. 财务报告

财务报告是反映企业在日常会计核算的基础上编制的某一特定日期财务状况和某一会计期间经营成果、现金流量的文件,包括会计报表、会计报表附注和说明。数字真实、计算准确、内容完整、手续齐备、报送及时是编制财务报告的基本要求。

2. 会计报表

会计报表是茶馆企业会计部门在日常会计核算的基础上,按照《中华人民共和国会计法》《企业会计准则》《企业会计制度》的规定编报的对外公布的报表,包括资产负债表、损益表、现金流量表或财务状况变动表,及其附表和附注。

3. 财务情况说明书

财务情况说明书的主要内容是:说明生产经济情况利润实现及利润分配情况、资金增减和周转情况、财产物资变动情况、对本期和下期财务状况发生重大影响的事项、主要税费的交纳情况等事项。

(二)茶馆财务报告的分类

会计报表根据报送对象不同,可分为对内报表和对外报表。内部管理所需会计报表的数量、内容、格式和报送时间,由单位自行制定;对外报送的会计报表的种类、格式、指标内容、编制时间等,均应执行国家有关会计制度的统一规定。

会计报表按编制时间可分为月报表、季报表、半年报表和年报表。

(三)编制茶馆财务报告的意义

茶馆企业编制的财务报告对企业管理当局、国家宏观管理部门、企业投资人和债权人都具有重要的作用。从国家宏观管理部门及企业管理当局角度来看,通过财务报告,掌握信息,为有关管理部门加强检查、监督、维护经济秩序提供资料,为政策法规的制订提供参考。对现有的和潜在的投资者、债权人及其他机构而言，可以通过财务报告，了解茶馆企业的财务状况、经营成果和现金流量信息，分析企业获利能力，预测茶馆未来发展前景，从而决定是否投资或增加投资，正确地进行经济决策，更好地保护自身权益。

二、茶馆财务分析

（一）茶馆财务分析的内容

茶馆财务分析是运用财务报表及其他经营管理报表中的有关数据，对茶馆上一周期的经营成果、财务状况进行分析，根据其中计算整理出各种财务指标，评估出企业的决策绩效，进而对未来茶馆经营发展情况做预测分析，为茶馆的财务计划、控制、决策提供依据。同时根据分析调整企业经营管理弱项，突出优势，来实现茶馆企业经营财务目标。

茶馆财务分析的主要基础是财务报表。这些报表包括对外公布的资产负债表、利润表、现金流量表，也包括茶馆内部交流的收入明细表、成本费用明细表、税金明细表以及茶馆内部部门利润表等；同时还有茶馆日常核算数据、营销计划、生产计划等都是财务分析的基础数据来源。除此之外，还要关注企业外部经济信息，分析比对同行其他企业的财务报告情况、顾客满意度反馈情况、茶馆自身针对性的调研报告等。这些都是财务分析报告的重要信息来源，越广泛地收集相关信息进行综合分析，能够有效降低分析的局限性，所得出财务分析报告信息才越有价值。

（二）财务分析的意义

财务分析是一种搜集与决策有关的各种财务信息来分析判断的过程，其目的受财务分析主体和服务对象的制约。财务分析的主体，有可能是权益投资人、债权人、经营管理者、政府机构和其他与企业有利益关系的人，关注茶馆企业财务分析的不同方面，通过对企业财务报表的分析，并寻找相关需要的信息，采用不同的分析程序，得出财务分析结果。由此可见，财务分析不仅对企业内部生产经营管理有着重要的作用，而且对企业外部投资决策、贷款决策、赊销决策等有着重要作用。譬如，投资人从中得到以偿债能力、收益能力以及风险为主体的财务分析结果，来决策投资与否；债权人从中分析寻求企业是否具有偿还债务的能力，以指导决策是否给企业提供信用，以及是否需要提前收回债权。

特别对于经营管理者，通过分析外部使用人无法得到的内部信息，在财务报告的基础上对今年的财务状况与历年的财务情况进行对比,可以更深入地分析利润构成、成本构成,及其历年的变动和变动因素,可以通过财务分析,从中分析茶馆的财务状况、盈利能力、经营发展的趋势和持续发展的能力,以指导完善茶馆经营管理,并对下一步经营方向的决策提供依据。比如,通过财务分析,该茶馆是要膨胀还是收缩?是要大胆投资还是谨慎收紧?细到产品上对某利润贡献率大的产品是否要做总代理?经营内容、产品种类是否要调整?服务方式是否要调整?经营网点、人员是否增减?甚至店面装修、增减,车辆等其他物资的增减调配等。

(三)财务评价方法

财务分析是以会计核算和报表资料及其他相关资料为依据,采用一系列专门的分析技术和方法,在企业经济分析、财务管理和会计基础上,发展形成的一门综合性边缘性学科,有完整的理论体系,有专门的技术方法,如比较分析法、水平分析法、因素分析法、垂直分析法、趋势分析法、比率分析法等。

三、如何根据茶馆管理水平做财务报告及分析?

财务报告和财务分析主要是为企业管理者服务的。因为每个茶馆企业的经营规模不一样,财务部门规模设置也不同;不同经营规模、组建模式的企业经营管理者对财务数据的需求也不同。个体经营、中小型私营企业、较大公司、连锁店的财务报告、财务分析要求是不一样的。

有一定经营规模的茶馆,由于投入资金大,可能涉及多方投资,财务状况涉及面广,因素复杂,仅仅靠简单的收支计算,无法完成财务管理要求,需要设立专门的机构,配备专业人员,按国家对中小企业管理的相关政策、管理制度及财务方法要求,完成基本财务报告。在此基础上,还要根据企业经营管理者日常经营管理的现实需要,编制更详细的内部管理报表及财务分析报表,进行财务分析。

即使是规模很小的个体经营店,进行财务报告、财务分析也是必要的,其财务报告可以简单地对一年或一个阶段进行总结,是对茶馆盈利负债情况和经营状况的一个最直观清晰的总结。财务分析内容也可以通过简单的收支利润计算来掌握,适当地对经营产品进行简单直观的分析对比并结合周边市场做一个简单的估计调查,来形成分析结果。诸如利润低,为何低?是成本因素,还是销售量减少?同时进一步分析利润降低的原因,找出症结所在,提升管理水平。当然这种简单财务分析结果只适用于投资小的茶馆。

案例与习题

本章案例分析一：

小王大学毕业后，想要自己创业，初次自己开办茶馆，对筹集资金心中无数，遂去请教同行朋友。朋友大致给她罗列了一些大项开支，并解释了一些细节开支。小王回来按朋友开的预算，自筹30%资金，借入70%的贷款，筹资开了工。但是，随着装修工期的延长，原定装修费用超了标；到开业了才发现少算了流动备用金。结果，开业之初，就弄得资金调度捉襟见肘，相当被动。后来朋友过来点拨，朋友说装修一定要订好合同，核定好开支，没有特殊情况，不增加资金投入，万一出现备用周转金短缺，可以在供货商那里商量一个更宽裕的赊销期限，以渡过开张期的资金周转关。

从以上材料可以看出对一些中小茶馆来说，一是茶馆投资人需要有明确的定位，对投资能力、市场情况要有准确定位，预算先行。注意做到有多大锅就备多少米，心中有数，才能比例均衡；二是需要科学制定投资预算，进行预算控制。如果不筹划和分配好，产生资金闲置或紧缺，均不能取得好的投资效果；三是在国家财务制度允许的范围内，提升资金运作技巧。

同时在创业初期，要注意资金的合理结构。所谓资金的合理结构是指筹集资金中经营者的自身资金，即自己所拥有的资金和外部所筹资金之间保持一定的比例关系。这就要求投资决策者在向外部筹资前，要进行借入资金利用率和利用效果分析，结合茶馆经营效益进行预测，在期望投资收益率高于贷入资金利息率的条件下，可以适当提高借入资金对于自身资金的比例，以增大自有资金的利用率。从该案例来看，投入资金中，贷款比例过高，容易带来贷款利息成本过高，如果不能及时回笼资金，容易导致资金链断裂。

本章案例分析二：

李梅是某市一名茶厂女工，离职后自己开了一家小茶馆，请了两名员工，由于李梅熟悉茶叶产品，进货渠道好，开业后生意一直不错，加之她人缘好，价格合理，茶叶、茶水销售均不错，一年下来，茶馆在当地小有名气，来洽谈合作的人也有不少，此时李梅认为是发展的好时机，于是茶馆迅速扩张为五六个连锁店，规模迅速扩大，员工一下子增加到50～60人，李梅成立了董事会自任董事长，并设立了财务部、统计部、生产部、办公室、采购部、仓储部等部门，仅仅办公室就有四名员工。扩张后茶馆经营状况并不理想，每月营业额不算少，但仍然面临亏损的局面，眼看茶馆因多处经营欠下屋租金而面临被迫关门的窘况。此时李梅找到会计师事务所好友芳芳,来为茶馆做账务核账,芳芳发现该企业出现问题的重要原因是缺乏财务投资风险分析,盲目扩张,导致成本失控。同时,还发现该茶馆的财务票据非常规范详细但纷繁复杂,找不出几个有用的数据,如在销售品类众多的产品中,不能看出哪些是优势产品和服务。更重要的是收支计算缺少财务概念,成本划分不清,利润核算不准确,例如,没有将员工的加班费计入成本,没有将场地租金计入成本等,造成虚盈实亏,做得越大亏得越厉害。后在李梅芳芳的帮助下,经认真分析测算后,撤并超出市场容量的经营网点,合并不必要的机构,裁撤多余的员工,缩减不必要的投资,适度调整经营规模,完善财务经营管理,有效降低经营成本,提高了资金使用效率,重新扭转茶馆经营亏损状况。

看了以上材料,你从中得到什么启发?

习题

1. 茶馆企业财力资源包括哪些方面?
2. 茶馆如何根据实际情况选择适度的财务管理规模?
3. 简述投资预算的概念、步骤、作用。
4. 提高茶馆投资效益的途径有哪些?
5. 如何筹备茶馆投资资金?
6. 茶馆企业资产包括哪些内容,谈谈管理的重要性。
7. 茶馆无形资产的内容和特点及管理,举例说明。
8. 茶馆的成本费用包含哪些主要内容?简述茶馆成本费用管理的方法。
9. 简述茶馆收入管理。
10. 茶馆的利润由哪几部分构成?简述利润管理的意义。
11. 简述如何分配茶馆利润?
12. 简述目标利润的确定。
13. 简述财务报告的内容及意义。
14. 谈谈财务分析的意义。

第八章 茶馆物力资源管理

【导读】

一个茶馆的经营除了应具有一定硬件设施外,软件管理尤为重要。对于茶馆物力资源的管理,只有加强深层次地研究和实践,向管理要效益,才会在竞争中求得生存和发展。本章从茶馆物力资源管理内容的基础知识入手,介绍茶馆物力资源管理内容和方法以及一定的实践管理经验等,为学员学习和掌握茶馆管理方法打下良好的理论基础。

第一节　茶馆物力资源概述

茶馆是爱茶者的乐园，也是人们休息、消遣和交际的场所。茶馆设有固定的场所，人们在这里品茶、休闲等。茶摊设有固定的场所，是季节性的、流动式的，主要是为过往行人解渴提供方便。茶馆包括物力资源、茶馆文化等，茶馆物力资源尤为重要，是反映茶馆特色的本质要求。

一、茶馆物力资源的含义

（一）茶馆物力资源的概念

在现代企业管理理论中，我们把对劳动对象的管理称为物资(Materials)管理或物料管理；对机器设备的管理叫作设备管理。茶馆物力资源指的是茶馆在生产经营活动过程中所必需的各种劳动工具和生产消耗品的总和，包括各种小型设备、茶家具、茶具用品、食品原料、材料工具、器皿、办公用品、物料用品等。它是一个范围相当广的概念，茶馆中一切属非固定资产的物品都属于茶馆物资范畴，茶馆各种物资是茶馆得以运转的基础。

（二）对茶馆物力资源管理的意义

对茶馆来说，欲扩大利润就必须降低成本，但在茶馆经营过程当中，大部分成本用于各种物资的消耗；物资库存量的控制，对茶馆流动资金的周转有很大影响。因此，没有物资管理的茶馆管理是不科学的管理。

二、茶馆物力资源分类

相对来说，茶馆的经营规模一般都不是很大，但企业管理仍然相当重要。一是抓货源管理，目前，由于茶叶市场放开，茶叶、茶具的品种、质量、价格相当紊乱，稍不注意，就会高价买劣货；二是抓人才管理，社会提倡自由择业，茶馆从业人员流动频繁，特别是茶艺小姐，只有相对稳定的茶艺队伍，才能保证茶馆的服务水平，树立长期良好的企业形象；三是抓内部管理，环境卫生，设施更新，人员的仪容仪表，“细节决定成败”。

茶馆的物资很多,按物资的自然属性将茶馆物资分为茶家具、棉织品,装饰用品、清洁用品、服务用品、玻璃用品、茶叶食品原料、餐具茶具,办公用品、燃料、印刷品及文具、维修材料及用具、消防用品等。这种分类方法便于物资管理部门根据物资的物理、化学属性分别采购、保管、运输,减少物资损耗;同时,也便于茶馆编制物资采购计划。另外,也可以按物资的价值将茶馆物资分为大件物资、低值易耗品、物料用品,这种分类便于财务部门核算各类物资的资金定额。其次,可以按物资的使用对象分成客用物资、生产用料、办公用品、清洁和服务用品、基建、维修用料、安全、保卫用品、后勤用品等,这有利于茶馆根据使用对象的不同特性编制物资定额,同时为独立核算经济收益提供标准和依据。另外,按物资的补充方式可以将茶馆物资分为多次性消耗用品和一次性消耗用品,这种分类法有利于茶馆内各个业务部门分类分项制定客用物资的消耗定额,加强部门定额管理。最后,还有按物资在茶馆经营中的不同用途将茶馆物资分为原材料、燃料、物料用品、商品,这便于茶馆确定各种物资的消耗定额,茶馆可以根据物资在茶馆经营中所起的不同作用,分清物资补充的轻重缓急。

根据茶馆的风格、需要以及功能的不同,可将茶馆物力资源分为以下几大类。

茶室及茶家具:除了大厅(大堂)之外,所有的茶馆都有大小不同的茶室,整体风格统一,布置成各有特色的雅室。小型茶室布置也许精巧秀美,清雅脱俗,装饰风格以及桌椅器具,不论是样式或是色彩都各不相同,用不同名字加以区别,如:以各种茶叶名称来命名;以著名茶区名字来命名;以著名风景区的名字来命名等。茶室中的桌椅一般以红木家具较好(经济实力不够雄厚的也可用仿红木家具),也可用竹桌竹椅、藤桌藤椅,颜色淡雅,别具一格。如果是时尚型茶馆,采用欧式建筑,就可使用沙发和玻璃桌椅,或者仿制欧洲古典家具,张挂西洋油画,摆设西洋雕塑,增添一点异域情调。

装饰品:茶室墙上的装饰一般以书画为好,如中式风格的茶室可以挂与茶艺内容有关的书法和国画,不宜挂多,一两幅即可;也可挂反映茶区生活和茶艺活动的摄影作品,或者在墙壁中嵌放古玩文物。有的茶馆还悬挂一些民俗文物如蓑衣、斗笠之类,富有乡土气息,别有情趣。茶室内四周还可陈设一些根雕、竹雕、盆景、奇石和花卉等。但要留有空间,不能堆砌得太满,以致给人有压抑之感。

茶具:历史的发展确定了现代茶具的基本造型与种类,并展现了茶馆茶具是如何从一种维持营业的必需品,而发展成茶馆中一种招待顾客的特色和体现茶馆业主审美品味的过程,并通过历史的回顾,使茶馆茶具在茶馆的经营活动中展示其所具有的主要功能。茶馆内的茶具要根据当地茶俗和茶馆的风格来选择。茶具的选择与茶馆的茶文化息息相关,尽量要上好的茶具方能彰显茶馆的高品位。当然,茶具的选择,还应与品茶环境、民族风格搭调等。

三、茶馆物资的管理过程

茶馆的物资管理对茶馆的资金周转和经济效益意义非凡,因此茶馆的经营者必须将物资控制权置于茶馆最高财务管理者的手中,使茶馆的物资管理成为财务部的重要职责。科学的茶馆物资管理过程应包括定额、采购、验收、仓储、发放、回收几个环节的控制,从物资的质和量两个方面保证控制的有效性。

(一)茶馆物资的定额管理

茶馆物资管理的首要环节是在调查研究基础上进行物资定额分析,包括消耗定额和储备定额的分析和确定,也就是要求茶馆管理人员通过量化分析,来确定一定时期、一定生产技术条件下,茶馆所需物资的数量和额度。这是茶馆物资管理的基础,直接影响着茶馆的整个经营管理工作。在一定时期、一定生产技术条件下,茶馆应对所需物资的数量和额度进行量化分析,叫作定额管理。这是物资管理的基础,直接影响茶馆的整个经营管理工作。茶馆在制定经营管理计划时,首先应当预算经营的成本,各种物资的各项定额是成本预算的基础。茶馆物资可分为客用物资和店用物资,客用物资消耗定额的制定首先要对各客服务部门根据自己的业务特点,详细制订为每一位茶客提供每一种茶饮服务所需的物资配备表,如冲泡典型的普洱茶应准备哪些材料和哪些物品。之后确定其中客用一次性消耗物品的单位消耗定额,及客用多次性消耗物品在寿命期内的损耗率或一段时间的更新率。

茶馆的等级档次不同,消耗的物资定额是不同的。一般来说,越高档的茶馆物资消耗数量越大;另外,各类物资的折损率各不相同,受其自身的特性、质量、使用寿命等方面的原因,影响着各种物资的消耗定额;还有,物资的保养条件不一样,如没有适合的贮藏条件,会导致茶叶或其他食品的变质等,这使消耗量会升高。从细节处杜绝消耗影响的同时,应从多方面进行定额预算,做好财政预算。

(二)茶馆物资的采购管理

茶馆采购的质量和水平影响着茶艺馆的经营水平,对采购工作必须规范管理,严格要求,加强控制,向管理要质量。茶馆物资的采购涉及大量的资金,采购成本成为采购过程中最重要的控制因素,在降低采购成本的同时,质量保证是首要的。

采购管理的内容主要有采购人员的管理和一些管理环节的控制。采购人员的管理包括采购人员的基本条件和职业道德要求、责任与奖惩、采购人员的账务和单据管理、采购工作的程序、采购人员了解市场行情、开辟新货源渠道的要求、采购人员与供应商关系的处理等,一些管理环节的控制,如缺货处理,采购后不合适物品的处理等。

茶馆物资采购在总体上又分为储备采购、日常采购和临时采购三种,应处理好三种采购的关系,各部门应灵活变通,才可使采购过程顺利有效。采购管理过程包括以下内容:

(1)制定合理科学的采购计划,货比三家,广泛征集所需各类物资的供货商信息,进行市场调查,确定采购的物资种类、数量,以及采购原渠道、日期。制订一定工作计划,选择合适的供货商,实施订货与采购。

(2)严格控制采购过程中的资金流动和实物流动,以最大努力按制定计划完成采购过程。

(三)茶馆物资的验收管理

茶馆物资验收的管理,要求确定有专门验收人员能对采购的物资进行数量、质量和价格严格核查,对合格物资准予入库储存,对不合格物资予以拒收,并对有关部门和人员采取一定的惩罚性措施。

验收包括检验和收货两部分:一是检验人员检验时必须凭证检验,检验订货单上所列物资的品种、数量与批准的请购单上的数量、品种是否相符,而后再进行单据与实物的核对。核对交货时间,核查交货期是否和订货单上的日期一致:二是收货时要核查交货数量及质量,核查订货单数量、送货通知单数量与实际到货量三者是否完全一致,根据采购规格书来衡量各类物资的质量状况。最后对采购员所购物资的价格进行核查,避免一些错误甚至是不必要的经济损失。

(四)茶馆物资的仓储管理

仓储管理就是为茶馆经营活动提供可靠的物资供应,以保证茶馆的正常运转,保证物资不短缺、不积压、不破损、不变质,是仓储管理的主要目的。

茶馆仓储管理制度的内容主要包括:仓库的卫生管理,仓库的安全管理,仓库保管员的职业道德要求,验收入库的具体规定,入库程序,仓库单据的保管,台账的制作;各种物品最低库存量的规定;申购程序;领料的程序与手续;各种货物(如茶叶、茶具)存放的具体规定;盘存的要求;防潮、防蛀、防鼠、防变质的具体制度;对货物账、实不符的处理等。

仓储需注意四个方面：

(1)保证仓储物资的安全，防止治安威胁、火险威胁和物资损坏威胁，也包括物资数量和质量安全。

(2)合理分布仓库网点，保持货品及时能供应，对每种物资进行编号管理，简便供应手续，提高工作效率，为部门提供最佳服务。

(3)节约开支，降低仓储成本。在降低保管费用的同时保持货品的品质，优化保管方法。

(4)为茶馆各方面的管理提供信息服务。随时记录物资的流动及在库情况，为销售和服务部门提供及时的货品存储参考数量依据。

(五)茶馆物资的发放管理

根据茶馆经营活动的需要，将物资情况发放到财务、销售及服务等必要部门，适时对物资进行盘点，对各部门各类物资的使用情况进行核算，将核算结果上报财务部门，即为发放管理。发放程序分为发放前准备工作和发放活动的作业两大部分。

1. 准备工作

(1) 汇总物资请领单：为保证各业务部门能及时、顺利、迅速地领到物资，应提前请领，并填写请领单；

(2) 进行发放凭证的核对：包括核对物资请领单上物资的品名是否和在库物资登记册上的一致；核对请领的量有无超过标准限制以及请领手续是否齐全等。

2. 发放过程

(1) 备料。仓储人员根据请领单及时准备各种物资，注意提前检查物资的品种、规格及质量问题，提前做好打包等；

(2) 认真清点货单，制订上报出库单；

(3) 对工作各环节多人进行复核检察，对货品及总价进行统计，做出报表。

(六)茶馆物资的回收管理

茶馆物资管理的最后一个环节就是回收，即按照制度规定将茶馆中报废物资(如棉织品、外来食品容器、过时阅读品)、用后剩余物资、外包装等收集在一起，尽量进行再生利用，或用最有利于企业的方式加以处理，为企业增加收入，降低成本。

第二节　茶馆物资的配置与选购

一、茶馆固定资产的购置

茶馆开业前物资的置办首先得买回来适合自己经营特性的必要用品用具,如:置备茶桌,配套椅、茶具、茶壶、茶叶等,有条件的应配空调、电风扇……这些,都是在开业前所必须购置和安装好的。对这些可以为企业提供服务的物品统称为资产,具体按照服务的时间长短,又分为固定资产、低值易耗品、物料用品、原材料、辅料、库存商品,等等。

(一)固定资产

(1)新《企业会计准则》中明确了固定资产是指同时具有下列特征的有形资产:①为生产商品、提供劳务、出租或经营管理而持有;②使用寿命超过一个会计年度。同时规定:某一资产项目,如果要作为固定资产加以确认,首先,需要符合固定资产的定义;其次,还需要符合固定资产的确认条件,即,该固定资产包含的经济利益很可能流入企业,该固定资产的成本能够可靠地计量。

(2)固定资产与用品用具。

固定资产:服务业中把购置的、为顾客服务的设备分为固定资产和用品用具。其区分的标准是依照它们在服务过程中是提供长期服务还是短期服务。但是在购置时,它们却具有相同的记账特点。如餐馆在开业之前要购置的有厨房里的灶具、炊具、冷藏柜等等;在餐厅里有冰柜、电扇、空调、桌椅等,在购置这些设备时,还会有些运杂费发生,核算的记录是将所有购置的设备和用具按成本价记账。如果发生有安装费、运杂费时,分得清品种的,记录到这项设备的账户上,然后将购置回的资产与用品用具按单价再区分,看看是记录在固定资产账上,还是记录在用品用具账上。旅店业在开业时同样要购置必需的设备,如桌椅床、电视机、电话机、电风扇,在购置时核算记账的方法同餐馆一样。

一般而言,属于固定资产的,按照可以使用的年限,按年、月提取折旧,把磨损的部分计入当期费用中。

而对于用品用具,在会计核算中应当将其记入“低值易耗品”账户中。可按价值高低和使用时间长短分为两种方法摊销计入当期费用,即像价值较低的品杯、公道杯等茶具,使用时一次摊销记入当期费用中;桌椅茶架等可采用分次摊销法记入当期费用。

(二)茶馆固定资产的购置

茶馆固定资产应当具体包括茶馆内部和外部的固定装修,桌、椅、垫儿、沙发等,装饰桌布及花瓶,藏茶柜及罐子等,茶具摆放博物架,冰箱、空调、灯具、电视等,称重设备,常用娱乐设备(扑克、象棋、麻将等),图书杂志,供观赏的动植物,陈列品(增添氛围的文物、瓷器、紫砂等),专用工作服(茶人服),等等。

茶馆固定物资的购买,实用性是最重要的物资购买原则,满足使用要求;同时要比较经济,不能过于超出预算;合理布置环境,适当艺术点缀,讲求空间完善。在选择上还要注重科学性,比如小茶室配小吊灯,大茶厅配之以与之相适应的大吊灯就可以。另外在搭配上要协调,要起到实用、经济同时又方便的作用。艺术性,是很多现代人所追求的精神享受。一个茶馆,既要提供好喝优质的茶品,舒服贴心的服务,还要有可令人愉悦的艺术氛围,使喝茶者在品茶聊天中,能够享受到全身心的舒服与惬意。

茶室的布艺及家具作为软装中的基本点,体现出茶室总体色彩、风格的协调性;但是,软装中的点睛之笔应是摆设与挂件。布置与搭配需要设计师有着极高的审美眼光与艺术情趣,不能把一些饰品简单地进行陈列,而应在设计之初就考虑到某一件重要饰品的存在,在色彩、灯光上与之呼应。软装中的更高层次是收藏品。在茶室中摆放一些有收藏价值的藏品,古茶、画、雕塑、古董等,更能体现经营者的品位和情趣。比如所挂的装饰画,如有可能,应选择一些画家的原创画。原创画作为艺术家所创作的作品,其本身具有“独一无二”的特性,有一定的收藏价值,既可作为艺术品来欣赏,更有投资增值的价值。想让品茶空间显得富足有余,除了将布置重点放在那些茶桌、凳子、柜子等大型物件上外,还可以用在一些小饰品上:造型简单、质感轻、小巧的饰品,尤其是那些功能和装饰效果兼备的富于变化的饰品,甚至是茶宠物,是可以购买的。如形状可爱、质地良好的茶叶缸、储物柜、根雕根塑工艺品、陆羽茶圣雕像、红花梨木人物根雕根塑工艺品,葫芦娃茶宠,等等,以中式风格为主的室内小水景,仿古摆件或挂件,一些漂亮的植物等是现在多数茶馆的首择。这些看似普通的东西散落在茶室的各个角落中,能给大家带来许多意想不到的方便和视觉享受,更能烘托出茶馆的休闲品格。

例如:窗帘是茶楼装修中的重要软装饰之一,不同样式和色调的窗帘可以营造不同的茶楼效果,如果想轻轻松松让茶楼有好的装饰效果,就绝对不能忽略窗帘的选择，这点至关重要。在挑选窗帘时，只顾看窗帘的花色，却忽视窗帘的尺寸，殊不知窗帘的尺寸对茶楼最终的装饰效果有很重要的影响。另外，就是窗帘的材质，一般来说，大厅、包厢可以选择同样材质的窗帘，如果不想为窗帘选择厚重材质或轻薄材质操心，最合适的就是选择双层窗帘，里面一层是轻薄材质的窗帘，如尼龙绸、薄罗纱和网眼布，外面一层是厚重材质的窗帘，如灯芯绒、呢绒和金丝绒等，这样就可以根据季节和天气的变化轻松变换窗帘。窗帘的花色对于茶室要搭调，窗帘选择明亮的颜色，这种颜色会让人感到精神振奋，容易营造明快的氛围，有利于朋友交谈工作学习；暖色调的窗帘，容易营造温馨氛围。还有就是窗帘的质量，在挑选好窗帘的材质和花色后，需要做的就是检查窗帘的质量，这点需要在选购前查看各种布料的特点，在选购时看看你所选购的窗帘布料是否符合自己之前所看的布料特点，如果符合，就可以付钱选购。

二、茶叶的选购

我国茶类品种丰富，名优茶多达千种，获得省级以上名茶的就近五百种，选购茶叶没有一套简单的标准。由于茶叶组成的复杂性、多样性，茶叶的品质受到鲜叶情况、制茶工艺等方面的影响，六大茶类的外形和内质方面都存在着明显的差异，一般人购买茶叶时，只看干茶的外形和色泽，而要判断其内在品质是比较难的，茶馆采购茶叶时，最好聘请具有评茶员以上职业资格的专业技术人员来购买，并且，购买茶叶时若能对茶叶进行感官审评，按“八项因子”（外形：条索、色泽、整碎、净度；内质：香气、汤色、滋味、叶底）进行评比之后再进行大量的购买，甚至辅以理化评审法，是一个较好的做法。

（一）干看（外形鉴别）

采购员在购买时，一要看，就是看干茶叶的外形和色泽。二要闻，就是闻茶叶的香气。三要摸，就是摸茶叶的叶片是粗老还是光洁，重实还是轻飘，以及水分的高低等。四要泡，就是泡上一杯，看汤色、闻茶香、尝滋味、看叶底的老嫩等。

鉴别干茶外形的方法，主要从嫩度、条索、色泽、整碎和净度等五个方面看。

1. 嫩度

嫩度是决定茶叶品质的基本因素，是指芽叶发育的成熟度。不同茶类对茶叶嫩度的要求不同，一般高档绿茶、红茶对鲜叶的嫩度要求高一些，青茶、黑茶对鲜叶的嫩度要求并不高。嫩度好的茶叶，符合该茶类的外形要求：光、扁、平、直。此外，从茶叶锋苗鉴别，锋苗好，白毫显露，表示嫩度好，做工也好。如果茶的嫩度差，做工再好，茶条也无锋苗和白毫。判别嫩度不能仅看茸毛的多少，人工做上去的茸毛很多。

2. 条索

条索指茶叶的大小、长短、粗细、轻重。各类茶具有的一定外形规格，如珠茶圆形、红碎茶颗粒形。绿茶中的眉茶要求条索紧结、齐一，形如娥眉；毛峰类茶，还得看茶毫是否多，芽锋是否露；龙井要求光、扁、平、直，形若碗钉；条索形炒青茶，若条索松散，表面粗糙，身骨轻飘，片末多，自然不算是好茶了。红茶中的工夫红茶要求条索紧秀；红碎茶要求颗粒紧细划一。通过对茶叶条索的了解，可以知道茶鲜叶的老嫩，制茶工艺的水平的高低。一般来说，长条形茶看颗粒的松紧、弯直、壮瘦；圆形茶看颗粒的松紧、匀正、轻重、空实；扁形茶看颗粒的平整光滑程度是否符合规格。通常，条索紧、身骨重、圆而挺直，说明原料嫩、做工好，如果外形松、碎，并有烟焦味，说明原料老、做工差。

3. 色泽

茶叶外形色泽主要从茶叶本身的颜色和光泽度来看。色泽好的茶叶带有油润、鲜活的光泽；反之，是无光泽的，暗灰色。各种茶均有一定的色泽要求，如红茶乌黑油润、炒青绿茶呈现黄绿、烘青绿茶应是深绿、乌龙茶青褐色、黑茶黑油色。无论何种茶，好茶均要求色泽一致，光泽明亮，油滑鲜活。如色泽不一，深浅不同，暗而无光，则茶叶差。不同的茶类有不同的色泽，就是同一茶类，不同的花色品种，色泽也是不同的。如绿茶中的蒸青绿茶要求翠绿，炒青绿茶呈现黄绿，烘青绿茶应是深绿的。不论何种绿茶，都应具有鲜灵活气，灰暗、暗黄、深褐色的绿茶是称不上好绿茶的。绿茶汤色以嫩绿、黄绿为上，并且清澈明亮。红茶以乌黑油润为佳，若茶汤红艳明亮，茶杯四周形成一圈金黄色油圈，那就是上品红茶了。至于乌龙茶，则以青褐光润为佳。

4. 整碎

整碎指茶叶个体条索（或颗粒）的大小、长短和粗细是否均匀。外形和断碎程度，以匀整为好，断碎为次。比较标准的茶叶审评，是将茶叶放在盘中，使茶叶在旋转力的作用下，依形状大小、轻重、粗细，形成有序的分层，其中粗壮的在最上层，紧细重实的集中于中层，断碎细小的沉积在最下层。各类茶都以中层茶多为好。

5. 净度

净度指茶叶中茶类夹杂物（茶片、茶梗、茶末等）和非茶类夹杂物（杂草、竹屑、泥沙等）含量的多少，多则净度差，少则净度好。非茶类夹杂物含量多，还说明茶叶的卫生质量差。当然，净度的评判还要看茶叶标准样来说，不能单一而论。

(二)湿看(内质鉴别)

判别茶叶质量好坏,还要借助视觉、嗅觉、味觉和触觉,对冲泡后的茶叶汤色、香气、滋味和叶底进行鉴评,在这里介绍一下可以把茶叶内质审评变得简单的一些方法。在茶叶店,通常可以把要买的茶叶称取3克(普洱茶、乌龙茶可以5克)投入到容量差不多一样的盖碗、壶或玻璃杯中进行冲泡,按茶叶的冲泡要求,除名优茶绿茶水温在85℃左右外,其余都用同量的沸水冲泡3分钟左右的时间后,按冲泡顺序将茶汤全部倒入到同样质地、形状、大小的公道杯中,然后看汤色、嗅香气、尝滋味和看叶底。叶底全部移入相应位置的茶船上。

1. 汤色

茶汤的颜色是茶叶内含成分溶解在沸水中,视觉所感受到的。汤色变化很快,看汤色要快速。主要从汤色性质、深浅、明暗和清浊来看。绿茶茶汤以嫩绿为主或绿中略带黄、明亮;红茶茶汤红艳明亮,带黄色及叶底茶色不匀为工艺不好等原因;普洱茶茶汤色红浓明亮;其它黑茶的汤色应为橙黄浅明。青茶汤色则为橙黄明亮;黄茶的汤色应为黄而明亮;白茶的汤色应为浅黄而明亮。

2. 香气

嗅香气是湿看的第二步,靠购买者的嗅觉完成,分热嗅、温嗅、冷嗅三个阶段,茶叶的香气以鲜爽、香高持久为好,高短次之,低而粗为差,有异味的茶叶为劣质茶叶。热嗅主要可以鉴别茶叶有无异味,可以统一闻盖碗盖子、杯身、公道杯等,注意鼻子不要靠得过近。温嗅是嗅香的最佳时期,必须抓紧时间,这是香气的高低判定最好的时候。冷嗅是嗅香气的持久性,一般好的茶叶,香气维持时间长一些,差的茶叶或低档茶叶冷嗅多为粗老气。

一般来说,绿茶应具有清香鲜爽之感,其上品还具有板栗香、兰花香等气味。红茶以嫩香或花果香者为好。倘若香气浓烈、持久,质量更佳。乌龙茶则以花香或果香细锐、高长为好;粗钝低短,香中带青气为次。

3. 滋味

茶叶给人的味感有苦、涩、甜、鲜、酸等多种,茶叶成分比例得当,滋味就鲜醇可口。审评茶汤滋味主要按浓淡、强弱、鲜滞、爽涩、苦甜及纯异等来评定。不同种类,不同花色,或同一种类,不同品种以及不同地区的茶叶,其滋味各不相同。大叶种绿茶初尝有其苦涩感,但回味浓醇,令口舌生津;粗老劣茶则淡而无味,甚至涩口、麻舌。上等红茶滋味浓厚、强烈、鲜爽;低档红茶则平淡无味。上等乌龙茶滋味醇厚、香郁、回甘,无红茶苦味，也无绿茶涩味，应兼有红绿茶甘甜醇厚的感觉。品尝茶汤时宜小口，使茶汤从舌尖到两侧再到舌根，以辨绿茶的鲜爽和红茶的浓甘，同时也可以在品尝时再体会一下茶的香气。

4. 叶底

叶底即开汤后的茶渣，其老嫩、匀杂、整碎、色泽的亮暗和叶片的开展的程度等是评价茶叶优次的一个重要因素。有条件的话，评价叶底时，将叶底全部倒入叶底盘，或倒入相应位置的茶船上，拌匀、铺开、摊平，观察其嫩度，匀度和色泽。用手指按叶底，感受软硬，观察叶张的厚薄和完整性，芽头和嫩叶的含量等。

总而言之，购买茶叶不是一件易事，需要具备一定的茶叶基础知识和加工知识等，经过实践总结，通过以上各项因子的综合评定，遵守一定评茶规则，按一定评茶程序操作才能得出相对客观的结果。评价结束后，购买员应及时完成一定的记录，对茶叶给予一个正确评语和评分。

三、茶具的选购

用于饮茶的器件，我们称之为“茶具”，茶具的产生和发展，经历了一个从无到有、从共用到专用、从粗糙到精致的历程。茶具最早见于西汉王褒《僮约》中“烹茶尽具”四字。由于制作材料和产地不同可分为陶器茶具、瓷器茶具、漆器茶具、玻璃茶具、金属茶具和竹木茶具等几大类。茶具种类繁多，根据其作用分为两种：主茶具和辅助茶具。由于它们的特性各不相同，因此，在选购时需要注意的侧重点也不相同。在选用茶具时，需要考虑以下三个方面：一要有实用性；二要有欣赏价值；三要有利于茶性的发挥。选购茶具时要根据所需的不同质地的茶具进行选购。

（一）陶器茶具

陶器中的最受人们欢迎的首推宜兴紫砂茶具，早在北宋初期就已崛起，成为独树一帜的优质茶具。紫砂茶具具有造型简单大方，古朴优雅的特点，在明代大为流行。

紫砂茶具中以茶壶最为名贵，正宗的紫砂壶采用当地的紫泥、红泥、团山泥抟制焙烧而成。其里外都不敷釉，由于成陶火温在1000～1200℃，质地致密，既不渗漏，又有肉眼看不见的气孔，具有很好的吸附性，长时间使用，壶体的颜色会变得越来越光滑自然，而在壶内泡着的茶汁会渗进壶体内，日积月累的茶壶蕴含了茶味。一般认为用来泡台湾的乌龙茶，铁观音等半发酵茶最能展现茶味特色。

目前，市场上销售的紫砂，主要来自福建、宜兴、台湾三地。福建紫砂制作时也大都是来自宜兴的砂，但紫砂的加工确是在福建，其中台湾紫砂壶砂质较为细腻，与其他两地产的紫砂略有差异，相比之下更适合泡乌龙茶。

选购紫砂壶可以根据三平法进行选择，即壶的嘴、钮、把，三点成一线，上下落差不得大于5毫米。壶嘴不能低于壶口，则茶水不满而易溢出；壶把若不和壶口相平，将缺乏平衡感。尤其是水平壶、西施壶等基本壶式更是如此，它看似简单却不可忽视，很多制壶名家在制作的时候也会出现嘴歪把斜的现象。另外，上把与下把要在同一垂直线上。

虽然，不符合三平法的紫砂壶一样能泡能养，只是中国人讲究的是“大中至正”“允执厥中”，所以除非是特意设计的砂壶，仍应慎重审视为宜。

除了用三平法选购紫砂壶外，还可应从以下几个方面考察：一是造型、图案、色泽要脱俗和谐，气质优良；二是敲打声音清脆悦耳，不沉闷，不尖锐；三是壶放在桌上要平稳，壶盖壶口结合紧密不溢水，壶把提用方便，壶嘴出水流畅，壶内较为光滑，容积容量比例恰当；四是看壶出水时有无“挂珠”，有无断线的现象。若壶倒水时，突然将其持平，壶嘴下沿不挂水珠者、出水均匀流畅者为好壶。

（二）瓷器茶具

瓷器无吸水性，音清而韵长，瓷器以白为贵，约1300℃左右烧成，能反映出茶汤色泽，传热、保温性适中，在冲泡茶叶时不会发生化学反应，泡茶能获得较好的品茗效果，且造型美观精巧，适合用来冲泡轻发酵、重香气的茶类，如滇红工夫茶。

最常见的瓷器茶具有白瓷茶具、青瓷茶具。瓷器茶具的造型、花色比紫砂更具观赏性。它的图案或清新俊朗或清淡悠扬。另外，目前由于瓷器新工艺新技术与新材质的深度开发，瓷器茶具开始慢慢被普及，并在家居行业得到较好的发展，被认为是有文化内涵的装饰品之一。一些新瓷器茶具中还加入各式花样图案和文字，以满足不同年龄阶段消费者的喜好。

白瓷，早在唐代就有“假白玉”之称。因色泽洁白，能反映出茶汤色泽，传热、保温性能适中，加之色彩缤纷，造型各异，堪称饮茶器皿中之珍品。其中白瓷以景德镇的瓷器最为著名。北宋时，景德镇生产的瓷器茶，质薄光润，白里泛青雅致悦目，并有影青刻花、印花和褐色点彩装饰。明代时，在青花瓷的基础上又创造了各种彩瓷，产品造型精巧，胎质细腻，色彩鲜丽，画意生动。

“商人重利轻别离，前月浮梁买茶去。”浮梁即今景德镇，是个古老茶区。景德镇在唐代就能生产质量很高的茶具。南宋时，景德镇湖田窑成功地制成了褐黄、天蓝、微青细条纹的所谓兔毫盏。今天,市面上流行景德镇的青花茶具,有一种“青花双龙茶具”,其茶壶、茶杯、茶盘上均绘有一对凌空飞舞、气势雄伟的青龙,口沿周围的青翠艳丽的带状边饰也十分精巧,令人赏心悦目。白釉青花,清新典雅,具有浓郁的民族风格和中国气派。景瓷茶具大都配有精巧的装饰,如外壁绘有山川河流、四季花草、飞禽走兽、人物故事等精美绘图,或几行颇蓄哲理的劲道的书法,具有较高的审美价值。用这等茶具冲泡名茶,在品饮茶叶的同时,又观赏茶具,将别有一番情趣。

除景瓷外,也不乏其他名瓷,唐陆羽《茶经》提到:“碗,越州上,鼎州次,婺州次”“邢瓷类银,越瓷类玉”“邢瓷白而茶色丹,越瓷青而茶色绿”。有人认为邢州和越州出产的瓷碗同样是上等质量,其实并非如此。如果说邢瓷质地像银,越瓷就像玉,这是邢瓷不如越瓷的第一点,邢瓷白易使汤现红色,越瓷青易使汤现绿色,这是邢瓷不如越瓷的第二点。晋杜育《茶赋》指出:“器泽陶简,出自东隅”,这里指的就是越州制的碗,上口不卷边,碗底里弧形而浅,容积不到半升。越州瓷、岳州瓷都色青,使茶汤呈青绿色;邢州瓷白色,使茶汤色红;泰州瓷黄色,使茶汤色紫;洪州瓷褐色,使茶汤色黑。不同瓷器,对于茶的汤色都有不同的影响。龙泉青瓷茶具以它造型古朴幽雅,瓷质细腻、釉厚,色泽柔和而蜚声中外。不少古代诗人都有诗句称赞,如:唐朝诗人陆龟蒙曾用“九秋风露越窑开,夺得千峰翠色来”的美丽诗句,描绘越窑瓷器的瑰丽色彩。孟郊诗云:“蒙山玉花尽,越瓯荷叶空。”顾况《茶赋》云:“舒铁如金之鼎,越泥如玉之瓯。”韩偓诗云:“蜀纸麝煤沾笔兴,越瓯犀液发茶香。”徐夤在《贡余秘色茶盏》一诗中称:“巧剜明月梁春水,轻施薄冰盛绿云,古镜破苔当席上,嫩荷涵露别江喷。”这都给人以美好的联想。

青瓷茶具主要产于浙江、四川等地,早在东汉年间,浙江已开始生产色泽纯正、透明发光的青瓷。晋代浙江的越窑、婺窑、瓯窑已具相当规模。宋代,作为当时五大名窑之一的浙江龙泉哥窑生产的青瓷茶具,已达到鼎盛时期,远销各地。明代,青瓷茶具更以其质地细腻,造型端庄,釉色青莹,纹样雅丽而蜚声中外。当代,浙江龙泉青瓷茶具又有新的发展,不断有新产品问世。这种茶具具有造型古朴挺健、釉色翠青如玉等众多优点,因色泽青翠,用来冲泡绿茶,更有益汤色之美。不过,可用它来冲泡红茶、白茶、黄茶、黑茶,不足的是易使茶汤失去本来面目。

在购买瓷器茶具时应主要对瓷器本身进行观察:器形是否周正,有无变形;釉色是否光洁,色度是否一致,有无砂钉、气泡眼、脱釉等。若是青花或彩绘则看其颜色是否不艳不晦,不浅不深,有光泽(浅则过火,深则火候不够;艳则颜色过厚,晦则颜色过薄)。最后要提起轻轻弹叩,再好的瓷器有裂纹都会大打折扣。

购买瓷器茶具时还要注意陶瓷茶具的环保与质量,好的陶瓷茶具对人体健康有益,劣质陶瓷茶具对人体健康有害,挑选时注意以下几点:

(1)购买瓷器茶具一定要选择正规的市场,切不可因为便宜而购买不是正规生产厂家的劣质产品。国家规定,将陶瓷茶具置于4%的醋酸中浸泡,铅的溶出量不得大于7毫克/升,镉的溶出量不得大于0.5毫克/升。目前正规的生产厂家的产品基本都能符合这一要求。

(2)购买时要注意看瓷器茶具的成色,然后用手轻轻地触摸茶具表面,然后感受瓷器茶具内壁是否光洁。

(3)用鼻子嗅,看是否有异味。

(4)购买者在使用前须用沸水把茶具煮上5分钟,或者用食醋浸泡2~3分钟,以溶出茶具中含的有毒物质。

总之在选购瓷器茶具时,应考虑其实用性及艺术性的兼具。虽然瓷器的造型变化多端、层出不穷,由于市场竞争的压力,使得许多茶具的制造商为吸引广大消费者的眼球,在茶具的造型上大下功夫,从而造成实用性不强要求。有时,茶具好坏不是以价格的高低去衡量,应选择一款适合自己的茶具,且具有一定的实用价值和艺术价值。

(三)玻璃茶具

玻璃,古人称之为流璃或琉璃,是一种有色半透明的矿物质。玻璃茶具能给人以色泽鲜艳,光彩照人之感。我国的琉璃制作技术虽然起步较早,但直到唐代,随着中外文化交流的增多,西方琉璃器的不断传入,我国便开始烧制琉璃茶具。陕西扶风法门寺地宫出土的由唐僖宗供奉的素面圈足淡黄色琉璃茶盏和素面淡黄色琉璃茶托,是地道的中国琉璃茶具,虽然造型原始、装饰简朴、质地显混、透明度低,但却表明我国的琉璃茶具唐代已经起步,在当时堪称稀奇之物。唐代元稹曾写诗赞誉琉璃,说它是"有色同寒冰,无物隔纤尘。象筵看不见,堪将对玉人"。在唐代琉璃茶具被列入供奉之物。宋时,我国独特的高铅琉璃器具相继问世。元、明时,山东、新疆等地出现规模较大的琉璃作坊。清康熙时,在北京还开设了宫廷琉璃厂,但宋代至清代,虽有琉璃器件生产,且身价名贵,但多以生产琉璃艺术品为主,只有少量茶具制品,始终没有形成琉璃茶具的规模生产。

玻璃茶具一般是用含石英的砂子、石灰石、纯碱等混合后,在高温下熔化、成形,再经冷却后制成。玻璃茶具有很多种,如水晶玻璃、无色玻璃、玉色玻璃、金星玻璃、乳浊玻璃茶具等。用玻璃可制成各种其他盛具,如酒具、碗、碟、杯、缸等,多为无色,也有用有色玻璃或套色玻璃的。

近代,随着玻璃工业的崛起,玻璃茶具得到迅速发展,很多人选择玻璃材质物品是因为玻璃质地透明,光泽夺目,可塑性大,因此,用它制成的茶具,形态各异,用途广泛,而且价格低廉,因此颇受茶人好评。在众多的玻璃茶具中,以玻璃茶杯最为常见,用它泡茶,茶汤的鲜艳色泽,茶叶的细嫩柔软,茶叶在整个冲泡过程中的上下穿动,叶片的逐渐舒展等,可以一览无余,可以说是一种动态的艺术欣赏。特别是冲泡各类名茶,茶具晶莹剔透,杯中轻雾缥缈、澄清碧绿、芽叶朵朵、亭亭玉立,观之赏心悦目,别有风趣。而且玻璃杯价廉物美,深受广大消费者的欢迎。因此,用玻璃茶具来冲泡种种细嫩名优茶,最富品赏价值,家居待客,不失为一种好的饮茶器皿。但美中不足的是玻璃茶杯质脆,易破碎,使用时比陶瓷烫手。现代的玻璃茶具已有很大的发展,玻璃质地透明,光泽夺目,外形可塑性大,形态各异,用途广泛。主要适用于草花茶、红茶、绿茶、普洱茶、水果茶、养生茶及工艺花茶等和咖啡系列,并且有较高的观赏性、趣味性。

玻璃茶具从表面来看是非常通透的,但实质还是存在很大的差别的。一般正品茶具,玻璃厚度均匀,阳光照射下非常通透,而且敲击之下声音很脆。且通过抗热处理大都不会出现炸裂的情况。个别玻璃茶具,价格相对便宜,不过敲击声音发闷,而且透明度不够,相对有些浑浊,抗热性能一般,尤其是煮花草茶的玻璃茶壶,如果抗热性差,危险性很大。

选购玻璃茶具要注重玻璃茶具整体的美观、玻璃的清澈度及玻璃整体的流畅度。那么如何选购一款称心如意的玻璃茶具?

(1)耐热材质:高硼硅玻璃,耐热性强,可用蜡烛酒精加热。

(2)高透视度:茶具用全透明玻璃材质制作而成,可直接、清晰的透视冲泡过程。

(3)原味重现:因玻璃无毛细孔的特性,不会吸取茶的味道,让您能品尝到百分之百的原味,且容易清洗,味道不残留。

(4)造型优雅:专为冲泡绿茶或者花茶等去购买,具有晶莹的质感,可以看到茶清新淡雅的茶色,完全享受喝茶的乐趣!

(四)金属茶具

金属茶具是由金、银、铜、锡等金属制成的茶具,它是我国最古老的日用器具之一,在茶具的发展和演变过程中,曾是一个非常重要的茶具种类。早在公元前18世纪至公元前221年秦始皇统一中国之前的1500年间,青铜器就得到了广泛的应用,用金、银、铜、锡等金属制作的茶具，尤其是锡作为贮茶器具材料有较大的优越性。锡罐多制成小口长颈，盖为筒状，比较密封，因此对防潮、防氧化、防光、防异味都有较好的效果。唐代时皇宫饮用顾渚茶，金沙泉，便以银瓶盛水，直送长安，主要因其不易破碎。但其造价较昂贵，一般老百姓无法使用。

在铁质器皿出现之前，人们煮制食物的用具主要以青铜器皿为主，而当时的茶是用生煮的方式煮成羹烫后饮用，所以煮茶时必定会使用到青铜制的煮鼎。直至秦汉时，宫廷内和高官贵族们才开始用金碗银瓶等贵金属茶具。唐代时，为了显示皇族的尊贵，皇宫里所使用的茶具大多是用金银制作而成的。1987 年，在陕西省扶风县法门寺的地宫里，共发现了唐僖宗李儇所用过的 12 件金银制茶具，由此可以推知当时金银制茶具的大致使用情况。

因为制造铁制器皿所需的费用比制造青铜、金、银质器皿相对较少，且易于推广，所以，铁制器皿一出现就很快走进了人们的日常生活。因此，茶具中的铁制器具也逐渐增多了，比如铁质的炉、釜、鼎等均得到广泛的使用。

实际上，用金属茶具饮茶并无什么特别之处，只是一些人认为用金银质地的茶具可以显示自身尊贵的身份及地位。但随着人们对茶艺的研究与对茶性认识的深入，金属茶具逐渐淡出了人们的茶事生活；而如今我们所使用的茶具里，仅有很少一部分为金属质地材质的，比如锡质的茶罐等。新功能的不锈钢电茶壶等新兴茶具，因具有方便、快捷等特性，容易被具有现代元素的茶馆所选用。

（五）竹木茶具

隋唐以前，我国饮茶虽渐次推广开来，但属粗放饮茶。当时的饮茶器具，除陶瓷器外，民间多用竹木制作而成。当时竹木器皿便被普遍用于餐饮中，后来竹木茶具从竹木器皿中脱离出来并进行了规范，但是在人们的日常生活中仍然经常可以见到竹木茶具。例如，陆羽《茶经·四之器》中所列出的 24 种茶具，大部分都是用竹木制成的。

木制茶具的原材料比较容易得到，制作起来也比较简单，而且不会对茶叶造成污染，对人体也没有危害。然而竹木茶具也存在不足之处，那就是不宜长时间贮存茶叶，也不能长期使用。清代时，四川出现了一种用竹子编织成的茶具，主要有茶壶、茶杯、茶托、茶盘等，且大多是整套编制的。竹编茶具通常由内胎与外套构成，内胎大多是陶瓷类的饮茶用具，外套使用精心挑选的慈竹，经过劈、启、揉、匀等多重工序，制成像头发一样柔软细密的竹丝，再经过拷色、染色，然后按照茶具内胎的大小、形状编制嵌合，令其成为如同一个整体的茶具。这种竹编茶具不但可以保护内胎，减少破损，而且冲泡茶叶后不容易烫到手;同时,竹木茶具因具有色调协调、自然美观,且富有艺术鉴赏价值的优势而被经常当作是工艺品。因此,大部分人购买竹编茶具不是为了使用,而主要是为了收藏及陈列。

竹木茶具适合泡制花茶,花茶冲泡时,70℃～80℃的水即可,否则会伤害花茶的精髓。木制器皿冲泡出来的花茶不会伤害花茶本质,保留花茶精髓最佳状态。像冲泡玫瑰花茶、御青菊花普洱茶都是很好的选择。

在历史上,广大农村包括茶区,很多人使用竹或木碗泡茶。因为它物美价廉,经济实惠,但现代已很少使用。在我国南方,如海南等地有用椰壳制作的壶、碗来泡茶的,经济而实用,又具有艺术性。用木罐、竹罐装茶,仍然随处可见,特别是福建省武夷山等地的乌龙茶木盒,在盒上绘制山水图案,制作精细,别具一格。作为艺术品的黄阳木罐、二黄竹片茶罐,也是馈赠亲友的珍品,且有实用价值。少数民族较多使用竹木茶具,因此,为体现少数民族风格,可选购相关竹木茶具。

四、食品的选购

随着茶的品饮发展,佐茶食品,即我们通常所说的茶点,也越来越丰富多彩。茶点的选择与搭配有一定的讲究,中国有句俗话说:“甜配绿、酸配红、瓜子配乌龙”,讲的就是茶性与茶点之间的搭配原则。绿茶性质属凉性,口感鲜爽,可以解腻味,降火等,因此喝绿茶可以吃一些豆沙糕及春卷之类的甜点;而红茶属温性,口感甜而爽,可以搭配略有酸味的山楂及葡萄干之类,提味提神;等等。最宏大的茶点搭配当属英国的英式下午茶茶点。下午茶发源于英国19世纪40年代,一般在下午的两点到五点之间进行,沏一壶茶,配牛奶或糖调饮。简单点的,就搭配一些蛋糕、司康饼或水果任意组合。讲究点的,则是华丽迷人的三层架,正统的英式下午茶,第一层放三明治,第二层放英国传统点心司康饼,第三层则是蛋糕及水果塔,从第三层往上开始吃,口味由淡而浓。茶馆的经营离不开正确的茶点搭配,精致美味的茶点,可以使顾客在品茶聊天的同时,也获得美食的享受。

(一)茶点选配

中国是茶的发源地,中国茶文化源远流长,博大精深,其中茶点是茶文化组成中的一个重要部分,喝茶佐以茶点这种风气在唐朝就已形成。据史料记载,唐代的佐茶点心非常丰富,粽子、馄饨、饺子、馅饼、大饼,乃至烤羊肉、水果等等这些,早在唐代就已经登上了唐人的茶桌。

现今的茶点多精细美观，口味丰富，精致小巧，典雅有型，品种丰富，在搭配上值得适当讲究。饮茶没有配茶点，犹如中国茶文化缺失了一半，茶点搭配时一定要谨慎灵活选择，遵循一定的搭配原则，使茶文化在茶点这一色彩的映衬下变得更加斑斓。从另一方面激发客人“泡茶馆”的欲望和频率。

（二）茶点选配原则

选择茶点，不仅要了解茶性，还应了解食物特点。在注重茶点的风味效果的同时，不仅要注意不同地域的人对茶点的习惯，还要体现茶点的文化内涵，反映茶点的时代特征等。因此，茶点的选择，可以说既是一门技术，也是一门艺术，需掌握一些搭配原则，方可自如选配。

要点之一是茶点要适应茶性。也就是食味要与茶味相合，有行家总结了简单的三句话，就是：“甜配绿，酸配红，瓜子配乌龙。”这句话前面已有相关阐释，这里就不再展开。例如，龙井的茶汁清澈轻盈，水晶饺是佳配；普洱的茶汁沉稳厚重，配牛肉干最好不过。

要点之二是茶点要有可观赏性。茶点与传统点心相比，制作要求更加精致美观，注重茶点的色彩与造型，不同的茶叶内在茶性、茶味迥别，需要不同味感的食物搭配。不同茶叶外在茶形、茶色殊异，需要不同形状和色彩的食物相伴，这样才能够形成一种视觉的和谐之美，外形好了，卖相自然也会好。

要点之三是茶点要有可品尝性。卖相漂亮的茶点，自然会使顾客在味觉上有所期待，即要做到色香味俱全，味美可口是茶点所应追求的核心品质。

最后还应提供品类丰富多样的茶点。要能够满足来自不同地区不同顾客的不同喜好。例如沿海地区的人喜欢海鲜，虾饺就必不可少；中原地区以面食为主，因此包子、锅贴之类应该能被提供；南方人偏向于食用大米及甜食，就需要提供年糕、汤圆、糕点之类的点心；等等。

总之，品茶应佐以合适的茶点，正如红花还需绿叶配，一杯香醇可口的好茶，配以精致可口的点心，可以使心情在喝茶的时光中沉浸、放松、享受、美好，品茶也会更加有趣、惬意。

五、其他物品的选购

在茶馆的日常经营中，还有很多物品需求。有最常用的泡茶用水，有提供给客人的纸巾，有专门为甜点之类的茶点配备的餐具，有洗涤和打扫用品用具，等等。

（一）泡茶用水

“水为茶之母”茶与水的结合体中，水的作用往往会超过茶。因为水是茶的色、香、味、形的载体，而且饮茶时，茶中各种物质的体现、愉悦感的产生、无穷的回味等等这些，都要通过水来实现。此外，茶叶中的各种营养和药理功效成分的溶解，最终也都是通过用水冲泡的方式来实现的。

1. 水的含氧量与泡茶

自古常言：水不可煮老，烧水时间过长，或经过多次回烧的开水，由于水蒸气大量蒸发，含氧量会相应降低，而留剩下来的水中含有较多的盐类及其他物质，特别是亚硝酸盐含量相对增加，以致茶汤苦涩味加重，汤色变得灰暗，口感变差。所以说，“水老不可食”是有道理的。多次烧开的水，泡起茶来没有初煮的开水那么好喝。含氧量高的水，喝来爽口，有活性，泡出的茶香气较易溶于水。

至于泡茶用水是直接加热到所需温度，还是要先煮开后再降温到我们所需的温度，这主要取决于水质是否卫生、无菌。如果需要借高温杀菌，或使假性硬水变软，就先将水煮到100℃，然后再降至我们需要的泡茶温度；但可以生饮的水就不必烧开，需要多热就加热到那个温度即可，因为将水煮沸多少都会消耗部分含氧量，而且浪费能源。

2. 水的硬度与泡茶

水的硬度简单地说就是水中的总固体溶解量（TDS）。水的总固体溶解量可以用PPM来表示，也就是水量的百万分之几的意思。总固体溶解量高，就是硬度低，这样的水称为软水。

而硬度高主要是溶解的钙离子与镁离子高，如果将水煮沸（约100℃，如在高山上沸点会降低），水中的钙、镁离子若变成白色沉淀物，俗称“水垢”，那水的硬度会因此降低，这种硬水称为假性硬水或暂时性硬水，若煮沸后无法变成水垢沉淀物，就成为永久性硬水，这种水无法通过煮沸的方法降低硬度。

泡茶要用软水，因为用硬度高的水泡出的茶，香气不扬，汤色变暗，滋味也会变差。最好能用硬度在7度以内的软水，如果条件允许，能使用硬度在5度以内者最好。但不要特意使用纯水，也就是硬度接近0度的水，这种水的口感反而不好，泡茶时对某些成分的溶解也不利。

目前，茶界对饮茶用水所认定的水质主要标准是：色度不超过15度，无异色，浑浊度小于5度，无异味，不含肉眼可见物，pH值为6.5~8.5，总硬度不高于25度的为合格，一般饮用水的适宜硬度以10~20度为宜。

3. 水中残留杀菌剂的影响

水中杀菌剂残留的问题多发生在自来水上，目前常用的杀菌方法是加氯，让水在供应途中不致滋生细菌。水在饮用时仍然存留的氯称为余氯，余氯太多不但有碍健康，而且直接影响茶汤的品质，尤其是香气的欣赏。除了余氯，还有其他的杂味，如蓄水池的泥土味与输送管道的铁锈味，这些气味最好能在泡茶之前将其去除，但余氯的去除，最好在饮用或煮水之前，不要长时间存放除去余氯的水，因为这段时间细菌容易孳长。

那么，自然的山泉水是不是最适宜泡茶呢？

这还是要看这口山泉是否受到污染，如流经有污染源的地方，或含有危害健康的重金属，或含菌量过高等。泡茶的山泉必须质软，而且无色、无臭、无菌，且含氧量高。一般而言，长期有人饮用的泉水较为可靠，因为有些危害的微量元素是不容易检测的。干旱季节仍然不枯竭的泉水应该比较优质、可靠，这是因为泉源较深，不易受地面水的污染。

经过以上分析，泡茶用水的选择之重要程度显而易见，因此，在采购时一定要认真对待。

（二）洗涤用品等的选购

纸巾、餐具这些依然可以从实用、经济、科学与艺术性四个方面相结合来进行挑选和购买。扫把、抹布、洗洁类产品等，多要考虑其经济实用性。

（三）装饰用品的选购

各类装饰用品成为茶馆经营的必需。对这些装饰品的选购也是茶馆经营的重要组成部分。茶馆的装饰用品主要有：植物类装饰用品，如各种盆栽的树木鲜花以及室内的各种插花盆景等；壁画类装饰用品，如水彩画、油画、巨幅照片、木贴画、中国画、西洋画、壁挂等；实物类装饰用品，如各类红灯笼、羽毛、彩旗、彩带、观赏鱼、仿真植物、动物标本等；雕刻类装饰用品如石雕、木雕、青铜像、骨雕、玉雕等。也包括具有象征意义和纪念价值的历史物品；书画；布艺装饰品。

第三节　茶馆物资的保管

一、茶叶的保管

茶叶的保管要求茶叶在一定的保质期以内，能够在保证茶叶基本质量的前提下不受或最大限度降低外在影响，有效延长茶叶保鲜保质期，茶叶吸湿性及吸味性强，很容易吸附空气中水分及异味。通常茶叶在贮放一段时间后，香气、滋味、颜色会发生变化，原来的新茶味消失，陈味渐露。能够让消费者买到色、香、味、形都保存完好的茶叶产品，贮藏方法是否得当非常重要。

（一）茶叶储存的要点

茶叶极易吸潮和吸附异味，故贮藏茶叶的基本要求是阴凉、干燥、通风、无异味。

引起茶叶劣变的主要因素有：光线、温度、湿度、氧气、微生物、异味等。其中微生物引起的劣变受温度、水分、氧气等因子的限制，而异味污染则与贮存环境有关。因此要防止茶叶劣变必须对光线、温度、水分及氧气加以控制，包装材料必须选用能遮光者，如金属罐、铝箔积层袋等，氧气的去除可采用真空或充氮包装，亦可使用脱氧剂。应特别注意包装贮存是否妥当，在包装上除要求美观、方便、卫生及保证产品安全以外，尚需要讲求贮存期间的防潮及防止异味污染，以确保茶叶品质。

（二）茶叶储存的方法

根据茶叶的特性和造成茶叶陈化变质的原因，从理论上讲，茶叶的储藏保管以干燥（含水量在6%以下，最好是3%～4%）冷藏无氧和避光保存最为理想。但由于各种客观条件的限制，以上这些条件往往不可能兼备而有之。因此，在具体操作过程中，可抓住茶叶干燥这个必需的要求，根据各自现有条件设法延缓茶叶的陈化过程，再采取一些其他措施。茶馆茶叶的储藏方法，不妨借鉴家庭的储藏方法。茶叶贮存方式依其贮存空间的温度不同可分为常温贮存和低温贮存两种。因为茶叶的吸湿性颇强，无论采取何种贮存方式，贮存空间的相对湿度最好控制在50%以下，贮存期间茶叶水分含量须保持在5%以下。

1. 存茶罐储存法

市场上茶罐种类繁多，有纸茶罐、不锈钢茶罐、锡茶罐、竹茶罐等等。不同的茶罐有不同的性能。一般来说，茶罐的密封性能必须要好，以防止异味、防潮、防氧化。

在各种品类的茶罐中，以锡制茶罐的密封性能最佳，且防光、防潮、防异味性能都很好，适合用来贮藏比较名贵的茶叶，价格偏高。目前，市面上高档的茶叶罐以锡制茶罐为主，锡对人体无毒无害，且无金属味，罐身比较厚实，利于保温，因此保鲜性能也很好。

在用新买的茶叶罐或之前存放过其他物品留有味道的茶叶罐时，应先用少许茶末放在罐子里，盖上盖子进行摇晃，使茶叶味散逸以去除其他异味。茶罐应置于阴凉处，最好有专门的存茶室，避免阳光直射和有热源的地方。同时，为了提高密封性能，可以在装好茶叶后，用胶带再进行一次封口。对于需要经常取用的茶叶，可以用半斤左右的小包装存储，以免影响罐内大部分茶叶的品质。

2. 陶瓷坛储存法

陶瓷坛适合于存放需要长期存放的茶叶货品。茶馆内的存茶，不仅要满足有一定的库存茶叶，也要满足每天的冲泡出货量，陶瓷坛存茶法就是为了保证茶馆的库存需要，而采取的另一种存茶法。

陶瓷坛需要干燥无异味的，且密封性能佳。存放时，用牛皮纸把茶叶包好，分置于坛的四周，中间嵌放石灰袋一只，上面再放茶叶包，装满坛后，用棉花包紧。石灰隔1～2个月更换一次。这种方法利用生石灰的吸湿性能，使茶叶不受潮，效果较好，能在较长时间内保持茶叶品质，特别是龙井、大红袍等一些名贵茶叶，采用此法尤为适宜。

3. 低温储存法

将茶叶贮存的环境保持在5℃以下，也就是使用冷藏库保存茶叶，用这种方法储存茶叶应注意：贮存期六个月以内者，冷藏温度以0～5℃最经济有效；贮藏期超过半年，以冷冻－10℃～18℃为宜。贮存以专用冷藏库最好，如必须与其他食物共冷藏，则茶叶应妥善包装，完全密封以免吸附异味。冷藏库内要保持空气循环良好，已到达冷却效果一次购买多量茶叶时，应先予小包或小罐分装，再放入冷藏库中，每次取出所需冲泡量，不宜将同一包茶反复冷冻和解冻。由冷藏库内取出茶叶时，应先让茶罐内茶叶温度回升至室温相近，才可取出茶叶，否则经常开、关茶罐，茶叶容易凝结水气增加含水量，使未泡完的茶叶加速劣变。

冷藏室低温存茶法，可以和前两种茶叶储存方法结合使用。

茶馆储藏茶叶，一般都有专门的储藏室，下面介绍两种降低储藏室温度的方法：

一是干燥法。即在储藏室内的空处，放上盛有石灰或木炭的容器，每隔一段时间检查石灰是否潮解，如石灰潮解应立即换掉，这样就保持储藏室内的干燥。

二是采用吸湿机除湿。此法对储藏红茶更适宜。茶叶储藏室平时少开门窗，如要换气，应选择晴天中午，开窗半小时，以利通气。茶叶进入储藏室时，要检查是否夹杂霉变茶叶，入仓后要勤查，发现霉变茶叶后要及时清除，同时要找到霉变原因，并排除不良因素。吸湿机除湿，只有在储藏室封闭的情况下，才能发挥作用。因此，平时进出都要及时关闭门窗。

(三)各类茶叶的储存

茶叶贮存前要先分类：

(1)轻焙火的高山茶、乌龙茶、包种茶、龙井茶、碧螺春、白毫银针、东方美人、绿茶等茶类，宜挑选密封度好的茶叶罐、铝箔袋、脱氧真空包装，可以选择 PC 塑胶真空罐、马口铁罐、不锈钢、锡材质制的茶叶罐，避免阳光直射，效果较佳，可防潮、避免茶叶变质走味。一般轻焙火、香气重的茶叶因含有轻微水分会产生发酵，建议尽速泡完，短时间喝不完，可将茶叶密封，存放于冰箱中冷藏低温保鲜贮藏。

(2)重焙火的普洱茶、武夷岩茶、铁观音等茶类贮存时要先把茶叶的水分烘焙干一点，利于茶叶久放不变质，如要让茶叶回稳消其火味，用瓷罐或陶罐都是很好的选择。普洱各种茶类如用陶罐、瓷罐贮存，切记不要盖盖子，口用布盖上，让其通风，因为普洱各种茶类属于后发酵，需借由空气中水分来做发酵，自然陈化，放得越久普洱茶的滋味就会变得更柔和、汤色鲜红明亮、入口滑顺、生津回甘。茶叶罐应放在：荫凉通风、保持干燥、避免阳光直射，不要贮放在有异味的储存柜或是跟有气味的东西一起贮放，避免吸入异味。

(四)茶叶的保质期

茶叶最终是入口的东西，因此必然涉及保质期的问题，过期变质的茶叶是不能饮用的。茶叶也有保质期，这一点，许多消费者并不了解，茶商也不愿意承认，所以许多茶叶的包装上，并没有注明保质期。

实际上，国家以食品卫生标准为依据制订了茶叶标准，对茶叶的保质期做出了限定。但国家对普洱茶没有制定标准，因为它是后发酵产品，比较难制定保质期标准。其他茶叶应该严格按照国家标准来操作，否则过了保质期，茶叶就失去了自身的品质和韵味，若受潮发霉还对人体有害。

当然，茶叶的保质期与茶叶的品质有关，不同的茶保质期也不一样。像普洱茶、黑茶，陈化的反而好一些，保质期可达 10～20 年；又如武夷岩茶，隔年陈茶反而香气馥郁、滋味醇厚；再如湖南的黑茶、湖北的茯砖茶、广西的六堡茶等，只要存放得当，不仅不会变质，反而能提高茶叶品质。比如普洱茶，一般要求有专门的储藏室，温度保持在 25℃左右，湿度控制在 60%左右。另外室内要通风，不与有异味物品一起摆放，每隔 3 个月还要翻动茶叶一次。这些条件，一般茶叶爱好者、收藏者都很难做到。

通常，密封包装的茶叶保质期是 12～24 个月不等。散装茶叶保质期就更短，因为散装摆放在外的过程会吸潮、吸异味，这样不仅使茶叶丧失原茶风味，也更容易变质。

如绿茶，一般还是新鲜的比较好，保质期在常温下一般为一年左右。不过影响茶叶品质的因素主要有温度、光线、湿度。如果存储方法得当，降低或消除这些因素，则茶叶可长时间保证质量。

判断茶叶是否过期，主要有以下几个方面：一是看干茶的形状、嗅干茶的味道，判断其是否发霉或出现陈味；二是看茶汤颜色，比如绿茶是否变红，汤色是否变褐、变暗；三是尝茶汤滋味，主要看茶汤的浓度、收敛性和鲜爽度；四是看叶底整碎和柔韧度，如果叶底腐烂或柔韧度低，且光泽度不好，一定不是新茶。以上几个方面需要综合评定，其中任何一方面有问题，就不是好茶，这些方面，茶馆在储藏和购买茶叶是应当格外注意。

二、茶具的保管

喝茶离不开茶具，茶具是指冲泡茶叶的专门器具，包括壶，碗，杯，盘，托等。古人讲究饮茶之道，非常注重茶具本身的艺术内涵，一套精致的茶具配上色、香、味三绝的名茶，可谓相得益彰。因此茶具也需要精心的保养。

选购一套优质的茶具可以泡得好茶，品得茶香，而要想茶韵长存，茶具的日常保养显得尤为重要。对于一般的玻璃茶具、竹木茶具，保养的工作非常的简单，只要使用之后及时清洗、保持清洁，不留茶渍即可。但对于紫砂茶具和陶瓷茶具，平时的养护可不只是普通的清洁那么简单。

有些老茶友，喜欢其茶杯里积有 ·层厚厚的茶垢，似乎以此表明自己爱茶，是茶人。甚至有的人认为用有茶垢的茶具冲泡茶才更有味，这是错误的观念。到底该如何保护茶具呢？

（一）紫砂茶具的保养三个步骤

1. 勤加擦拭

要保养好紫砂茶壶需要勤加擦拭，这样才能使紫砂壶本身所具有的泥质光泽凸显出来。对茶壶进行清洁之后，再使用洁净的茶巾或别的比较柔软细密的布轻擦茶壶的外部，能使茶壶变得越来越有光泽。但要注意的是，不可往壶身上涂擦油剂，这样只会适得其反。

2. 及时清洁

冲泡完茶叶之后，应该把茶壶中的茶渣及时掏出来，使用清水把茶壶从内到外都清洗干净，然后置于阴凉通风处自然风干。但要注意的是千万不要使用洗洁精一类的化学清洁剂，以防止茶壶出现异味或将壶身上的光泽洗掉。对于有图案或花纹的茶壶,可以经常使用软毛牙刷进行清浩。

3. 冲泡茶叶

紫砂茶壶有吸水性,要经常使用才能够吸着茶香茶味,韵味育香,而且还可以令整个壶身逐渐形成一种淳朴柔润的光泽。因此,一把紫砂茶壶仅泡一种茶叶,这样泡出来的茶汤才更能保持原味的新鲜和纯正。

(二)瓷器茶具的保养

瓷器的保养必须遵循轻拿轻放、小心谨慎的原则,同时,对瓷器的保养,也不能对瓷器造成保护性损害。

(1)瓷器属于易碎品,在保存时应做好防震、防挤压、防碰撞等工作。在鉴赏藏品时须注意不可碰撞或者摔落它,尽量不用汗手去触摸。看藏品时,最好戴上手套,在桌上铺好绒布垫,赏看时不要互相传递,一人赏看结束应轻轻重置于桌上,其他人再捧持观赏。

(2)瓶、罐、樽等瓷器一般是由下而上两段拼接而成,移动时不能一只手提物件上部的脖子。正确的方法是,一手拿住脖子,一手托住底。有的瓶、罐、尊装饰有双耳,在取放时不能仅提双耳,以免折断或损坏。薄胎器皿,胎薄、质轻、娇气,移动、安放时更要小心,要双手捧底,忌用单手,尤其是瓶件,底足小,体型较长,还需防风吹倒。

(3)刚买回来的高温釉瓷器,应先放在清水中浸泡 1 个小时,再用洗洁精洗掉外表的油污,用茶巾擦干水后盒子装上,盒中应有泡沫充垫,且加了泡沫后直径不能超过藏品 0.5 厘米,藏品放在盒中应松紧适当,同时应避免挤压,以防损伤藏品。

(4)出土的低温釉及釉上彩。在釉彩上会渗入很多杂物,甚至会出现脱釉脱彩的现象,应先在胎釉之间加入少量的黏合剂,在彩上再涂较软的黏合剂以防彩釉大面积脱落。如果是在地下埋藏较长时间的高温釉或釉下彩,瓷器表面会产生很多钙质、硅质化合物,即土锈。可先用清水清洗一次,用3%过氧化氢浸泡 3 个小时左右,再用清水浸泡 30 小时以上,用清洁白布清洗,一般可除去土锈。如果除不尽,可用刷子蘸上醋酸,刷在土锈处,5 个小时后用医用手术刀斜削除去土锈,刀片只能向一个方向削。待大部分土锈去除后,再用白洁布和牙膏清洗直到土锈完全去除,这种方法只适用于高温釉和釉下彩。

(5)在洗刷油污等积垢时,应掌握以下技巧和方法:

①一般的污渍可以用碱水清洗,也可用肥皂或者洗衣粉清洗,再用净水冲净。

②冬季由于天气寒冷,在洗刷薄胎瓷器的时候,要控制好水温,以防冷热水的交替使瓷器发生爆裂。

③彩色瓷器，有的因色彩中铅的成分较多，会出现泛铅现象，可先用棉签蘸上白醋擦洗，再用清水洗净。

④如果瓷器有开片或冲口裂纹等现象，污渍容易“沁”入其中，可用牙刷蘸些酸性液体刷洗。但釉上彩器物，不能用此方法，因为酸、碱性物质易损伤釉彩。如果是描金彩瓷器，不可用鸡毛掸子做清洁，因为鸡毛掸子易损伤瓷器上的描金。珍贵瓷器收藏时应配有相应尺寸，带胆的木箱或木盒，以便保存收藏。

第四节　茶馆物资的控制

对茶馆企业来说，欲扩大利润就必须降低成本。而在茶馆的经营活动过程当中，很大一部分成本发生于各种物资消耗。茶馆物资和茶馆资金之间是此消彼长的关系。对物资库存量的控制，对茶馆流动资金的周转有很大影响，凭经验进行物资控制的茶馆管理是非现代的茶馆管理，没有物资管理的茶馆管理是不科学的管理。

一、茶馆物资控制意义

对茶馆的物资进行系统控制，加强管理意义重大：可以保持茶馆物资供给；保证和提高茶馆实物产品和服务产品的质量；影响茶馆服务环境的质量；降低成本，使茶馆取得更好的效益；加速流动茶馆的资金周转，合理利用资金；等等。

二、茶馆物资控制的特点

茶馆物资的控制和管理与工厂有所不同，有一些特点。首先，顾客多变性的需求影响茶馆物资的管理：如不同客人对不同物资品种、需求量、品质需求上的差异，使茶馆物资管理过程中必须确定的物资消耗定额难以确定，使采购管理部门的工作有些困难。其次，茶馆营销业绩也不够稳定，也影响着茶馆物资管理的计划。所以说茶馆物资管理并非易事，首先要对各类物资按不同的标准进行分类，对不同类别的物资用不同的方法进行管理和控制。

三、茶馆物资的控制

茶馆物资复杂繁多，茶馆物资控制必须对各类物资按不同的标准进行分类，对不同类别的物资用不同的方法进行管理控制。

（一）茶馆物资的分类

茶馆的物质资料很多，必须进行分类管理才能有的放矢。类别特性是物质资料管理的依据。

茶馆可以按物资的自然属性将茶馆物资分为棉织品、玻璃用品、装饰用品、清洁用品、服务用品、茶叶食品原料、餐具茶具，办公用品、燃料、印刷品及文具、维修材料及用具、消防用品等。此分类方法便于物资管理部门根据物资的物理、化学属性分别采购、保管、运输，减少物资损耗；同时，也便于茶馆编制物资采购计划。

茶馆也可以按物资的价值将物资分为大件物资、低值易耗品、物料用品，其优点是便于财务部门核算各类物资的资金定额。还可以按物资的使用方向分成客用物资、生产用料、办公用品、清洁和服务用品、基建、维修用料、安全、保卫用品、后勤用品等，这样有利于茶馆根据使用对象的不同特性编制物资定额，为各部门独立核算经济收益提供标准和依据。

茶馆按物资的补充方式可以将物资分为多次性消耗用品和一次性消耗用品，这种分类法有利于茶馆内各个业务部门分类分项制定客用物资的消耗定额，加强部门定额管理。

茶馆还可以按物资在茶馆经营中的不同用途将茶馆物资分为原材料、燃料、物料用品、商品，这便于茶馆确定各种物资的消耗定额，茶馆可以根据物资在茶馆经营中所起的不同作用，分清物资补充的轻重缓急。

（二）茶馆物资的控制内容

对茶馆物资进行分类以后，对于不同的茶馆，其物资的控制方法也不尽相同，但大同小异。管理控制的基础是制度，对不同管理内容尽量预先制定制度，进行预先控制，实时控制，控制好关键环节，对结果进行反馈，然后，调整管理制度改进管理和控制，提高管理控制效率。

1. 茶馆低值设备的控制

茶馆的低值设备是指在茶馆各类设施设备中，资金占用量不大，使用寿命相对不长，但是又必不可少的那部分设备的总称。它区别于低值易耗品，又区别于茶馆的固定资产。在茶馆经营过程中需要使用许多低值设备，主要包括电热壶、消毒柜、保温容器、饮水机、净水器、碎纸机、微波炉、咖啡炉、榨汁机、电话机、传真机、打蛋机、打卡机等。低值设备由于其价值不高（相对于空调等设备而言）散落在各个部门，只有对它们进行登记，才能明确每件低值设备的使用地点和归口管理部门，同时方便统计茶馆的各类设备的资金占用量，正确掌握茶馆资金的分布情况，为合理利用资金提供参考，为使用提供方便。

低值设备控制点由以下几项完成：入店设备编码管理；备件管理，包括备件领用人签字的领用手续；低值设备的资料管理，如使用说明。

2. 茶馆易耗物品的控制

茶馆的易耗品是指营业场所内的非设备性用品。主要有茶具、餐具、一次性客用品、办公用品、各类清洁剂。包括对这类物资的选购、配备、使用登记及保养等几个方面。重点是茶具的控制。茶具种类较多和数量较大，其控制在于茶具选配和茶具使用过程的登记和日常保养等。

由于茶馆要提供各种茶食，因此需用一定数量的餐具，在供应菜肴的茶馆里，餐具的数量还会相当大。餐具的管理首先是选购问题，在用量控制上应根据茶馆的具体服务模式来定。

茶馆通常应分设专门的洗茶具间和洗碗间。在使用和清洗茶、餐具的过程中难免发生破损。茶馆管理者应制订一个合理的损耗率，每月经点数各种餐具后计算餐具的破损数量。破损数量在允许的损耗率之内的，应予鼓励；超出损耗率应酌情扣发相关工作人员的奖金。不同质地的茶具和餐具，要进行不同的日常管理。

3. 一次性用品的控制

茶馆的一次性用品主要有茶叶、茶食品、食品原料、餐巾纸、牙签、洗涤用品等，它们所占用的资金是茶馆最大的成本之一。首先要建立健全一次性用品的领用发制度。采购一次性用品时，要注意根据茶馆的等级、规模选择合适数量和质量的用品。要通过成本费用的事先预算与事后核算，将其消耗状况与使用人员的利益挂钩，从而约束员工，达到节约物资、减少浪费的目的。

茶馆产品质量的高低，除了取决于茶饮冲泡技艺，茶食制作水平及服务人员的服务等因素之外，更重要的是依赖于接待过程中所使用的各种食品原料的质量，因此对食品原料的控制上绝不能马虎。茶馆食品原料的管理工作主要包括各种原料的选购、贮藏和用量控制等几个方面。

4. 现场物资的控制

现场管理目的是为茶馆创造一个适合于经营的良好环境的同时，减少水电等消耗品的浪费，爱护设备，提高经营效益。茶馆最大的浪费就是现场空置率的浪费，所以有效利用每个角落，通过产品布局和产品结构等形式来实现随处皆营销，如空间布局、灯光照明、背景音乐，不要出现空置、不必要或不合适的浪费等；茶水不要供大于求太多，特别是接待等公益活动时，也要勤俭节约，这样才体现茶德“精行俭德”的要求。

案例与习题

习题

1. 茶馆物力资源包括哪些内容？
2. 茶馆选购茶叶应从哪几个方面看？
3. 茶馆在选用和保管茶具时，需要注意哪几个方面？
4. 茶馆选择茶点的基本原则有哪些？
5. 谈谈茶馆储存茶叶的要点和方法。
6. 茶馆物资控制的内容有哪些？茶馆一次性用品如何控制？

第九章

茶馆服务管理

导读

作为服务行业的茶馆，成功经营的关键就在于能否提供给客人优质的服务，让客人满意。茶馆的服务既要满足客人的物质需求，更要使客人感到舒心、愉悦，满足他们的精神需求。本章从茶馆服务的基本知识入手，通过对茶馆服务的程序、基本内容和评估标准进行系统介绍，让学员对茶馆的服务管理有一个新的认识。

第一节　茶馆服务的基本知识

对于服务行业来讲，顾客是"上帝"，以优质服务让客户满意是茶馆成功经营的关键，本章介绍的茶馆服务知识是让客人满意的法宝。

一、茶馆服务特点

服务是指不以实物形式而以提供劳动的形式满足他人某种需要的有意义的工作。茶馆业归属于饮食服务行业，所以服务是其经营的核心内容。茶馆服务是文化艺术含量较高的服务，它具有三大特点。

（一）用一片树叶，满足多种需要

茶是一片有文化的树叶，茶馆服务是用这片有文化的树叶来满足顾客不同层面的多种需要。从物质层面讲，茶馆服务要求茶艺师能熟练地掌握六大茶类的冲泡技巧以及调饮的技巧，把茶的外在美展现得淋漓尽致，使客人能品饮到色、香、味、韵俱佳的好茶，满足客人物质上的需要。

从精神层面上来讲，茶馆服务要求茶艺师在泡茶的过程中做到过程美和结果美相统一。即要求茶艺师在环境营造、茶具选配、茶席布置、服务礼仪、仪容修饰、风度礼仪、冲泡技巧、茶艺解说等方面都要有美感，使客人能得到精神上的审美享受。

另外，人们喝茶的重要目的之一是喝出健康。因此，茶馆服务还必须能满足客人对茶道养生知识和实际操作的追求。

（二）把"上帝"变成亲友

在一般的服务行业都是把顾客视为"上帝"，而最佳的茶馆服务是把"上帝"转化为亲友。"上帝"是高高在上的，他和服务员不是平等的关系。然而茶道追求的是人与人之间在人格上的平等。因此在茶馆服务中，我们扬弃一切有损于茶艺师人格尊严的服务，如不必要的跪式服务等，而是强调茶艺师自尊、自爱、自信、自强，通过真诚的、热心周到的服务以及高超的茶艺技能，高雅的举止言谈，广博的专业知识感动"上帝"，转化"上帝"，使"上帝"乐于成为我们的亲朋好友，甚至成为茶馆的宣传员。

（三）茶馆服务的最高境界是推广健康、诗意、时尚的生活新方式

现代茶馆服务最根本的转变是服务观念的转变，并通过服务观念的转变指导服务内容的转变。传统的茶馆是卖茶、卖水，再进一步也只是卖环境、卖服务、卖品牌。然而，现代一流茶馆旗帜鲜明地提出：卖的是健康、诗意、时尚的生活新方式。既让消费者在这里能体验到以茶愉悦身心，以茶交朋结友，以茶修身养性，以茶延年益寿，以茶美容养颜，以茶休闲娱乐等各种乐趣，又能在这里得到有关“把茶馆搬回家”的辅导，使茶真正进入现代家庭，成为当代人幸福生活的重要组成部分。

二、茶馆服务对茶艺师的素质要求

茶馆服务的成败以及服务质量的高低与茶艺师的素质息息相关，因此对茶艺师的素质有以下几点基本要求。

（一）有良好的职业道德

良好的职业道德是做好礼貌、周到、热情服务的基本保证。对茶艺师职业道德的基本要求是敬业爱岗、热情友好、诚信不欺、文明礼貌、团结互助、顾全大局、平等待客、细心周到。

（二）有出色的综合素质

1. 身体素质

茶艺师必须达到餐饮服务人员健康体检的各项指标要求，并且仪表端庄、仪容整洁、精力充沛、能胜任本职工作、能给顾客留下良好的印象。

2. 心理素质

茶艺服务内容广，文化艺术含量高，工作中变数多，极具挑战性，因此要求茶艺师乐观向上、性格开朗、诚实自信、自尊自爱，有良好的沟通能力和情绪自控能力，并且具备敏锐的洞察力和灵活的应变力，善于观察客人的情绪变化，能及时发现客人对服务需求的偏好，能适时满足客人的合理要求，或巧妙地化解客人的不合理要求。

（三）有过硬的专业素质

1. 具有系统的茶叶商品学知识和茶叶营销学知识

能正确判别我国六大基本茶类的代表性名茶和再加工茶类的主要名茶，并且了解这些名茶的茶性特点。

我国商品茶叶有不同的分类方法，在茶学教学中最具权威性，影响面最广的是陈宗懋院士主编的《中国茶经》中的分类方法。按照这种分类法，商品茶叶可分为基本

茶类和再加工茶类等两类。

基本茶类是指茶树的茶芽或嫩叶嫩茎经过初制、精制后，不再进行再加工或深加工，即可作为商品出售的茶类。《中国茶经》中根据初加工的发酵工艺和发酵程度，把基本茶类分为绿茶、红茶、黄茶、白茶、青茶（乌龙茶）、黑茶等六大茶类。

（1）绿茶。《国家标准·绿茶》（GB/J14456－93）中规定“用茶树新梢的芽、叶、嫩茎，经过杀青、揉捻、干燥等工艺制成的初制茶（或称毛茶）和经过整形、归类等工艺制成的精制茶（或称成品茶）保持绿色特征，可供饮用的茶”均称为绿茶。绿茶按杀青工艺的不同又可分锅炒高温杀青（锅温大约在160℃～260℃）、蒸汽杀青（100℃～120℃）、微波杀青等三类，按干燥工艺可分为炒青绿茶、烘青绿茶、晒青绿茶等三类。

（2）红茶。通过萎凋、揉捻、充分发酵、干燥等基本工艺程序生产的茶叶称为红茶。红茶可分为小种红茶 、工夫红茶、红碎茶等三类。

（3）乌龙茶。乌龙茶属于半发酵茶，它是介于不发酵的绿茶与全发酵的红茶之间的一大茶类。因为乌龙茶条索呈青褐色，所以有一些地方也把它称为“青茶”。乌龙茶按其产地可分为闽北乌龙茶、闽南乌龙茶、广东乌龙茶、台湾乌龙茶等四类。

（4）黄茶。黄茶属于轻微发酵茶，在制茶过程中有缺氧闷黄这道独特的工艺程序，其特点是“黄汤黄叶”。黄茶依据原料芽叶的嫩度可分为黄芽茶 、黄小茶 、黄大茶等三类。

（5）白茶。白茶是选用芽叶上白茸毛细密的茶树品种的茶青，经过萎凋、晒干或烘干等工艺程序制成的茶叶，属于轻微前发酵茶，其汤色清淡，滋味鲜醇爽口。白茶依照原料的不同可分为白芽茶和白叶茶两类。

（6）黑茶。通过杀青、揉捻、渥堆发酵、干燥等工艺程序生产的茶，因其渥堆发酵时间较长，成品色泽呈油黑色或黑褐色，故名黑茶。过去，黑茶主要供给边疆少数民族饮用，所以也称为边销茶。黑茶按其产地可分为湖南黑茶、湖北老青茶、四川边茶、广西黑茶、普洱茶、其他黑茶等六类，不过近年有一些学者提出普洱茶应视为一个独立的茶类。

再加工茶类是以基本茶类为原料，经过窨花、拼配、压制、造型等工艺进一步加工生产出来的商品茶，称为再加工茶类。在茶艺中，常用的有花茶和配制茶。花茶依照工艺的不同，可分为窨花花茶，工艺花茶和花草（花果）拼和茶等三类。

配制茶是指在现代茶叶经营中，根据消费者的喜好百生产的具有独特风味的产品，而这种风味不是任何一种单一茶类所能达到的，需要经验丰富的茶师，运用不同种类的茶叶或辅以其他原料进行拼配。

另外，还有一类很特殊的茶类，称为代茶类。这类茶从植物学的角度看，因为不是用山茶科、山茶属植物的芽叶加工而成，所以不属于真正的茶类，但是在茶庄、茶艺馆和有关商店中，却当作“茶”在卖，我们称之为“非茶之茶”。最常见的有苦丁茶、绞股蓝茶、杜仲茶、罗布麻茶、银杏茶、人参茶、虫屎茶、丹参茶、胖大海茶、钩藤茶等，这些代茶类的消费面也很广，所以在学习茶艺时也必须了解。

袋泡茶、紧压茶、粉茶、抹茶等虽然改变了茶的外观，但是都没有改变茶的内在品质，所以均不作为单独一类，而是根据生产使用的主要原料来归类。

2. 熟悉茶艺的分类知识并且能熟练掌握生活待客型茶艺和营销型茶艺

茶艺分类的方法很多，以茶艺表现形式分类，茶艺可分为表演型茶艺、待客型茶艺、营销型茶艺和养生型茶艺等四大类。

(1)表演型茶艺。表演型茶艺是指由一个或几个茶艺师在舞台上演示泡茶技巧，众多的人在台下欣赏。从严格意义上说，因为在台下的观众并没有能真正参与到茶事活动中去，他们当中只有少数几位嘉宾或许有机会品到茶，其余的人都无法鉴赏到茶的色香味韵，所以表演型茶艺称不上是完整的茶艺。但是，这种茶艺适用于大型聚会、节庆活动、影视网络宣传，并且可以借助一切舞台美学手段来提升茶艺的观赏价值，所以在普及茶文化、推广泡茶技艺等方面，这类茶艺具有独特的优势。过去我国各地组织的茶艺大赛几乎是舞台表演型茶艺的一统天下。

表演型茶艺重在观赏价值，所以应当源于生活，高于生活。它要求茶艺师要像演员一样进入角色，动作和表情应根据茶艺内容的需要适度夸张一些，服装可以艳丽一些，化妆可以适当浓一些，灯光和布景也应当根据表演的需要进行设计。

(2)待客型茶艺。待客型茶艺是指由一名主泡茶艺师与几位客人围桌而坐，一同赏茶、鉴水、闻香、品茗。在场的每一个人都是茶事活动的直接参与者，而非旁观者，每一个人都参加了茶艺美的创作，都能充分领略到茶的色香味韵，也都可以自由地交流情感、切磋茶艺、探讨茶道精神和人生奥义。

待客型茶艺不仅是现代茶艺馆中最常用的茶艺，而且适用于政府机关、企事业单位以及普通家庭。修习这类茶艺时，切忌带上表演型的色彩。讲话、动作不可矫揉造作，服饰、化妆不宜过分浓艳，表情最忌夸张，一定要像主人接待亲朋好友一样亲切自然。这类茶艺一般要求茶艺师边泡茶边讲解，客人也可以随意发问、插话，所以要求茶艺师要有较强的语言表达能力、与客人沟通的能力以及随机应变的能力；同时，还必须具备比较丰富的相关知识。

(3)营销型茶艺。营销型茶艺是指通过茶艺来促销茶叶、茶具、茶点等茶产品。营销型茶艺是最受茶庄、茶厂、茶艺馆欢迎的一种茶艺。它在选择冲泡器皿时,一般选用审评杯具来泡茶,以便最直观地向客人展示并讲解茶的特性。在泡茶过程中,茶艺师一般不用一整套格式化的程序泡茶讲茶,而是注重在充分展示茶叶内质的同时,巧妙地讲解茶的商品魅力因素,激发客人的购买欲望,最终达到促销的目的。

营销型茶艺要求茶艺师自信、诚恳,并具备丰富的茶叶商品学、市场学、消费心理学知识和娴熟的茶叶营销技巧。

(4)养生型茶艺。养生型茶艺包括传统养生型茶艺和现代养生型茶艺。传统养生型茶艺是指在深刻理解中国茶道的基础上,结合中国传统养生的基本功法,如调身、调心、调息、打坐、入静、导引等,使人们在修习这种茶艺时以茶养身,以道养心,持之以恒,最终达到修身养性、延年益寿的目的;现代养生型茶艺主要是指根据不同花草的性味特点,调制出适合自己的养生保健茶。随着人们对茶艺保健功能研究的日益深入,随着人们对健康的要求日益强烈,这类茶艺一定会受到越来越多茶人的欢迎。

第二节　茶馆服务程序

茶馆的类型不同,服务的重点和特点也各不相同。按照茶馆的经营特点,茶馆可分为以弘扬茶文化为主的清茶馆、带有餐饮的荤茶馆、带有棋牌或演艺的休闲娱乐茶馆,以及与古玩、奇石、书画、养生等结合的其他类茶馆,本节仅按照清茶馆的经营特点列出服务的基本程序。

一、营业前的准备工作

(一)营业环境的卫生检查与美化

"境"作为中国古典美学范畴,历来受到艺术家和文学家的高度重视。人们普遍认为"喝酒喝气氛、喝热闹;品茶品文化,品环境"。品茶是诗意的生活方式,所以极重视品茗意境之美。茶馆的品茗意境包括两个硬件(环境美、意境美)和两个软件(人境美、心境美)。只有四境俱美,才能达到中国茶艺至美天乐的境界。

茶馆营业前的服务主要是检查品茗场所的硬件,如室内卫生、植物摆放、背景音乐的选择及音量调控、插花与挂画、茶席的布置等,务必做到洁净、温馨、舒适、高雅,令人赏心悦目。在检查时,要特别注意细节。如检查植物时要去掉枯枝黄叶,使植物充满生机活力;检查卫生间要注意有无备足卫生纸及垃圾桶是否已经清理干净等。

(二)器皿和设施检查

主要是检查茶具、灯饰、窗帘、点茶单以及茶叶、茶点、辅料等。上述物品齐备后,还要注意摆放的艺术性和取用时的方便性。

(三)个人服饰及卫生检查

这项工作一般由领班具体执行。员工在上班前必须换上干净挺括的工装,佩带工号,一般不得佩带两件以上首饰。头发的修饰十分重要,端庄文雅的发型能反映一个企业良好的精神风貌,因此要特别注意。发型应符合本行业的要求,避免标新立异,不宜极端前卫或怪诞,以免客人产生隔阂感。脸和手部要细心洗干净。指甲要修剪整齐。男性茶艺师每天要修面剃须,不留胡子;女性要化淡妆,做到大方得体,楚楚动人。

二、开业服务流程

(一)迎宾

人与人相会,第一印象很重要,迎宾是客人对茶馆的第一印象,常常起到先入为主的作用。所以规模较大的茶馆都选择容貌端庄、身材姣好、笑容灿烂而又善于言辞的人做专职迎宾。小规模的茶馆也可以由当班的茶艺师迎宾。迎宾的程序:

(1)到岗后即应精神饱满、笑容可掬、目光专注、彬彬有礼、站姿规范。

(2)客人走近时主动用礼貌用语招呼——您好,欢迎光临!同时微笑着开门(或掀帘)迎客入门。

(3)亲切询问客人的需求,若座位坐满或因特殊情况而给客人带来不便,应向客人诚恳解释。婉言谢绝衣冠不整者或推销人员入内。

(4)若有专职领座员应礼貌地做好衔接工作,若无专职领座员,应当由迎宾员直接引领客人到适当的包间或正确的位置。

(5)对老幼宾客、孕妇、手持较重物品者应予以热情帮助。

(6)如遇雨天,要主动为宾客套上伞套或寄存雨伞。

(二)点茶

点茶是服务流程中十分重要的环节,这个环节直接关系到这一单生意能否做成以及收入的高低,因此要高度重视。

客人落座后,茶艺师应立即送上迎客茶和小毛巾,并告诉客人,“您好,这是我们免费敬奉的迎客茶。请您先解解暑(或暖暖身子)。”待客人坐稳后再奉上点茶单。

茶艺师对茶单的内容要了如指掌,介绍时态度要真诚,言语要委婉,介绍本店的茶品要有发自内心的自信,但又不能让客人有王婆卖瓜的感觉。引导客人点茶时要善于察言观色,要给足客人面子,切忌令人尴尬。

当客人点茶后应当向客人报告一遍,请他确认。如果客人要等人,要热情地添迎客茶。

客人如果点的是高档茶或点茶的金额达到一定标准,一般要有赠品服务或其他优惠措施,尽可能让客人有意外惊喜。

(三)备具

品茶分为清饮和调饮两大类型。清饮即在茶中不添加任何其他的添加剂,用开水直接冲泡,客人闻到的是茶的本香,品到的是茶的本味。调饮是根据保健的需要或客人口味偏好,在茶中添加适量的花、糖、蜂蜜、奶或各种香料,甚至还可以加酒,调制成适口而浪漫的饮料。因为茶的品种不同,喝法不同,所以要配套的茶具也不相同。

受“美食不如美器”传统思想的影响,我国自古以来无论是饮还是食,都特别看重器具,要精美且配套。在高档茶馆,饮茶更是如此。在唐代茶圣陆羽的《茶经》中就设计了24种配套的茶具,并且强调说:“城邑之中,王公之门,二十四器缺,则茶废矣。”也就是说,在正式的品茗场所,若茶具不配套,就称不上茶道。当代我国的茶具琳琅满目,美不胜收,按照其功能可分为十大类:

(1)烧火器具——如风炉、炭炉、酒精炉、液化气灶、电磁灶、电随手泡等。

(2)煮水器具——各种用于烧水的壶具,如陶壶、铜壶、铁壶、釜、茶铫、银壶、石英玻璃壶等。

(3)承载器具——如泡茶车、茶盘(也称为茶船)等。

(4)盛茶器具——如茶叶罐、茶叶盒、茶荷等。

(5)泡茶器具——如各式茶壶、三才杯(盖碗)、同心杯、飘逸杯、瓷杯、玻璃杯等。

(6)饮茶器具——如各种品茗杯、盏、盅、碗等。

(7)辅助器具——如备水器、茶道具组合(含茶则、茶匙、茶夹、养壶笔、茶导、茶针、茶漏斗)、花瓶、香盒、香炉、公道杯、茶滤、计时器、奉茶盘、杯托等。

(8)清洁器具——如水方、水盂、渣池、茶巾等。

(9)调味器具——如糖罐、奶盅、盐罐、小汤匙等。

(10)贮物器具——即专门用于存放上述器具的箱、柜、竹篮等。

选择茶具是茶艺的基本功之一，在选择茶具时应当因茶制宜、因人制宜、因艺制宜、因境制宜，并发挥自己的创造性，根据美学的法则进行合理搭配。

首先，选择茶具时必须了解茶性，顺应茶性，使所选茶具能充分抒发茶性，即茶具要为展示茶的内在美服务。例如，冲泡乌龙茶宜用紫砂壶或盖碗；冲泡红茶宜选用较宽松的圆瓷壶；冲泡高档绿茶宜选用晶莹剔透的玻璃杯；冲泡花草茶或调配浪漫音乐红茶宜选用造型别致的鸡尾酒杯。试想一下，如果选用紫砂壶冲泡西湖龙井，那么龙井茶“色绿、香郁、味醇、形美”四绝，至少有两绝你享受不到；相反，因为紫砂壶保温性能好，稍一不留神，水温过高，就会闷坏了茶，造成熟汤失味，龙井茶那淡淡的豆花香和鲜醇的滋味你也享受不到。这样，即使你选用的紫砂壶出于工艺美术大师之手，无比名贵，你的选择仍是失败的。

其次，不同年纪、不同民族、不同地区、不同学养、不同阶层的人有不同的爱好。在不影响展示茶的色、香、味、形美的前提下，茶具的选择和搭配要充分考虑到人的因素。例如同样是冲泡乌龙茶，若是广东潮汕人，宜选用“工夫茶四宝”（潮汕风炉，玉书碨、孟臣罐、若琛瓯）进行搭配组合；若是台湾的朋友，则可选用紫砂壶、公道杯、闻香杯、品茗杯等进行搭配组合；若是青年情侣，则可选用同心杯进行组合；若是炒股的茶友，则可选一把朱砂牛壶为他泡茶。

再次，不同的茶艺表现形式，对茶具的组合有不同的要求。例如，宫廷茶艺要求茶具华贵；文士茶艺要求茶具雅致；民俗茶艺要求茶具朴实；宗教茶艺要求茶具端庄；企业营销型茶艺，则要求所使用的茶具便于最直观地介绍茶叶的商品特性。总之，茶具的组合是为茶艺表演服务的，它必须充分考虑茶艺所要表现的时代背景和思想内容。

最后选择茶具还应当充分注意泡茶的场所和环境，注意环境的装修格调与基本色调，力求做到茶具美与环境美相互照应、相得益彰。

（四）布席

布席也是茶馆服务的一个重要环节。布席指在选定了茶具之后，结合花艺、香艺、挂画或点缀以奇石古玩，把茶席布置和茶室环境布置相协调，力求做到主题鲜明、美观实用并具有文化内涵。

在布席过程中要注意美学法则的灵活应用。特别要注意简素美、均齐美与不均齐美相结合，同时要注意调和对比和多样统一法则的应用。

简素美表现为在茶席布置时不摆设多余的物件，不张挂有碍于突出主题的字画，如果要插花，也必须力求素雅简洁，清丽脱俗。在不均齐美法则的应用方面，初学茶艺的人最常见的毛病是喜欢选用质地相同，花色一致的成套茶具，不懂得去大胆地选配质感、花色、造型“和而不同，违而不犯”的茶具。在摆台布席时，还要注意茶具与茶具之间、茶具与其他物品之间、茶具与环境之间的协调与照应，只有这样，茶席的布置才能做到如春云初展、春花乍放一样，在尚未开始泡茶时，就抢眼夺目，给人以美的感染力。

（五）泡茶

一切准备就绪后即开始泡茶服务，泡茶的形式很多，应根据客人的要求掌握。具体内容在下一节详述。

（六）上茶点

以休闲娱乐为目的品茶，一般少不了要有茶点，提供茶点有三种不同的形式。

其一是自助式，采取这种方式都在茶馆内设有食台，展示着各种茶点、水果。有的还备有自助餐，客人可以去自由取食，也可以让客人选好后由服务员送上。

其二是点单消费。即备有茶点单、明码实价请客人点单后，由服务员送到茶台来。送茶点时要注意礼貌，切忌叠盘。每盘应贴有保鲜膜，确保茶点卫生、新鲜。

其三是赠品服务。即客人消费额达到一定量时或茶馆的 VIP 客户由领班或经理亲自赠送茶点，以示尊重。

（七）巡台

到茶馆消费的客人各有不用的目的，有些人喜欢清静，不喜欢茶艺师在旁干扰。有些人有私事或商务要洽谈，不方便外人听。碰到这样的情况，茶艺师在安排好茶水、茶点后即应有礼貌地退出，并向客人说明若有需要可随时呼唤。

在茶艺师离席后，负责巡台的人员应当密切关注客人的情况，看需要哪些即时服务。例如，点绿茶、白茶的客人应当及时续水；客人台面上的茶点盘空了时应及时撤走，并礼貌地询问客人是否安排添加茶点；水盂及垃圾要及时撤换。若是客人自己泡茶，要关注给炉上的壶或随手泡中及时加水。

（八）买单

客人要离店时，茶艺师应主动热情地做好买单服务。买单时要先礼貌地请客人确认消费金额，再帮助客人买单。收款时如发现有疑问的钱票应巧妙地请客人调换，切忌用生硬的语言让客人尴尬。若遇到客人要付小费，可以按照茶馆的规定婉言谢绝或礼貌地收下并致谢。买好单后发票及所找的零钱应放在洁净的专用托盘中,双手奉给客人。

(九)送客

买完单后客人若不急着离去,千万不可催促。要待客人主动起身后方可起身送客。送客时应提醒客人别忘了随身携带的物品,并微笑道别。送客时应帮助客人开门。若碰到下雨,应打伞把客人送上车。

(十)收台

送走客人后应马上返回刚才接待的包间或茶桌,做一次彻底的清理,使之能进行下一次接待。清理时若发现客人遗留的物品应上交吧台或值班经理,不得擅自藏匿。

第三节　茶馆服务的基本内容

现代茶馆是文化艺术品位高,综合性强的服务型商业企业,较具规模的茶馆不仅提供茶水服务,有的还能提供餐饮服务、艺术品展销服务、演艺观赏服务、茶道养生咨询服务、商务洽谈服务、茶艺培训服务、小型会议服务等等。无论哪一类茶馆,茶艺服务都是茶馆服务的主要内容。冲泡好茶馆中所经营的各类茶,礼貌地向客人敬奉茶,指导客人艺术地品饮茶,是任何一家茶馆都必须抓好的最基本的服务内容,其中生活待客型茶艺是重中之重,所以在此专门介绍。

一、冲泡绿茶的基本技巧

绿茶是我国品种最多、消费面最广、消费量最大的茶类,仅《中国名茶志》中列出的绿茶就多达800多种,所以冲泡讲解好绿茶是茶馆服务的重头戏。

“诗写梅花月,茶煎谷雨春。”泡茶与写诗一样,都是一个艺术创作的过程。绿茶中的名茶细嫩娇贵,在冲泡时尤应百倍用心,循规蹈矩,如同写古典格律诗一般注重“平仄”和“韵律”,才能冲泡出如“梅花月”一样清丽高雅的好茶。冲泡和品饮绿茶一般应掌握以下四个基本技巧。

(一)精茶杯饮,粗茶壶泡

名优绿茶,一般都兼备“色、香、味、形”四大优点。其中干茶外形在茶叶审评时占

30%的分数，汤色和叶底各占10%的分数，为了便于充分欣赏名茶的茶相、汤色和叶底，并且防止水温过高闷坏了茶，通常宜选用精美的透明玻璃杯来冲泡。冲泡的程序为赏茶、温杯、置茶（分为上投法、中投法、下投法，一般每杯3克），冲水（一般先用回旋手法，然后根据茶性特点用凤凰三点头手法或沿杯壁缓缓冲水）、奉茶、续水等程序。而大宗绿茶外形粗糙，观赏价值较低，且比较粗老耐冲泡，所以多选用瓷壶或盖杯冲泡。

（二）外形细嫩松展的可用“上投法”，茶形紧结光滑的名优绿茶一般用“中投法”或“下投法”

碧螺春、都匀毛尖等细嫩松散的名优绿茶宜采取上投法。即先在洁净的玻璃杯中注入七分杯75℃～80℃的开水，然后用茶匙取茶3克投入杯中，芽叶即会以不同的优美姿态下沉。例如碧螺春一入水便会纷纷下沉，如“碧雪沉江”。沉入杯底后又会向上冒出一串串细小的气泡，如“白浪喷珠”。绿色茶芽吸水后在杯中充分舒展开来，晃动杯子时如绿衣仙女翩跹起舞；静置不动时如“有位佳人，在水中央”，翘首企盼，楚楚动人。

龙井、金坛雀舌、黄山毛峰、午子仙毫、竹叶青等茶形比较紧结光滑或有鱼叶保护的名优绿茶宜选用中投法或下投法。中投法是指先在洁净的玻璃杯中，先注入约1/3容量85℃～90℃的热水，然后投入3克干茶，并轻轻摇动后静置1～2分钟，待干茶吸水伸展开后，再用凤凰三点头手法冲入开水至七分杯，冲泡茸毛多的茶时，为了避免茶汤浑浊，应沿着杯壁缓缓注水。“下投法”是指先在每一个洁净的玻璃杯中投入3克绿茶，然后直接冲水至七分杯。这两种投茶法，在冲水时茶叶随水浪上下翻腾，徘徊飘舞，如游鱼戏水，如绿蝶翻飞，也非常美观。

（三）泡茶的水温要因茶而异，切忌闷坏了茶

同样是名贵绿茶，但不同品种的绿茶因茶性不同，所以对水温要求差别很大。冲泡碧螺春水温75℃左右就足够了，龙井一般要80℃～85℃，而黄山毛峰因有鱼叶保护，所以要求用100℃的沸水冲泡。除了黄山毛峰、绿茶类君山银针等少数品种之外，用玻璃杯冲泡绿茶一般不加盖。在日常生活中最忌用开水瓶、保温杯等器皿冲泡绿茶，这样极易闷坏了茶，使茶“熟汤失味”，即茶汤失去鲜爽度和嫩香，变得苦涩沉闷。

（四）应注意续水技巧和讲解引导

绿茶一般只冲泡三道。第一冲称为“头开茶”，品“头开茶”应引导客人目品“杯中

茶舞”,并着重引导客人细啜慢品,去品味鲜嫩的茶香和鲜爽的茶味。“头开茶”饮至尚余1/3杯时,即要及时续水到七分满。续水太迟会使“二开茶”茶汤淡而无味。品“二开茶”时,滋味最浓醇,这时应注意引导客人去体会舌底涌泉、齿颊留香、满口回甘、身心舒畅的妙趣。“二开茶”饮剩小半杯时即应再次续水,一般绿茶到第三次冲水后基本上都淡薄无味了,这时可佐以茶点,以增茶兴。

(五)绿茶的工夫泡法

绿茶的香气多为毫香、嫩香、豆花香、板栗香,香气鲜嫩清雅。用传统的冲泡方法,每杯投茶3克,因茶汤较淡,所以不易充分享受绿茶的嫩香。近年来,嗜饮浓茶爱闻茶香的茶人,借鉴工夫茶的泡法来冲泡绿茶,取得了独到的效果。

绿茶的工夫泡法宜选用水晶玻璃同心杯或盖碗,在杯中投入10～15克绿茶,然后冲入少许100℃的开水,浸润2～3秒钟即将开水倒入公道杯备用。被100℃开水激发后,同心杯中的绿茶即散发出浓郁的芬芳,这道程序称之为“高温开香”。在高温开香时要特别注意浸润的时间。浸润的时间不足,茶香不会充分挥发;浸润的时间太久,易“烫死”了茶,使后边几道泡出来的茶欠鲜爽而且有沉闷的熟汤味。在高温开香后,应马上传着闻香,以免茶香散失。

在闻过同心杯中的茶香后,即可向同心杯冲入80℃左右的开水,并根据各人的口味确定出汤的时间。出汤时把茶汤先倾入公道杯,让这一道茶汤与高温开香后存在杯中的浓汤混合均匀,然后斟入品茗杯中敬奉给客人细品。绿茶的工夫泡法可冲泡7～9道,泡出的茶汤香气浓郁、滋味浓醇、回甘强烈而持久,每一道茶汤的色、香、味都富有变化,比起常规泡法,别有一番情趣。

二、冲泡红茶的基本技巧

红茶始创于福建省崇安县(今武夷山市)的桐木关一带,现已发展成为世界上消费量最大的一种茶类。红茶属于全发酵茶,具有极好的兼容性,不仅适合于清饮,也适合于调饮。所以在茶馆服务中,红茶的冲泡方法应当为清饮调饮并重。

(一)红茶清饮的冲泡技巧

“松雨声来乳花熟,咽入香喉爽红玉。”如果说品味绿茶如同品读田园诗、山水诗,需要多一些灵感,多一些想象力,那么品饮红茶就如同在品读爱情诗,需要多一点深情,多一点温柔。被日本红茶界专家誉为“冲泡红茶第一人”的高野健次先生在谈他冲泡红茶的心得时说:“23年来,每日不间断地与红茶朝夕相处,使我深深地体会到:

不管你的大脑对红茶有多么了解,你仍然无法泡出一壶好红茶来。唯有不断地去尝试,用感觉去理解,才能真正踏入红茶的国度。”他强调要想泡好红茶,不仅要多尝试,而且要“与茶叶对话”。我国茶人冲泡红茶的经验十分丰富,冲泡红茶时主要应注意以下几个问题。

1. 器皿选择

饮热的纯红茶一般宜选用精美的圆形瓷壶和细瓷杯为组合,这样的组合比较温馨并富有情趣。饮冰红茶,可用瓷壶泡后,冲入装有冰块的玻璃杯饮用。

2. 水的选择

冲泡红茶不宜选用硬水,应选用太空水、纯净水、蒸馏水等软水。水中含矿物质少,含新鲜空气多者为佳。隔夜的水、二度煮沸的水、保温瓶中的水一律不适合用来泡红茶。冲泡各种红茶的水温均以初沸为最宜。

3. 投茶量以每杯(150 毫升的标准杯)2.5 克为宜

用壶冲泡红茶时,茶人有一句格言:“一匙给你,一匙给我,一匙喂茶壶。”每一小匙红茶约 2.5 克即投茶量每一壶至少要在 7.5 克,如果茶叶太少,即使少冲水也无法充分发挥出红茶的香醇味。

4. 冲泡程序(以 2 杯为例)

(1)把新鲜纯净的水放进电随手泡加热。

(2)在烧水时,把茶杯、茶壶温热。

(3)用茶匙取 7.5 克红茶置入瓷壶。

(4)待水初沸 30 秒后,一气呵成向茶壶中冲入约 500 毫升的开水。

(5)盖上壶盖后浸泡 1 ~3 分钟。

(6)打开壶盖用茶匙轻轻搅拌后,用过滤网把茶汤斟入茶杯。

(7)奉茶饮用。

(二)红茶调饮法

1. 冰红茶的泡法(二次处理法)

(1)茶壶预热后投入 7.5 克红茶。

(2)将 500 毫升初沸的开水一次性急剧地冲入茶壶,盖上壶盖后静置 3 分钟。

(3)待壶温降到 70℃ ~80℃ 时把红茶滤到一个耐热玻璃壶内待用。

(4)在另一个玻璃壶内装上七成满的碎冰块。

(5)把红茶冲入装有冰块的玻璃壶内,轻轻顺时针搅动 4 ~5 秒即可出汤。

(6)把冷却过的红茶斟入盛有碎冰块的玻璃杯中,调入适量糖汁或方糖即可饮用。

2. 香料红茶的配制

食用香料一般都有开胃、养胃、健胃的功效,其中有不少香料适合与红茶匹配调制成香料茶。其中小豆蔻、丁香、肉桂、姜、肉豆蔻、黑胡椒、白胡椒、果仁等最常用。以小豆蔻奶茶为例。

(1)在小锅内注入280毫升水,捣碎8~10粒小豆蔻,放入4匙红茶一起煎煮。

(2)煮沸1~3分钟后倒入500毫升鲜牛奶,煮到快要沸腾时迅速关闭火源。

(3)用茶滤把煮好的奶茶分别斟入预热过的茶杯。在每一杯奶茶面上轻轻放入1~2粒小豆蔻。

喜爱甜茶的可在煮茶时加入适量白砂糖。

小豆蔻被誉为"香料女王",具有馥郁的芳香,可防止口臭并生津健胃。

3. 酒茶的配制

用红茶配制酒茶常用的酒除了六大基酒(白兰地、威士忌、金酒、朗姆酒、伏特加、特其拉)之外,还常用葡萄酒、青梅酒等,以居于喜马拉雅山下雪尔帕部族爱喝的雪尔帕茶为例。

(1)取几粒玫瑰香葡萄压碎,与7.5克红茶一起放入茶壶,用500毫升开水冲泡。

(2)再取几粒玫瑰香葡萄对半切开,分别放入玻璃杯中,每杯淋上少许红葡萄酒。

(3)将泡好的红茶用茶滤斟入玻璃杯中,再取2粒连枝的葡萄点缀在杯缘即可饮用。

冲泡红茶是一种美的创作,同时也是高雅的自娱自乐。只要你掌握红茶的茶性并顺应茶性大胆实践,那么每一次成功都会令你惊喜,都会让你体会到宋代诗人黄庭坚在品茶词中描述的"恰似灯下故人,万里归来对影,口不能言,心下快活自省"的境界。

三、冲泡乌龙茶的基本功

乌龙茶也称青茶,从外观形状看它属于叶茶类,从加工工艺看属于半发酵茶。乌龙茶兼具绿茶的鲜灵清醇,红茶的醇厚甘甜,花茶的馥郁芬芳,集众美于一身,滋味浓醇,有风骨,自成大家气度,是近年来销量增长很快的一大茶类。

冲泡品饮乌龙茶特别讲究,其基本泡法有四大要点。

其一是择器很讲究。要想领略乌龙茶的真香和妙韵,必须要有考究而配套的茶具。待客时冲泡器皿最好选用宜兴紫砂壶或小盖碗（三才杯）。杯具最好用极精巧的白瓷小杯（又称若琛杯）或用闻香杯和品茗杯组成对杯。选壶时要因人数多少来选择，一个人应选“得神壶”，两个人应选“得趣壶”，人多时则选较大的“得慧壶”。壶以年代久远的宜兴老壶为佳。

其二是器温和水温要双高，这样才能使乌龙茶的内质美发挥得淋漓尽致。在开泡前先要用开水淋壶烫杯，以提高器皿的温度。

其三是冲泡用水要滚开（100℃），但却不可“过老”。唐代茶圣陆羽把开水分为三沸：“其沸如鱼目，微有声，为一沸；缘边如涌泉连珠，为二沸；腾波鼓浪，为三沸。”一沸之水还太嫩，用于冲泡乌龙茶劲力不足，泡出的茶香味不全。三沸的水已太老，水中溶解的氧气、二氧化碳气体已挥发殆尽，泡出的茶汤不够鲜爽。唯二沸的水称为“得一汤”。“天得一以清，地得一以宁。”用二沸的“得一汤”冲泡乌龙茶，才能使茶的内质之美发挥到极致。

其四是品乌龙茶应“旋冲旋啜”，即要边冲泡，边品饮。浸泡的时间过长（俗称座杯），茶必熟汤失味且苦涩。出汤太快则色浅味薄没有韵。冲泡乌龙茶应视其品种、室温、客人口感以及选用的壶具来掌握出汤时间。对于初次接触的乌龙茶，温润泡后的第一泡可先浸泡 15 秒钟左右，然后视其茶汤的浓淡，再确定是延时还是减时。当确定了出汤的最佳时间后，从第四泡开始，每一次冲泡均应比前一泡延时 10 秒左右。好的乌龙茶“七泡有余香，九泡不失茶真味”。

四、冲泡黑茶的基本功

黑茶属于后发酵茶，因为在适当的湿热条件下茶堆中的有益微生物大量繁殖，促进茶叶内的物质降解、转化使得黑茶的茶汤橙黄带红或是呈琥珀色，陈香、陈韵宜人，滋味醇厚平和，既适宜清饮，也适宜调饮。

黑茶是最讲究冲泡（烹煮）技巧和品饮艺术的茶类。冲泡品饮绿茶、黄茶、白茶主要讲究“色、香、味、形”；冲泡品饮乌龙茶主要讲究“色、香、味、韵”，其中韵是重点；而冲泡（烹煮）黑茶过程中除了同样要注意展示茶的色、香、味、韵之外，还特别追求新鲜自然和陈香滋气。新鲜自然是指要选用在干仓条件下自然陈化的优质黑茶，以及符合国家卫生标准，用泼水渥堆快速后发酵方法生产的黑茶。优质黑茶茶外形结实有光泽，香气陈香浓郁或陈香醇正，汤色栗黄明亮或栗红明亮，叶底活性柔软。而劣质黑茶外形暗淡松脆，香气混浊有霉味或土腥味，汤色暗栗色或发黑，叶底暗栗发黑。

优质黑茶的陈香清悠淡雅而多变，主要表现为荷香、兰香、樟香和陈香。有两种情况的黑茶可能保留有荷香：一是比较嫩的黑茶散茶。二是大叶种老茶树的晒青毛茶经过适当条件陈化。荷香清幽淡雅，若冲泡不得法会稍纵即逝，宜用滚沸的开水快速冲泡，快速出汤。品饮时应将茶汤含入口中，稍事停留并轻轻用口吸气，使茶香进入鼻腔，并用心去感受，这时你一定会觉得如临月夜荷塘，有一股清新幽雅、淡然无极的嫩荷之香向你缠绵耳语，娓娓细述它那芳洁的情怀。

兰香是王者之香。用次嫩的三、四、五等优质黑茶茶菁，在适当条件下经过陈化后熟，一般都会产生兰香。为了能充分享受美妙而含蓄的兰香，在冲泡时也应用滚沸的开水快速冲泡，快速出汤，以免兰香散失。兰香清雅鲜灵，提神醒脑，闻后使人身心舒畅，五体通泰，充满了青春活力。在黑茶中普洱茶是最有魅力的一类。樟香是普洱茶独有的香气，它分为青樟香、野樟香、淡樟香三种不同的类型。青樟香高锐鲜爽，充满青春活力；野樟香浓郁强烈，有成熟、丰腴之美；淡樟香飘逸脱俗，禅意绵绵，既是天香，又是心香，在空灵缥缈中会唤起人们无限的遐想。普洱茶的香型还有陈香，这也是陈化的结果。荷香、兰香、樟香、陈香这几种香气变幻多端，耐人寻味，令人着迷。

在品饮普洱茶时，我们还要特别注意茶气和水性的变化。中国传统文化艺术讲究“精、气、神”，不少普洱茶专家都把茶气视为评价普洱茶品质优劣的重要指标。但是“茶气”看不见，摸不着，讲不清，我们只能在亲身品饮的过程中去体会。为了感受普洱茶之气，我们提倡普洱茶最宜温喝静品。温喝是指茶汤不宜太热，也不宜太冷。如果太热则热气盖过茶气，喝得满身大汗，根本无心去感受茶气。如果茶汤太冷，茶气已荡然无存，冷冰冰的茶水喝到口中唯觉凉爽而已，无论如何也找不到那种腋下生风、飘然欲仙的气感。静品慢饮也很重要。中国气功讲“以意行气”，品普洱茶也是这样。可以说，如果没有“气的意念”，你永远也找不到气的感觉。有经验的普洱茶品饮者都善于“以意行气”。在静心品饮温热的普洱茶后，很快会感到一股热气在胃肠中鼓荡，接着毛孔因之而舒张，全身微微出汗。这时你可用意念引导茶气在经络中运行，并继续从容不迫地喝茶，这样你一定能体会到卢仝在《茶歌》中所描写的“七碗吃不得也，唯觉两肋习习轻风生”。

黄茶、白茶和生普洱茶的冲泡技巧可参照绿茶，并在这个基础上加以改进。

在做好生活待客型茶艺服务的基础上，茶馆还应当组织茶艺师学习。研讨表演型茶艺、营销型茶艺和修身养性型茶艺，特别要加强茶道养生理论和实践的培训，使茶馆成为当地普及引领茶叶消费新潮流，推广普及健康、诗意、时尚生活新方式的大讲坛，通过引领茶叶消费、拓展茶叶市场、提升经济效益。

第四节　茶馆服务质量评估体系

一、服务质量的含义

虽然服务质量至今在学术界尚无统一的定义，但是自 20 世纪 80 年代以来，对服务质量的理论研究已取得了丰硕的成果。1982 年芬兰著名学者格罗鲁斯开创了服务质量研究的先河，率先把质量评价体系引入到服务领域。他认为服务质量是一个主观范畴，取决于顾客期望的服务水平和实际感受到服务水平的对比。1983 年 LEWIS 和 BOOM 提出“服务质量是一种衡量企业服务水平能否满足顾客期望程度的工具”。

目前，评估服务质量的方式很多，本节综合两种比较简便易行的方式。其一是汪纯孝先生于 1999 年提出的，通过对服务的环境质量、技术质量、感情质量、关系质量、沟通质量来评估。其二是国外比较流行的五要素论。

（1）可靠性。即可靠的、准确地提供所承诺的服务。

（2）有形性。即服务的场地环境、实物设施及服务人员的实际表现。

（3）反应性。即顾客的提供的感受。

（4）保证性。即保障优质服务的具体因素，如人员的专业知识、敬业程度、实际技能、服务态度及赢得顾客信任的能力。

（5）移情性。即服务人员与客人建立起良好关系的程度。

二、构建服务质量评估体系的原则

服务质量评估体系是指茶馆的管理者能够对茶馆进行科学管理，有效提升服务质量而设置的一系列相互关联、相互作用、相互制约、相互补充的指标，这些指标具有整体性、系统性、协调性，从而形成一个科学的运行模式来提升服务质量。服务质量管理体系是动态的管理机制，通过循环反复评估来确保服务质量。构建服务质量评估体系应当遵循以下基本原则。

(1)以人为本、以服务对象的感受为核心,这种评估体系建立后应当方便于由顾客、管理人员和一线员工三个方面分别进行评估,然后再对照分析。

(2)科学性和实用性相一致,评估体系的指标设置应当能够全面、客观、系统地反映服务的实况,并且简单明了,便于操作、便于汇总、便于分析。

(3)全面性和代表相结合。

服务质量的要素是多元化的,评估系统不可能做到面面俱到,只能根据经营实际,筛选出最具代表性的要素组成相对全面的评估系统。

(4)动态评估和静态评估相结合。

服务是长期的持续不断的工作,服务质量既是目标又是过程,因此服务评估体系应当在保持评估指标相对稳定的基础上,通过统计学上定基和环比相结合的方法,反映服务质量的变化。

(5)必须确保所设置的指标既符合经营管理的需要,又符合相关法律法规和顾客的要求。

三、茶馆服务质量评估体系

有一定规模的茶馆的服务质量管理体系应当按照国际标准化组织(International Standards Organization,ISO)发布的 ISO 9000:2000 标准执行并要通过权威部门的认证。小型茶馆可根据实际需要设计出简便易行的评估体系。本节中的服务质量评估系统是既简明扼要又实用的一种。它包括以下三个方面。

(一)品茗环境的评估

品茗环境评估是服务质量评估的基础,可分为卫生状况、装修风格、设施器皿、灯光配置、音响效果、茶席布置、植物摆放、文化品位、温馨舒适、安全设施等十个项目。设计的评估表格分为简要表格和详细分项表两种。简要表格由茶艺师在服务结束时请顾客填写。因为顾客对茶馆的了解程度较浅,并且时间匆忙,不可能详细评估,所以评价的标准仅仅有四个层次:优秀、良好、一般、差。这种评估是顾客对茶馆硬件的客观反映,是服务质量整改的可靠参考。

同样是上述十个评估项目还可以设计一份更加细化的评估表。例如卫生状况可细分为洗手间卫生、地面卫生、包间卫生、茶台台面卫生、茶具卫生等。这种详细的评估表一般由管理人员每周或每月填一次,用于切实整改。

（二）茶艺服务评估

茶艺服务评估是茶馆服务质量评估的重点，可分为着装仪表、精神状态、服务态度、茶艺水平、专业知识、沟通能力等六个评估项目，评估标准也是分为优秀、良好、一般、差四个级别。

这项评估也是由茶艺师在服务结束时请顾客填写。每周或每月由管理者汇总，对优秀的茶艺师进行表彰，对落后的进行鞭策。对顾客不够满足的项目要进行培训和整改。

茶艺服务评估表也可以进一步细化后作为考评茶艺师的标准。

（三）商品质量评估

商品质量评估应当根据实际经营的内容列表。例如茶叶、茶点、茶具、餐饮、其他等。

在质量评估表的最后也可设一栏总体感受。评价标准设四个档次：很满意、较满意、尚满意和不满意。

目前我国茶馆服务质量体系的评估尚在初步探索阶段，应当先简后繁、先易后难，在实践中逐步完善。

四、茶馆服务评估表格

茶馆服务质量评估表（一）

________非常荣幸您能光临本店，恳切希望您能对我们的服务提出宝贵意见，帮助我们不断改进工作。谢谢！

总经理签名：________

请对以下指标给予评价

项目	评价标准	优秀	良好	一般	较差	意见与建议
品茗环境	卫生状况					
	装修风格					
	设施器皿					
	灯光配置					
	音响效果					
	茶席布置					
	植物摆放					
	文化品位					
	温馨舒适					
	安全设施					
茶艺服务	着装仪表					
	精神状态					
	服务态度					
	茶艺水平					
	专业知识					
	沟通能力					
商品质量	茶叶					
	茶具					
	茶点					
	配餐					
	其他					
总体感受	价位满意度					
	服务满意度					
	其他					

其他建议：____

日期：________　　　　茶艺师签名：________

茶馆服务质量评估表(二)

项　目	数量(元)	与上月对比	与去年同期对比	具体说明
茶水服务收入				
茶叶销售收入				
其他收入				
新增客户(个)				
发出微博、微信、短信(条)				

个人小结:

填表时间:________　填表人:________

案例与习题

习题

1. 什么是服务? 如何评价服务质量?
2. 茶馆服务有什么特点? 对茶艺师有什么基本要求?
3. 茶馆服务的主要流程有哪些?
4. 构建茶馆服务质量评估体系应当注意哪些基本原则?
5. 请设计一份茶馆服务质量评估表并做一次实地评估。

第十章

他山之石——经典案例

导读

一个茶馆成功的运营少不了借鉴那些经典的成功案例。我国的茶文化影响深远,各地都涌现出风格不同,且取得良好口碑的茶馆案例。通过对这些成功茶馆案例的介绍,为学员开拓茶馆经营思路提供借鉴。

案例一:老舍茶馆——北京的一处文化地标

一、企业简介

北京老舍茶馆成立于1988年12月15日,以人民艺术家老舍先生及其名剧《茶馆》命名,是一家集餐、茶、戏、礼于一体的多功能综合性茶馆企业。企业秉承弘扬中国传统文化的历史使命,以“振兴古国茶文化、扶植民族艺术花”为经营宗旨,坚持京味文化特色,不断创新,发展文化创意产业,努力打造中国民俗文化标志性连锁企业。

企业目前拥有一家总店和一家直营分店,其中前门总店营业面积5000多平方米,设有演出大厅、品珍楼食府、艺苑非遗演出中心、四合茶院、老尹记茶庄和调茶餐坊六个功能场所,辟有老北京传统商业博物馆和企业文化展览馆,以及大碗茶“老二分”茶摊与“戏迷乐”京剧票房两个公益项目。自1994年1月15日美国前总统老布什先生光临老舍茶馆,至今已接待了来自世界五大洲70多个国家的150多位元首、政要和400多万中外宾客,成为展示民族文化艺术精品的“窗口”和连接中外友谊的“桥梁”,荣获“全国百佳茶馆之首”“首都文明服务示范窗口”等称号。

二、企业核心价值

在中国传统文化市场化进程中实现企业价值,促进企业的健康成长和可持续发展。

三、企业精神

“奉献、创新、协作、共赢”

奉献精神:就是吃苦耐劳、敢于担当,勇于奉献。在日常工作中,老舍茶馆人从领导到基层员工要立足本职勇于奉献,把奉献变成自觉行动。

创新精神:就是打破常规,突破固有思维,不断进行革新。创新精神是企业永续发展的源泉,老舍茶馆人要勇于创新,围绕茶、餐、戏、礼四种业态,在产品、服务、技术、管理等方方面面进行创新。

协作精神:就是善于沟通,互相协作,团结一致。协作精神是企业持续发展的基石,老舍茶馆人要积极沟通,团结协作,顾全大局,努力发挥团体作用。

共赢精神:就是企业、员工和社会三者利益是一致的,是共赢的。企业发展,员工受益,才能承担更多的社会责任,推动社会和谐。

四、企业经营管理特色和经验

(一)规划品牌环境体系

在硬件方面:十年来对企业经营环境不断优化调整,投资兴建四合茶院、开办新京调茶餐坊、开设品珍楼食府、兴建老北京传统商业博物馆、开设艺苑非遗演出中心,并对三层演出大厅、二层老尹茶庄和茶馆外立面等重装改造。至此,老舍茶馆经营面积已由创业初期不到800平方米扩充到5000平方米。

在软件方面:重视对员工的标准化培训,并加强话务系统、触摸屏导览设备、票务在线销售平台、手机APP客户端、企业官方网站、微博、微信等现代科技平台建设,实现服务多元化和立体化。京味吆喝、八仙桌、大铜壶、老尹盖碗茶都作为茶馆品牌环境体系中"软件"的一部分,被公认为老舍茶馆的文化符号。

(二)创新品牌产品服务

大碗茶公司和老舍茶馆在品牌产品服务上突出对传统文化艺术的传承宣扬,同时结合现代商业经营理念,开发出更多的特色文化创意产品。

(1)演出方面:重视剧目创新,2008年推出《四季北京茶》综艺演出,颠覆了原有简单拼盘式演出形式,用茶文化串联全场节目,把原有的京味曲艺、杂技、京剧和时下较受观众喜爱的变脸、中国功夫、手影戏结合,辅以LED大屏动态背景和中英双语字幕,极大地提高了剧目的可观赏性。2010年推出集合京城六大相声社团的青年汇相声专场,2012年和北方昆曲剧院合作推出小剧场堂会版昆曲,《牡丹亭》《桃花扇》《西厢记》《长生殿》四大名剧轮流演出,尝试推出私人定制版堂会演出。2013年推出周末鼓曲演出并优化原有的周末曲艺专场,节目形式不断丰富,品牌效应得到市场认可。

(2)茶事服务方面:创编20多套风格各异的茶艺表演,并创建"学茶艺、品生活"茶艺培训品牌,荣获市级市民学习品牌殊荣。

(3)茶礼品方面:老舍茶馆自有品牌老尹茶礼分为三大系列,分别是老尹国风元首级茶礼、老尹民风民俗茶礼、老尹新风尚时尚茶礼。涵盖茶叶礼盒、茶具、工艺品、玩偶、食品等五个品类共计近百种产品,除在店内销售外,目前在北京各大景区内的北京礼物店也有销售,2012年正式开通官方天猫网上商城店。

(4)餐饮方面:研发并推出节令北京小吃、特色茶菜茶宴,得到市场好评。在餐饮的基础上,整合演出、茶事服务、茶礼品,推出北京堂会,打造高端定制化产品和服务品牌。

(三)突出品牌文化特色

老舍茶馆被誉为北京城市名片和京味文化地标,为了让更多人了解中国传统文化、人文历史和新北京精神,老舍茶馆在不断强化品牌的文化特色。

进一步发挥"民间外交平台"的作用,加强与港澳台同胞的密切往来,除了在北京接待了众多港澳台政要和各界名流之外,老舍茶馆还连续四年赴台参加海峡两岸文创展,老二分大碗茶、京味吆喝和特色茶礼品,都给台湾同胞留下深刻印象。近年来,在香港、澳门举办的多场文化交流活动或展会上,也都活跃着老舍茶馆的身影。老舍茶馆利用京味文化和自身的影响力,在文化交流中做出突出贡献。

老舍茶馆还十分注重以公益项目服务百姓,以人为本回馈社会,积极参与捐资助学、扶贫济困、抗震救灾等社会公益事业,同时每年出资一百余万元,支持"老二分大碗茶""戏迷乐活动""老北京传统商业博物馆"等公益项目的日常运转。同时把企业办成青年学子教育基地,市民学习传统文化的生动课堂。一方面走进清华大学、北京大学、中国农业大学、对外经贸大学等首都高校推广茶文化;另一方面积极拓展各种形式的校企合作,2011 年企业被西城区授予"市民终生学习教育基地"称号。

老舍茶馆还十分重视向海外推广品牌,通过陪同政府代表团出访、受邀出席文化交流活动、参加政府或民间组织的国际展会等多种方式,先后出访日本、韩国、毛里求斯、古巴、德国等 20 多个国家和地区。"用行动、真情和爱,向全世界展现出中国文化、北京文化和企业文化的魅力与活力。"

(四)强化品牌营销管理

(1)培育机制:组建营销队伍,实行"招聘 + 轮岗培训 + 辅导"的培养机制,在较短时间内提高销售人员的业务技能。

(2)考核体系:对销售团队实行动态考核、指标细化、不同资源不同政策,提高销售管理的科学化水平,实行全员营销政策,激发员工活力,挖掘潜在的销售资源。

(3)营销产品:积极整合企业外部资源,打造跨企业、跨行业、跨区域的旅游线路,为游客提供有整合价值的营销产品。

(五)培育品牌人才团队

老舍茶馆分为管理人才、专业人才、服务人才等三个方面招聘和培养人才,组成结构合理的团队，鼓励员工利用企业资源和平台学习专业技能，参与社会竞争、考取等级证书，同时重视校企合作平台，把人才培养前置化。企业的每一个员工都牢固树立了“全员学习、终身学习”的理念，真正把学习融入工作与生活之中，并灵活运用学习到的知识，既展示了自我，也为企业创造效益。

点评：

老舍茶馆在我国几乎家喻户晓，荣获“百佳茶馆之首”及各种荣誉是情理之中的事。我们推荐这个案例的意义，不仅仅是让更多的人能学习到老舍茶馆的成功经验，更重要的是引导大家探讨拷贝这种商业模式的可能性及具体的方法。

讨论题：

1. 你认为老舍茶馆成功经验的核心是什么？

2. 你认为老舍茶馆的商业模式能否拷贝？如果能，请给出具体的建议。

案例二：和静园——以微笑创美好

一、企业定位：高端茶文化商务会所

二、核心理念：微笑创造美好

三、经营管理特色：建好企业内部管理的六大系统

和静园企业创立于1996年，从开办东北第一家高级茶艺馆——和静园茶楼至今，和静园旗下企业机构共有沈阳和静园茶人会馆（1500平方米）、沈阳和静园茶人俱乐部（2000平方米）、北京和静园茶人会馆（2400平方米）及北京和静园艺术馆（3200平方米）。在企业实际运营探索中，和静园建立起内部管理六套系统，这六套系统有效地构建起和静园的管理脉络。

（一）卫生系统

作为餐饮服务类企业，卫生是最基础也是最重要的工作。茶艺馆内陈设的家具、

茶具、餐具以至员工的整洁发式、标准化的仪容仪表等无数细节都可以影响，甚至最终决定客人的消费体验。在和静园，不论职位高低，所有员工都要以追求完美的心态做好这最简单、最细微的小事，具体做法如下。

1. 责任到人

企业划分出卫生区域的月重点、周重点、日重点，分配到岗位再到个人，明确责任，明确标准。

2. 严格检查

每日实行早检、翻台检、晚检制度，每周五定期举行全楼卫生大检查，确保全楼无死角，以保障服务环境的卫生水准。

（二）服务系统

企业建立了各岗位的服务行为标准和服务时间标准，为客户着想直至细节。明确的服务标准意味着稳定的服务产品质量。有标准并严格执行标准，才能保证客户在和静园的消费体验。

（三）出品系统

和静园为所有出品都制定了规范化的企业标准。员工在参加出品标准培训后，每日晚例会进行不定期抽查，测试相关人员对标准的掌握情况，以保证标准的落实。

（四）人力资源系统

企业相信要先有优质的人力资源储备，才能承接企业发展带来的机遇和挑战。为此，企业积极从社会及相关院校选聘专业人才，并根据个人的不同优势做好相匹配的岗位对接。

在和静园内部实行师徒制。徒弟从入职直到学徒期结束，全部由师傅一对一负责所有的文化培训、岗位技能指导和生活协助。由于徒弟未能达标而引起的责罚全部要由师傅承担。这样的制度，既加深了企业新老员工间的情谊，又形成了有特色的和静园文化传承：有关怀，有包容，有恭敬，有感恩。

培训结束之后要针对不同岗位举行定级考核。考核内容包含岗位技能、出品标准、服务标准等。考核成绩及平日综合表现决定员工级别，以及对应的劳资待遇。企业将表彰考核成绩突出者，并奖励相应的和静园出品。这样一来，当员工以客人的身份体验和静园的环境和服务时，也可以更好地了解客人的需求以便完善本职工作。

另外，企业还定期进行全员绩效考核。

（五）财务系统

(1) 严格管理进、销、存的标准，维持低水平的企业运营成本。

(2)对每天的支出收入进行两遍的严格复查，还有定期的抽检。

(3)对于吧台、收银台、一级库、二级库这样的重要部门，全部要有明确的出入库标准和准确的账货相符的账目。

(4)各岗位建立严格的月盘点制度，所有器物责任到人。

（六）监察系统

(1)明察：由监察部的人员定时按标准检查。

(2)暗检：不定期邀请相关人士做全程的专业检查。

(3)总经理检查。

以上就是和静园的六个系统，也是和静园创立以来不断摸索的一套比较成熟的经验。

四、核心竞争力——企业文化建设和对外培训

一个优秀的企业除了对硬件设施和制度建设要大力投入外，还需要对员工投入真诚的关注与关怀。在和静园，对员工情智的培养与服务技能培训同等重要。企业每周有一位由员工轮流担任的文化主持人，负责本周的文化活动。这个做法有利于提高员工的素质，锻炼个人表达能力、组织能力，为考察培养新的领导干部做了很好的预热。

企业在北京会馆设立了周一感恩例会——在会上员工们用感恩的心感激我们身边的亲人、朋友、同事、客人；周五举办“和静园茶人时间”茶会，通过不同的主题与员工探讨各自的收获与感悟；用“和静通圆”板报栏目传递开悟美文，传导企业精神；在沈阳我们开办了为期一年的广播电台专题栏目，通过茶修主题讲座影响与和静园有缘的听众。我们还通过《榜样周刊》《和静园茶人小语》国学讲座等文化活动践行和静园对员工个体成长的关注。

在开展对外培训方面，2013 年王琼老师创立了和静茶修学堂，在茶艺馆经营中植入教育功能，不到一年时间，相继开发出《泡好一壶中国茶》《茶艺馆馆主践修》《岩茶品鉴》《双语禅修》等落地实修课程，目前这已成为企业的核心竞争力。

五、主要业绩

全国十佳特色茶艺馆。

点评：

和静园既是一个茶文化企业的著名品牌，又是一个以企业文化建设为核心竞争力的成功探索者，还是一个培养新时代茶业企业家的摇篮。和静园给我们提供的经验很多，其中最重要的一条是：企业文化是核心竞争力。

讨论题：

1. 你对和静园建立的六套管理系统有什么看法和补充？

2. 和静园企业文化有什么特色？你对哪一点印象最深刻？

案例三：第一滴水茶馆——功夫在茶外

一、企业简介

第一滴水茶艺馆位于白茶原产地——安吉，坐落于县城递铺生态广场东侧，是一幢掩隐在松林、竹林间的园林建筑。这里既处于闹市区，又曲径通幽，可谓“大隐隐于市”，也正切合整个茶馆的风格和神韵。

茶馆面积2000平方米，内部设计独特，精致典雅，古典糅合了现代元素。徜徉其间，步移景换、情景交融，令人沉醉。在这里休闲娱乐、素食美餐、商务会议、礼品展销、书画创作、艺术品展示各显风采，可以品尝到全国各地名茶，当然包括最正宗的安吉白茶。

二、茶馆定位

第一滴水茶艺馆的定位属于中高档消费，人均消费100元左右。我们主张通过饮茶倡导一种健康的生活方式，这种生活方式是在尊重自然规律的前提下，实现生态、生命、生活的融合，达到天人合一的境界。

三、企业的核心理念

企业的核心理念是以人为本，以茶为媒，传递给顾客一种健康的生活理念。走进第一滴水就像回到了家，这里的服务员充满亲和力，不管是谁，只要走进这个空间，就是平等的家人与伙伴。

四、经营管理特色及核心竞争力

第一滴水茶艺馆的核心竞争力:功夫不仅在茶中,也在茶外。

第一滴水的主要负责人钱群英是国家一级茶艺技师、二级品茶师。所有中层以上管理人员均有高级茶艺师以上技术职称,所有普通员工均达到中级茶艺师资质。因此在茶叶的选择上,有着专业的眼光和很高的水准。另外,每个新员工上岗前要通过初级茶艺员的培训,工作之余还要读《茶经》《水知道答案》《故道白云》等书,并会背诵《弟子规》等经典。

第一滴水倡导喝天人合一的生态健康茶。茶馆在安吉禹山坞、山川、双一等地有400多亩(每亩约667平方米)基地,生产安吉白茶、天目黄茶、如意红茶等优质的健康茶品。采用符合自然规律的传统生态农法,用心精制而成的第一滴水私房茶经欧盟检测15项农药残留指标全部为ND(零残留)。

第一滴水的茶园都在安吉山水最好、环境最优的地段,远离都市,生态环境一流。春天野花遍地,夏天虫鸣鸟叫,一年四季鸟语花香。而且,用传统农耕的方法种植的茶叶,带着自然的味道,馥郁芬芳,加上大自然赋予的生命力,特别受到顾客的青睐,他们不仅爱到茶馆里来喝茶,还要购些回去与家人朋友分享。

在第一滴水,给顾客喝的茶所用的水都来自山泉水。每天,茶馆要从安吉县天荒坪镇大溪村海拔千米的高山上购买足够的山泉水,这山泉水流经安吉白茶祖生长的地方,日夜滋润着这株“神茶”。因此,第一滴水泡茶所用的水,不仅清、轻、甘、冽、活,而且有情。

沏茶的器皿也十分讲究。安吉白茶清新淡雅,一般的茶馆都用玻璃杯沏制。但玻璃杯无法衬托安吉白茶的气质,因此茶馆负责人在考察了全国多个瓷器产地后,选择了龙泉青瓷专门定制了第一滴水专用的青瓷茶器。

沏茶的方式也很重要。四季不同,泡茶的方式也就不同。春季,第一滴水会用盖碗沏茶,真实展现白茶鲜香馥郁的韵致;夏季,第一滴水会用大钵泡茶,用竹勺分汤,体现白茶的清凉芬芳;秋季,第一滴水会用柴窑烧制的手工碗沏茶,体现白茶的隽永;冬季,第一滴水会学宋人点茶,更能体味茶事的雅致及白茶鲜为人知的浓郁。

这些都是在茶外的功夫,但又都是与泡好每一泡茶息息相关的细节。第一滴水坚信,只有每一个环节都用心了,才能令顾客满意,把顾客变成常客,把常客变成亲人。

近年来，第一滴水还摸索出把生态茶叶、订制茶器、竹雕文玩等组合成系列特色礼品销售的经营新模式，并且组建了稳定的茶艺培训及表演队伍，参加全国及省市县各级的茶事活动和公益活动，扩大企业的知名度和美誉度。

五、成功主要业绩

第一滴水茶艺馆在地方文化整理和茶文化传播上有自己鲜明的个性和作为，连续两年有茶文化研究论文入选全国专业论文集；多篇文章被全国专业杂志刊载；还开通有网站和博客，并配合移动短信平台长期坚持做好茶文化的公益宣传。自 2006 年 9 月开业以来，茶馆深得广大消费者认可和喜爱，逐渐成为外地茶友了解安吉文化、了解安吉白茶的窗口，取得了经济效益与社会效益的双赢。茶艺馆连续两届荣获“全国百佳茶馆”(2007 ~ 2008 年度、2009 ~ 2010 年度）称号；2010 荣获浙江省“茶为国饮健康消费示范茶楼”荣誉称号；2013 年被评为全国十佳茶馆。

点评：

第一滴水茶馆是创办在一个小县城里的茶馆，茶馆不大，但是名声很大，被评为“全国十佳茶艺馆”；投资不大，但是经济效益和社会效益都很好。其中的奥妙在哪里呢？奥妙就在“功夫在茶外”。茶馆的经营与管理绝对不能就茶论茶，而应当深入研究消费者的心理，从消费者的需求出发，切实满足消费者不同层次的需要。

讨论题：

1. 如何理解第一滴水的“功夫在茶外”？

2. 第一滴水的核心竞争力具体体现在哪些方面？

案例四：瓦库——一个喝茶的好地方

一、企业简介

西安瓦库品牌文化传播有限公司于 2004 年由西安电子科技大学余平副教授创建。公司秉持“阳光，空气，绿色”设计理念，呼唤人们“打开窗子，让阳光照进，让空气流通，让绿色充满生活”。瓦库一直努力“以众多瓦的集结，用瓦单纯的和声呼唤我们记忆的情感，借以为都市人们提供一个喝茶叙旧的地方”。

2009年以来，瓦库品牌持有人赵少君先生凭借“瓦库”平台，恪尽心力加以推广。至2013年底，“瓦库”先后在西安、郑州、南京、洛阳、乌鲁木齐、苏州、武汉、南阳等地落户，公司品牌授权的16家店除有3家装修中，其余各家皆已进入良性运营，并渐已成为当地有一定影响力的品牌。瓦库（西安瓦库品牌文化传播有限公司）荣获“2012年全国十佳特色茶馆（郑州瓦库5号店）”。

二、基本理念

1. 瓦库使命

服务社会，积极创新，把瓦库打造成为“一个有生命力有影响力的知名品牌，一个有社会责任感受社会尊敬的品牌。”

2. 瓦库愿景

奉献以“瓦”为主题元素具有中国传统特色的文化艺术空间；具有高品质茶艺餐饮服务的特色生活空间；为顾客提供自然健康、朴实温馨，有文化价值的多元品质空间。

3. 瓦库精神

诚信　务实　创新　奉献

4. 瓦库服务理念

热心　诚心　细心　爱心

热心——热心接待客人

诚心——诚心帮助客人

细心——细心服务客人

爱心——爱心温暖客人

5. 瓦库管理理念

制度化　程序化　标准化　人性化

制度化——用制度规范职业行为

程序化——用程序精细运营流程

标准化——用标准实现统一要求

人性化——用尊重凝聚团队核心

6. 瓦库核心价值观

品牌　责任　关爱　公正　奉献

即瓦库从业者必须具有品牌意识，具有责任感，具有关爱行为，具有公正理事态度，具有奉献自觉性。

三、公司运营管理概述（以公司三家直营店为范例）

1. 瓦库对茶馆的理解

在茶馆的休闲娱乐、餐饮服务、社交联谊、价值审美、商业展示、文化传教、信息交流、品牌影响等诸多社会性功能中，瓦库强调“一个喝茶的好地方”，是在突出茶馆的主要功能，同时突出瓦库的“大众性、开放性、自主性”。

2. 瓦库设计——运营中的“领舞者”

瓦库设计是设计师以生活中常见的而又濒临消失的“瓦”为主要元素，蘸着生活的感悟、岁月的积尘、责任的呼唤、艺术的涵养，倡导“设计生命论”，用情感与智慧精心创建的一个具有浓郁生活气息、艺术气息的文化艺术品质空间。“领舞者”在舞蹈中被称呼为 ds，是 dance shower 的缩写，是舞场表演的焦点与核心。设计上瓦库以其朴素的设计倡导、朴拙的装饰风格、亲和的空间氛围、独特的情感释放，赢取了众多客人的好感与喜爱，为瓦库迈步商业价值升级，奠定着良好的根基。

3. 瓦库文化——瓦库运营中的“组舞展示”

瓦库运营中着力开展的“空间设计赏评”“文化学者讲坛”“茶事文化交流”等主题文化活动，是瓦库影响力的助推。以瓦库丛书、内刊、画册、音乐、陶艺、摄影等为载体的表现形式，是瓦库内在品质的有效传扬。每年两场主题文化活动、每年一本书刊出版、每季一期内刊发布、每季一场茶事品鉴会开办、每周一期内部茶事讲习等为瓦库文化品质点点滴滴增添着价值含量。

4. 瓦库管理——运营中的“群舞表演者”

瓦库运营中建立有完整的管理体系，本着“尊重个人才能发挥，坚实班组责任运转，强化店面运营执行，优化公司整体管控，明确顾问团方向定位”的要求，在瓦库的整体运营机制中，严格“责、权、利”，各行其是，各尽其责，步调一致，协同发展。专家顾问团，公司管理机构，店面运营体，班组与个人，不同的层面，不同的团队，不同的方式，不同的展现，皆围绕瓦库品牌品质发展的需要，各显其能，使瓦库局部管理“群舞表演”呈现多姿多彩形态，在经营创新、管理创新、服务创新、品质提升的路途上，稳中前进，步步提高。

5. 瓦库产品——运营中的“独舞者”

瓦库产品在运营中以“茶品”为主、“餐品”为辅。

茶品坚持“喝健康茶，健康喝茶”理念。瓦库不是茶生产商，但可以选择到最好的生产商，以为客人“寻找好茶，选准好茶，品赏好茶，推荐好茶”为原则，结合茶的冲泡技巧以及茶器、水质的选择，尽力实践“喝健康茶，健康喝茶”的理念。寻茶重在寻人，寻人重在看德；瓦库饮茶理念和实践行为已广泛得到茶友们的肯定与赞誉。

餐品以“养生简餐”为主，大众家常菜为辅。坚持“简餐：品种简而不繁，食材精而不滥，厨艺重蒸煮炖，质在营养保健”。瓦库简餐看似简单，其实不简单，因为有“色香、味、意、型、养”的品质要求，有对客人品质保证的承诺要求。入口无小事，品质更重要。

“茶”与“餐”相互配合，相得益彰，日复一日为瓦库好的口碑上演着美妙感觉。

6. 瓦库服务——运营中的“谢幕者”

服务作为一种行为方式在客人面前就是一个“谢幕者”的角色，以真诚的感恩之心，细致表达对客人的关爱，以“满足客人所需为至上，服务客人所愿为至要”，赢得客人的信任信赖。瓦库提出的“到家了”的“亲情服务”，为瓦库培养了越来越多的亲人，并赢得了亲人对瓦库的厚爱。

瓦库运营是一场团队出演的集体舞蹈，不同的舞者都在同一个舞台同一束灯光下尽情尽心尽力表演着“瓦库——一个喝茶的地方”这个主题曲。

四、点滴经验

运营管理中的“两个重要性”：一是团队建设的重要性，二是人才选用的重要性。团队建设是运营管理的基石，人才选用是构建瓦库大厦的栋梁和砖瓦。

点评：

“瓦库”品牌的创始人余平先生是一位艺术家，他在西安创办第一家“瓦库”时对茶尚无研究。但是，艺术是相通的，“瓦库”的成功说明了茶可以用艺术的理念去经营，甚至说明了茶应当用艺术的方式去经营。过去我们常常把经营茶产业的眼光局限在“茶人”圈子里，作茧自缚，严重地束缚了茶产业和茶文化产业的发展。看了“瓦库”的成功案例，我想大家一定会认识到，现在到了该“破茧化蝶”的时候了。

讨论题：

1. 如何理解茶馆行业经营活动中的多元性？是否只能以茶品经营为主？

2. 瓦库呈现的大众茶味空间与充满禅意教化的茶味场所，是否有“阳春白雪”与“下里巴人”相融合的音调？

案例五：元泰红茶屋——中西合璧的温馨茶屋

一、企业简介

“元泰红茶屋”创立于2007年8月18日，是福建元泰茶业有限公司持有的中国首家以经营红茶产品为主题的西式连锁红茶屋，融英式红茶馆和意大利咖啡馆文化于一体。这里的女主人陈安妮女士认为：

生活就像烘焙过的红茶，在红茶的情怀里，人与人之间的距离会缩短。

没有一种调制红茶的方法是最好的，每个人都会有自己偏爱的那一种。

只有循着自己的心情的浓度，才能调制出真正的适合自己味觉的红茶。

有时，与其说红茶是一种饮品，不如说是一种感觉，一种红茶的心情……

这里有红茶的清香温馨、咖啡的浓郁浪漫；这里有真诚的服务、美丽的笑容、舒适的意大利沙发、惬意的休闲空间。在这里体验红茶文化、融入和谐社会、满足个性消费、感受时尚中国，或许是解读“元泰红茶屋”该有的态度吧。

二、茶馆定位

全球采购，时尚选择；元泰红茶，纯正原味；进口图书，宽带网络；经典音乐，任君欣赏；低脂冻糕，瘦身有方；不设饭餐，唯有茶香。“元泰红茶屋”——您休闲时尚的好去处。

“元泰红茶屋”可以让您徜徉于法国的浪漫之都，体验意大利的狂野风情，感受英国的皇家风范，充分享受西式生活与中国传统元素结合的红茶消费新时尚。

三、企业的核心理念

(1)对客户：不以貌取人，应以诚待人。

(2)对员工：不以言废人，应以心容人。

(3)对社会：不以势压人，应以茶育人。

四、经营管理特色核心竞争力

1. 技术优势

在元泰红茶屋内，您可以品尝到用意大利泡茶机泡制的红茶，全程半自动，产品质量稳定；店内装饰时尚温馨，以红、白、黑为主色调，可以在西式舒适的休闲环境中品味中国经典茶文化。

2. 茶余饭后

店内免费 WIFI 无线上网、免费阅读红茶屋每季自编写的《红茶屋》内刊以及丰富的茶叶知识书籍和时尚画册。

3. 健康安全

元泰茶业自有的有机茶园有力地保障消费者喝到放心、安全、优质的茶叶饮料。

4. 茶品丰富

备有我国的 18 种经典红茶和国外著名的红茶，以及以此为原料调制的茶饮、茶点、蜜饯、冰淇淋、茶食等，让消费者体验红茶包容性的魅力。

5. 质量保证

店内引进 ISO9000 质量管理体系，是公司内更为广泛的质量活动能够得以切实管理的基础。

6. 产品多元

店内经营茶具、茶盘、茶壶、茶食、茶饮等较俱全的产品，除了能节约消费者的时间外更能体验红茶带来的时尚。

四、主要业绩

(1)单店年营业额 100 万元；年茶饮总销售 7 万杯；年接待顾客 5 万人次。

(2)各大商业展览：参加武夷山茶产业博览会、厦门 98，海峡投洽会、上海茶叶博览会、深圳茶叶博览会、福州 5·18 海峡两岸交流会、广交会等，都取得了良好业绩。

(3)多次外出提供茶饮、茶点、糕点制作及红茶茶艺表演，让消费者更快更全面地接受红茶文化的熏陶。

五、经验分享

(1)店内加入 ISO9000 质量管理体系，可以帮助管理者提高组织绩效，将不使用管理体系的竞争对手抛于身后。通过认证,还可以便于衡量绩效并更好地管理营运风险。

(2)店内多使用全自动或半自动设备,既能节省人员成本还能让产品标准地快速出品,提高成交满意度、减少客诉及提高营业额。

(3)多组织员工外出活动,除提高收入和推广红茶文化外,更能调动员工的积极性。

(4)店内的微信和微博同时进行推广,在网络上和客户进行亲切互动。

(5)按客户需求定期推出新产品,满足不断变化的需求。

(6)客户消费回馈要吸引人,这是一大部分顾客再消费的动力。

点评:

元泰红茶屋是一种茶馆行业消费新模式,它结合了西式咖啡馆的小资情调与中国传统的经典红茶文化,辅以风格时尚的茶具以及精美可口的茶点茶食,让消费者在中西合璧的浪漫情调中享受品味红茶的真爱时光,体现出了当代中国茶人海纳百川的包容情怀和与时俱进的创新精神。

讨论题:

1. 你喜欢元泰红茶屋的经营模式吗?为什么?

2. ISO 9000 质量管理体系的优点有哪些?如何认证?

案例六:泊园老茶馆——茶馆里的艺术馆

一、茶馆的定位

立足于传统,融汇中华民族的禅意、茶道、琴音、书韵、香艺五大文化艺术为泊园老茶馆特色。

老茶馆装修以徽派建筑为主,融入苏州园林、北京四合院特色,天井幽庭,一步一景,其中的门窗和内饰物品主要是主人收藏的明清与民国时期器物。馆内典藏着许多艺术品和古今名家的书画与佛堂的梵音和香气一起,营造出一种古雅空灵的氛围,为文人墨客提供一处修行雅地。泊园老茶馆——茶馆里的艺术馆。

二、茶馆的核心理念

泊园坚守本心,在守正的基础上,契合时代的发展,努力探索创新意识,提升人才含金量,使企业在市场经济的商业较量中占据优势。

守正:即正道而行,守法经营,坚持专业化,在大众潮流中守住茶文化的本味,守住茶人的本分。泊园隔离喧嚣,看淡利润,致力于使品茶成为高雅素韵、寄托感情、表现自我的艺术活动。其中,优质的茶叶、完善的服务、合理的市场营销、诚信的经营等都属于泊园要守得正。

创新:创新是企业发展的原动力,泊园在守正的前提下推陈出新,鼓励创新性思维与发展,于服务、产品以及经营等三个方面创新。

三、茶馆经营管理特色

改变以往经营模式,创新经营之道。

服务创新:在人员人性化服务的基础上,加强与客户的情感交流,把自己的茶馆开成周边企业的会议室、学校的第二课堂、社会团体的俱乐部、文人雅士的小花园、社会精英的私人会所、琴棋书画的乐园、饮茶健康的平台。针对学校的第二课堂,免费提供学生听课,并设立泊园奖学金。

产品创新:引进属于年轻人的茶品牌,营造年轻人的空间,融入时尚的元素,包括冲泡花茶、制作茶冰激凌等。泊园茶馆还成立了自己的专业茶艺艺术团,创编了20多个具有江西特色的茶艺节目,不仅受到顾客的赞赏,而且多次外出参加比赛均获殊荣。

经营的创新:守文化之正,创经营之新,弘扬禅、茶、琴、书、香五艺文化,打造出泊园茶馆的经营特色。

主题特色:泊园老茶馆崇尚传统文化,禅、茶、琴、书、香是泊园茶馆文化的精髓。

茶品特色:泊园老茶馆内茶叶品种齐全,优质纯正,主要为江西绿茶、鸿庆普洱、大益普洱、泊园号礼品茶、晓菊花茶等。

餐品特色:江西各地特色点心小吃,以及根据各茶类而特配的糕点。

服务特色:迎客时,茶艺师合十问礼;入座后,茶艺师会先为客人焚一支香;泡茶时,为客人讲解茶叶知识和冲泡技巧。包厢内可享受茶艺师一对一服务。茶馆还设有国学及茶艺的培训,旨在宣扬中国的传统文化。

四、茶馆的核心竞争力

禅、茶、琴、书、香为泊园文化的精髓,泊园一直坚持走文化艺术路线,以“文化”为中心点,进行延伸,寻求一条突破道路。目前,泊园旗下已有泊园老茶馆、泊园茶人服、泊园号茶庄、泊园古琴香道馆、泊园景德镇汪桂英陶瓷艺术馆、艺泊园、泊园红木家具馆、梅岭茶修院等多条分支。由“泊园五艺文化”延伸的雅道是泊园茶馆的核心竞争力。

五、泊园老茶馆的主要业绩

2012 年 10 月 24 日,泊园老茶馆表演的《秋绪》荣获“第三届亚洲茶人论坛茶道大赛并列冠军”,茶馆主人荣获 2012 年亚洲茶人论坛“十大杰出案例奖”。

2012 年 12 月 1 日 ~3 日,泊园老茶馆牵头主办“首届中国茶文化与旅游发展高峰论坛”并荣获“中国旅游特别贡献奖”及“茶文化产业示范单位”。

2012 年 12 月 24 日,泊园老茶馆选送的茶席表演“泊园听雪”荣获“第五届深圳茶博会”茶席创意大赛一等奖。年底,泊园老茶馆荣获“2012 年度江西十佳茶馆”。

2013 年 9 月 6 日,在“全国百佳茶馆颁奖庆典”活动上,泊园茶馆荣获“全国十佳特色茶馆”,实现了江西此项荣誉零的突破。

2013 年 10 月 17 日,泊园主人代表第九届禅茶文化交流大会主办方接过寿圣寺方丈界隆法师手中的世界禅茶文化交流大会会旗。

点评:

泊园老茶馆是中国传统文化底蕴厚重、装修古色古香、经营内容丰富、特色明显的茶馆,对传统文化的守正和在经营上的创新相统一是其最主要的特色。泊园老茶馆的实践经验证明了传承传统文化与创新经营理念不仅不矛盾,而且是相辅相成、相得益彰的,所有的茶馆都应该以传承打根基,以创新求发展。

讨论题:

1. 泊园老茶馆以“禅、茶、琴、书、香五艺文化”为核心竞争力的经验对你有什么启发?

2. 你对泊园老茶馆的企业定位有什么更好的建议?

案例七:六如轩茶艺馆——健康、诗意、时尚生活的摇篮

一、企业简介

西安六如轩茶艺馆是隶属于西安六如茶文化研究所的实习茶馆,又名林治茶文化工作室。这是一家以全新理念探索现代茶艺,宣传普及茶文化的企业。在企业创办后的第一阶段侧重于研究茶应当怎么喝。即研究我国历史上各朝代、各民族的喝茶方法,以及茶传播到世界各国以后其他国家的喝茶方法。这是传承。到了第二阶段主要研究茶还能怎么喝。即从茶道养生的角度、茶禅一味的角度、传统与时尚相结合的角度、东西方文化相融汇的角度,以及从青少年的角度去研究饮茶方式的创新与发展,编著出版了《中国茶道》《中国茶艺学》《茶道养生》《神州问茶》等 20 本茶文化专著,为我国的茶艺发展做出了贡献。

二、茶馆定位

以茶为媒介,引领健康、诗意、时尚生活新方式的道场。

三、核心理念

如梦如幻如露如电如泡影,
惜花惜月惜情惜缘惜人生。

这副对联的上联源自《金刚经》结尾的一首偈:“一切有为法,如梦幻泡影,如露亦如电,应作如是观。”佛祖如来用这首偈揭示了人生短暂、世事无常的真理。下联则是“六如”人在明白了这个真理之后对生活的态度。“惜花惜月惜情惜缘惜人生”,归根到底就是做自己爱做的事,爱自己所爱的人,把弘扬茶文化作为自己的终身事业。

四、茶馆经营管理特色

“六如”的经营特色是茶文化培训、名茶营销、茶艺服务三位一体,以茶文化为灵魂引领茶叶消费,开拓茶叶市场,创造良好的经济效益和社会效益。

1.“六如”扎根于高端社区,采取茶文化工作室的形式开展经营活动

一楼是商品陈列室并负责接待全国各地来的茶友免费品茶。二楼是商务洽谈室。顶楼是林治先生和志同道合的茶友开展学术交流的不同风格的茶室。

2.“六如”的精彩之处和主要赢利点是茶艺培训中心

十多年以来坚持每月举办一期面向全国的茶艺师培训班,已培养出数千名中高级茶艺师、茶艺技师和高级茶艺技师。成功的经验主要有五条。

其一,坚信名师出高徒,十分注重师资队伍的建设。目前已构建起了以开设讲座为主的专家教授团队和组织系统教学与实际技能辅导的一线教师团队,形成了结构合理、阵容强大的师资团队。

其二,教材是教学质量的关键。六如茶艺培训班围绕林治先生主编的大学教材《中国茶艺学》和《中国茶道》开展教学,强调心术并重、体用结合、道艺双修。在教学中我们十分强调“道心文趣兼备”,注重理论与实际相结合。

其三,在“六如”学习茶文化分为三个阶段:得味、得韵、得道。“得味”即了解茶的色、香、味、韵、形等物理化学属性,这是学茶的基础。我们认为这个阶段“茶是喝懂的”,所以和生产各类茶的著名企业都建立了良好的合作关系,由茶企提供各种名茶的教学标准样。无论讲哪一类茶,都确保学员能喝到著名企业提供的标样。通过引导学员用心比照品评,使他们真正把茶喝懂。

其四,“得韵”即把泡茶从生活琐事升华为生活艺术,这个阶段即修习茶艺的阶段。我们强调“茶艺是在实践中练会的”。因此根据不同茶类的茶性特点注重体验式教学,设有不同风格的茶室和实习茶馆,使学员在实践中掌握茶艺技能,并通过体验深深爱上茶。

其五,修习茶艺最根本的是把茶艺融入现代人的生活,所以“六如”茶艺培训始终注重引导学员通过修习茶艺,为自己和亲朋好友构建健康、诗意、时尚的生活新方式。

成功的培训不仅使学员们爱上了茶,爱上了“六如”,其中不少人还成了“六如”名茶的铁杆“粉丝”。通过学员购买、宣传和大力推广六如茶,极大地提升了企业的经济效益。

3.茶叶品质的可信度是茶馆效益的命脉

当前消费者最闹心的是花了大价钱还买不到可以信任的好茶。为此,凡是“六如”销售的茶都必须产于业内有口皆碑的著名企业或由泰斗级的专家监制。“六如”的每一款茶都提供茶园生态环境、茶厂机器设备,以及生产者姓名、技术水平和业内评

价的照片和真实资料，所以“六如”茶的口碑极好。

五、核心竞争力

茶文化是“六如”的灵魂和核心竞争力。“六如”善于在融会贯通的基础上应用茶文化经营企业。以茶艺为例，在实际经营中，“六如”巧妙地用表演型茶艺拓展品牌的知名度；用生活型茶艺提升品牌的钟爱度；用养生型茶艺巩固品牌的忠诚度；用营销型茶艺促进茶叶销售，提升经济效益。“六如”还善于通过传播茶文化引导消费、培育市场、拓展市场，并且把消费者培养成志同道合的茶友。

点评：

传统的茶馆都是卖茶，进步一点的提出卖环境、卖服务，再进步一点的提出卖品牌，只有“六如”大胆创新观念，率先提出茶馆应当卖当代人迫切需要，并且乐于追捧的“以茶为媒介的，健康、诗意、时尚的生活新方式”。新概念的提出固然不易，更难得的是“六如”探索出了把茶文化培训（含茶道养生培训）、名茶营销和茶艺服务有机结合为一体的商业模式，并且采取茶文化工作室的方式来经营，这样既降低了经营成本，又扎根社区，贴近大众，使茶文化工作室成为引领健康、诗意、时尚生活新方式的典范，因此取得了理想的业绩。

讨论题：

1. 你认为“六如”的成功经验有什么重大意义？

2. 在“六如”的经验中你最看好哪一条？为什么？

附 录

茶馆业企业经营服务规范

（商务部2012年第11号公告发布《茶馆经营服务规范》（SB/T 10654 - 2012）行业标准，并于2012年6月1日在全国正式实施）

1 范围

本规范规定了茶馆业的定义、专业服务要求、等级划分条件及经营管理的要求。

本规范适用于中华人民共和国境内各种经济成分的茶馆。

2 引用标准

下列标准所包含的条文，通过在本规范中引用而构成本规范的条文。本规范出版时，所示版本均为有效。所有标准都会被修订，使用本规范的各方应探讨使用下列标准最新版本的可能性。

饭馆（餐厅）卫生标准 GB16153—1996

食（饮）具消毒卫生标准 GB14934—1994

酒家酒店分等定级规定 GB/T13391—2000

3 本规范采用以下定义

茶馆 teahouse

以卖茶水为主要业务的休闲场所。按服务功能可分为演义茶馆、茶艺馆、餐茶馆。

演艺茶馆 performance teahouse

以饮茶为服务手段提供演艺等文化消费服务的场所。

茶艺馆 tea skill hall

以民族茶艺服务为经营特色体验民族茶艺文化消费的休闲娱乐场所。

餐茶馆 tea restaurant

提供茶餐，配以茶水，同时具备餐饮和饮茶服务功能的场所。

茶艺师 tea skill professor

通过专业培训得到资格认证的茶艺服务人员

本规范将茶馆划分为一级、二级、三级和三级以下。凡标明茶馆之处均是对茶馆行业的统一要求,有不同要求的则标明演义茶馆、茶艺馆、餐茶馆。

4 通用要求

4.1 就业准入要求

4.1.1 具备合法的劳动从业资格。

4.1.2 具有符合岗位要求的文化程度。

4.1.3 具有符合岗位要求的专业技术证书。

4.1.4 具有符合岗位要求的健康证明。

4.1.5 具有相应的上岗培训考核合格证明。

4.1.6 遵守商业职业道德。

4.2 职业道德

4.2.1 自觉贯彻执行党和国家的各项方针政策和规定,遵纪守法,依法经营,文明经商。

4.2.2 热爱茶馆服务工作,全心全意为顾客服务,忠实履行自己的职业职责。

4.2.3 尊重顾客,满足顾客的需要,做好服务工作。

4.2.4 诚信待客,公平交易,实事求是,励行承诺,维护企业信誉和消费者合法权益。

4.3 仪容仪表

4.3.1 仪表端庄,仪态大方,精神饱满,举止得体,面带微笑,自尊自爱。

4.3.2 服装整洁统一,工号醒目,鞋袜整洁,不穿高跟鞋(鞋跟不超过 5 厘米)。发型美观,自然大方。

4.3.3 注意接待礼节礼仪。对不同国家、不同民族、不同顾客的迎送,要根据生活习惯等做好相应的接待工作。

4.3.4 注意生活细节,不允许出现不文明的举止(如剔牙、挠头皮、修指甲、打哈欠等),避免给顾客留下不文明的感觉。

4.4 接待服务

4.4.1 服务人员在接待顾客的过程中除适应茶馆经营特色采用方言外,应积极推广和使用普通话，掌握语言交往的原则和技巧。

4.4.2　顾客进入服务区域，要笑脸相迎，使用文明用语，主动招呼，说话声音温和，适时适度提供服务。

4.4.3　据实向顾客介绍服务项目、消费价格，认真倾听顾客提出的问题，对重点问题要进行重复，以便准确了解顾客的需求。有问必答，回答问题准确和简明扼要，为顾客当好参谋。属于单项收费的茶艺服务，应事先征得顾客的同意。

4.4.4　不介入顾客谈话，不对顾客品头论足。

4.4.5　企业可根据需要配备掌握日常接待用语的外语服务员。

4.5　卫生要求

4.5.1　有健全的卫生管理制度并有专人负责卫生工作

4.5.2　与食品接触的工作人员必须持有健康许可证，负责餐饮加工和冷拼的人员须戴口罩、手套上岗，销售直接入口食品时必须使用售货工具，

4.5.3　餐厅内外应保持清洁、整齐，清扫时应采用湿式作业。

4.5.4　带空调的餐厅内必须设洗手间。食（餐）具应执行 GB14934 规定。

4.5.5　供应的饮水应符合 GB5749 规定

4.5.6　餐厅内部装饰材料不得对人体产生危害。

4.5.7　餐厅应有防虫、防蝇、防蟑螂和防鼠害的措施，应严格执行全国爱委会除四害的考核规定。

4.5.8　根据餐厅席位数，在隐蔽地带设置相应数量的男女厕所。厕所采用水冲洗式，设坐式便桶的应配备一次性消毒垫纸。厕所内应有单独排风系统。

4.5.9　食（具）消毒间（室）必须建在清洁、卫生、水源充足，远离厕所，无有害气体、烟雾、灰沙和其他有毒有害品污染的地方。严格防止蚊、蝇、鼠及其他害虫的进入和隐匿。

4.5.10　食（具）洗涤、消毒、清洗池及容器应采用无毒、光滑、便于清洗、消毒、防腐蚀的材料。

4.5.11　消毒食（饮）具应有专门的存放柜，避免与其他杂物混放，并对存放柜定期进行消毒处理，保持其干燥、清洁。

4.5.12　洗刷消毒用的洗涤剂、消毒剂要符合 GB14930.1 和 GB14930.2 的规定。

4.6　经营管理

4.6.1　严格按照国家的食品、卫生、防疫、环保、节约、消防、安全、规划等法律法

规的要求，合法经营。

4.6.2　原材料从合法渠道进口，各种原料、辅料、调料的质量应符合国家的有关规定和要求。

4.6.3　尽可能采用节能、节约型设施设备，降低能源消耗，保证各种设施设备符合国家有关规定。不使用一次性木筷。

4.6.4　明示营业时间、供应品种和服务项目的收费标准，并严格按明码标价执行，提供的服务内容和费用应当符合与消费者的约定。

4.6.5　有完善的岗位责任制和服务操作规范。

4.6.6　严格控制茶渣、餐厨垃圾的流向，应做好分类处理和回收利用工作。

4.6.7　应当依法向接受其服务的消费者出具单据。

4.6.8　应当文明经营、热情服务，不得强行拉客，不得侵犯消费者的人格尊严和危害消费者的人身、财产安全。

4.6.9　不得利用经营场所从事色情、赌博等违法活动。

4.6.10　在经营过程中不得擅自改变登记注册的主要登记事项，不得转让、出借、出卖、出租、涂改营业执照。

5　分级要求

5.1　一级茶馆

5.1.1　应提供的服务

5.1.1.1　茶艺馆经营的茶叶品种不少于30种，并包括全国的主要名茶。演艺茶馆、餐茶馆及在店名上直接体现品种特色的茶艺馆不做品种数量要求。茶叶品种符合等级标准要求，明码标价。

5.1.1.2　茶艺馆应根据不同的茶叶种类，准备多套不同材质茶具。

5.1.1.3　茶馆晚间营业结束时间不早于22时 。

5.1.1.4　除经营特色需采用个性化语言服务外，应积极推广使用标准普通话及用于简单日常接待的外语进行服务

5.1.1.5　茶馆从业人员均应培训合格后上岗。茶艺馆茶艺师与从业人员的比例不低于1∶3。演艺茶馆、餐茶馆参照茶艺馆的比例略低，由企业自己掌握。

5.1.1.6　茶馆的装修装饰、背景音乐、服务人员着装宜突出民族性。

5.1.1.7　餐茶馆的餐饮供应品种有特色，或者具有中国菜点的传统风味；供应

方便快捷,符合营养卫生要求;品种配料、加工统一标准,规格一致;品种口味纯正,质感保持不变。

5.1.1.8 设迎宾员,在营业时间内引领客人就位。

5.1.1.9 设值班经理,协调前厅接待工作。

5.1.2 设施设备

5.1.2.1 演艺茶馆、餐茶馆营业面积不低于500平方米,茶艺馆营业面积不少于400平方米。餐茶馆有同时容纳100人以上就餐的餐厅,每个餐位面积不小于1.6平方米。有配套的桌椅、用具、餐具、饮具。餐茶馆的厨房面积与餐厅面积相适应。有符合仓储条件的原材料库房。

5.1.2.2 茶馆要空气流畅、清新,应有空调或供暖设施。有良好的照明度和适宜的温度,光线柔和。有应急照明设备。

5.1.2.3 有符合规定的消防设施设备、污水排放设施设备,茶具、酒具、用品消毒设备、除尘设备,垃圾存放设备。设施设备方便安全,完好率100%。

5.1.2.4 装饰陈设有特色。门面装饰美观大方,有明显的标志,字号牌匾的文字书写规范、工整、醒目,店堂内外干净明亮,布局合理。在醒目位置悬挂企业《营业执照》、《卫生许可证》、服务项目与价目表等。客人消费场所设有醒目规范的公共标识。

5.2 二级茶馆

5.2.1 应提供的服务

5.2.1.1 茶艺馆经营的茶叶品种不少于25种,并包括全国的主要名茶。演艺茶馆、餐茶馆及在店名上直接体现品种特色的茶艺馆不作品种数量要求。茶叶品种符合等级标准要求,明码标价。

5.2.1.2 茶艺馆应根据不同的茶叶种类,准备多套不同材质茶具。

5.2.1.3 茶馆晚间营业结束时间不早于22时。

5.2.1.4 除经营特色需采用个性化语言服务外,应积极推广使用标准普通话及用于简单日常接待的外语进行服务

5.2.1.5 茶馆从业人员均应培训合格后上岗。茶艺馆茶艺师与从业人员的比例不低于1:5。演艺茶馆、餐茶馆参照茶艺馆的比例略低,由企业自己掌握。

5.2.1.6 茶馆的装修装饰、背景音乐、服务人员着装宜突出民族性。

5.2.1.7 餐茶馆的餐饮供应品种有特色,或者具有中国菜点的传统风味;供应

方便快捷，符合营养卫生要求；品种配料、加工统一标准，规格一致；品种口味纯正，质感保持不变。

5.2.1.8　设迎宾员，在营业时间内引领客人就位。

5.2.2　设施设备

5.2.2.1　演艺茶馆、餐茶馆营业面积不低于400平方米，茶艺馆营业面积不少于300平方米。

餐茶馆有同时容纳60人以上就餐的餐厅，每个餐位面积不小于1.6平方米。有配套的桌椅、用具、餐具、饮具。餐茶馆的厨房面积与餐厅面积相适应。有符合仓储条件的原材料库房。

5.2.2　茶馆要空气流畅、清新，应有空调或供暖设施。有良好的照明度和适宜的温度，光线柔和。有应急照明设备。

5.2.3　有符合规定的消防设施设备、污水排放设施设备，茶具、酒具、用品消毒设备、除尘设备，垃圾存放设备。设施设备方便安全，完好率100%。

5.2.4　装饰陈设有特色。门面装饰美观大方，有明显的标志，字号牌匾的文字书写规范、工整、醒目，店堂内外干净明亮，布局合理。在醒目位置悬挂企业《营业执照》、《卫生许可证》、服务项目与价目表等。客人消费场所设有醒目规范的公共标识。

5.3　三级茶馆

5.3.1　应提供的服务

5.3.1.1　茶艺馆经营的茶叶品种不少于20种。演艺茶馆、餐茶馆及在店名上直接体现品种特色的茶艺馆不作品种数量要求。茶叶品种符合等级标准要求，明码标价。

5.3.1.2　茶馆晚间营业结束时间不早于22时。

5.3.1.3　能用标准普通话进行服务

5.3.1.4　茶馆从业人员均应培训合格后上岗。茶艺馆茶艺师与从业人员的比例不低于1:7。演艺茶馆、餐茶馆参照茶艺馆的比例略低，由企业自己掌握。

5.3.1.5　餐茶馆的餐饮供应品种有特色，或者具有中国菜点的传统风味；供应方便快捷，符合营养卫生要求；品种配料、加工统一标准，规格一致；品种口味纯正，质感保持不变。

5.3.2　设施设备

5.3.2.1　演艺茶馆、餐茶馆营业面积不低于150平方米，茶艺馆营业面积不少于

100平方米。

5.3.2.2　餐茶馆有同时容纳40人以上就餐的餐厅,每个餐位面积不小于1.6平方米。有配套的桌椅、用具、餐具、饮具。餐茶馆的厨房面积与餐厅面积相适应。有符合仓储条件的原材料库房。

5.3.2.3　茶馆要空气流畅、清新,应有空调或供暖设施。有良好的照明度和适宜的温度,光线柔和。有应急照明设备。

5.3.2.4　有符合规定的消防设施设备、污水排放设施设备,茶具、酒具、用品消毒设备、除尘设备,垃圾存放设备。设施设备方便安全,完好率100%。

5.3.2.5　装饰陈设有特色 。门面装饰美观大方,有明显的标志,字号牌匾的文字书写规范、工整、醒目,店堂内外干净明亮,布局合理。在醒目位置悬挂企业《营业执照》、《卫生许可证》、服务项目与价目表等。客人消费场所设有醒目规范的公共标识。

食(饮)具消毒卫生标准

1　主题内容与适用范围

本标准规定了食(饮)具消毒的感官指标、理化指标、细菌指标、采样方法及卫生管理规范。

本标准适用于宾馆、饭店、餐厅、食堂等饮食企业的食(饮)具,也适用于个体摊点的食(饮)具。

2　引用标准

GB 4789.1—4789.28 食品卫生微生物学检验

GB 5749 生活饮用水卫生标准

GB 5750 生活饮用水标准检验法

3　感官指标

3.1　物理消毒(包括蒸汽、煮沸等热消毒):食(饮)具必须表面光洁、无油浸、无水渍、无异味。

3.2　化学(药物)消毒:食(饮)具表面必须无泡沫、无洗消剂的味道,无不溶性附着物。

4　理化指标

采用化学消毒的食(饮)具,必须用洁净水清洗,消除残留的药物。用含氯洗消剂消毒的食(饮)具表面残留量,应符合表1的要求。

表1

项　目	指　标
游离性余氯≤	0.3
烷基(苯)磺酸钠,$mg/100cm^2$≤	0.1

5　细菌指标

采用物理或化学消毒的食(饮)具均必须达到表2的要求。

表2

项　目		指　标
大肠菌群	发酵法,个/100cm≤	3
	纸片法,个/50cm	不得检出
致病菌		不得检出

注:发酵法与纸片法任何一法的检验结果均可作为判定依据。

6　采样与检验方法

6.1　发酵法采样与检

6.1.1　采样方法

食(饮)具抽检碗、盘、口杯,将2.0cm×2.5cm($5cm^2$)灭菌滤纸片紧贴内面各10张(总面积$50cm^2$)、碟、匙、酒杯以每5件为1份,每件内面紧贴灭菌滤纸片各2张(总面积$50cm^2$/份),经1min,按序取置入50毫升灭菌盐水试管中,充分振荡后,制成原液。

筷:取每双的下段12cm处约$50cm^2$(12cm×2cm×2cm),置入50毫升灭菌盐水试管中,充分振荡20次,制成原液。

6.1.2 检验方法

按 GB 4789.1～4789.28 执行。

6.2 纸片法采样与检验

食(饮)具消毒采用专用的大肠菌群快速检验纸片。

6.2.1 采样方法

随机抽取消毒后准备使用的各类食具(碗、盘、杯等),取样量可根据大、中、小不同饮食行业,每次采样 6～10 件,每件贴纸片两张,每张纸片面积 $25cm^2$ (5cm×5cm)用无菌生理盐水湿润大肠菌群检测用纸片后,立即贴于食具内侧表面,30s 后取下,置于无菌塑料袋内。

筷子以 5 只为一件样品,用毛细吸管吸取无菌生理盐水湿润纸片后,立即将筷子进口端(约 5cm)抹拭纸片,每件样品抹拭两张,放入无菌塑料袋内。

6.2.2 检验方法

将已采样的纸片置 37℃培养 16～18h,若纸片保持紫蓝色不变为大肠菌群阴性,纸片变黄并在黄色背景上呈现红色斑点或片状红晕为阳性。

6.3 洗消剂残留量采样与检验

6.3.1 采样方法

消毒食(饮)具碗、盘、碟、口杯、酒杯,用蒸馏水 100 毫升冲洗整个内表面,至少 2～3 次;匙(不包括匙柄)、筷下段置入 100 毫升蒸馏水中,充分振荡 20 次,制成样液。立即取样测定余氯,余下样液装入 50 毫升试管中,做烷基(苯)磺酸钠含量测定。

采样同时计算被检食(饮)具的表面。

6.3.2 检验方法

按 GB 5750 执行。

7 食(饮)具消毒卫生管理规范

7.1 食(具)消毒设施的卫生要求

7.1.1 食(具)消毒间(室)必须建在清洁、卫生、水源充足,远离厕所,无有害气体、烟雾、灰沙和其他有毒有害品污染的地方。严格防止蚊、蝇、鼠及其他害虫的进入和隐匿。

7.1.2 食(具)洗涤、消毒、清洗池及容器应采用无毒、光滑、便于清洗、消毒、防腐蚀的材料。

7.1.3 消毒食(饮)具应有专门的存放柜,避免与其他杂物混放,并对存放柜定期进行消毒处理,保持其干燥、洁净。

7.1.4 有条件的单位和个体摊贩,应配备食(饮)具消毒设备,并严格按操作规程使用。

7.2 消毒方法与卫生要求

7.2.1 热力消毒包括煮沸、蒸汽、红外线消毒等。煮沸、蒸汽消毒保持100℃作用10min;红外线消毒一般控制温度120℃,作用15~20min;洗碗机消毒一般水温控制85℃,冲洗消毒40s以上。

7.2.2 用于食(饮)具消毒的洗消剂如含氯制剂,一般使用含有效氯250mg/L的浓度,食(饮)具全部浸泡入液体中,作用5min以上。

7.3 洗消剂、消毒器械卫生管理

7.3.1 食(饮)具洗消剂、消毒设备应符合国家有关卫生法规。

7.3.2 饮食企业所使用的食(饮)具无法进行煮沸或蒸汽消毒或在食品卫生监督机构指定情况下,方可用化学洗消剂进行洗涤和消毒。

7.3.3 食(饮)具洗消剂、消毒器械,必须由省、自治区、直辖市食品卫生监督机构报卫生部批准后,并注明可用于食品消毒字样,方可投产、销售、刊登广告。在国家尚未批准前,可在当地试产试销,并报卫生部备案。

7.3.4 使用洗消剂,应注意失效期,有条件的单位可定期测定其有效成分的含量,并应有专人负责保管。

7.4 食(饮)具消毒程序

7.4.1 食(饮)具根据不同的消毒方法,应按其规定的操作程序进行消毒、清洗。严格执行一洗、二清、三消毒、四保洁制度。

7.4.2 食(饮)具热力消毒一般按除渣→洗涤→清洗→消毒程序进行。

7.4.3 食(饮)具化学消毒,消毒后必须用洁净水清洗,消除残留的药物。一般按除渣→洗涤→消毒→清洗程序进行。

7.5 水质卫生要求

食(饮)具消毒用水必须符合GB5749的规定。

7.6 个人卫生与健康要求

7.6.1 各饮食企业及个体摊点,应对从业人员进行卫生知识教育,组织学习《中华人民共和国食品卫生法》和本标准的有关规定。

7.6.2　食(饮)具洗涤、消毒员及有关人员,应勤洗澡、理发、剪指甲、洗衣服,工作时应穿戴白工作衣(白围裙)、帽,上班前,大、小便后,坚持洗手消毒。

7.6.3　消毒员应进行健康检查和预防注射。患有痢疾、伤寒、传染性肝炎等消化道传染病(包括带菌者)和活动性肺结核,化脓性或渗出性皮肤病者,不得从事此项工作。

7.7　消毒效果的要求

7.7.1　消毒后的食(饮)具必须用下列两种办法进行消毒效果的检验:

a. 指定生产的大肠菌群纸片;

b. 发酵法。

7.7.2　食品生产经营者或单位应进行自检,以保证每天所用食(饮)具的安全。地方食品卫生监督机构进行有偿的技术指导和服务。每周至少协助检验一次,每次6~10件样品。

7.7.3　地方食品卫生监督机构应进行经常性食品卫生监督,每月至少一次,每次取样6~10件。可与7.7.2同时进行或单独进行。

附录A　个体摊点食(饮)具消毒卫生要求(补充件)

A1　为贯彻预防为主的方针,切实执行《中华人民共和国食品卫生法》和本标准,加强对个体摊点食(饮)具消毒的卫生管理,保证消毒质量,保障人民身体健康,特提出本要求。

A2　凡从事饮食经营的个体商贩,在申请办理卫生许可证和营业执照,必须具备有专用的煮沸消毒炉具或洗消剂等。

A3　使用的各类食(饮)具必须消毒。采用煮沸消毒时,应煮沸持续10min。在无法进行热力消毒情况下,可采用化学消毒如含氯洗消剂,使用浓度应含有效氯250mg/L食(饮)具应全部浸泡在液体中,作用5min以上,并必须用洁净水清洗后,方可使用。

A4　个体摊点采用化学消毒时,必须使用经卫生部门批准,并指明可用于食品消毒的洗消剂产品。

A5　盛装食(饮)具消毒容器应采用无毒无害材料,并定期进行洗涤、消毒。

A6　消毒食(饮)具应放置专门的存放柜或其他清洁的容器中,一次存放时间一般不宜超过1天,若有污染情况应再行消毒。食(饮)具存放柜或容器应经常消毒,并注意保洁。

A7　对于一次性的食(饮)具,用后必须废弃,不得回收再用。

A8　个体摊点较集中的地方,各地可结合具体情况,采取集中式的消毒方法。

A9　由于食(饮)具消毒不严,造成疾病传染与流行,食品卫生监督机构依据《中华人民共和国食品卫生法》酌情给予处罚。

附录B　本标准用词说明(补充件)

B1　对本标准条文用词采用以下写法

B1.1　“必须”“不得”表示很严格,非这样做不可的用词。

B1.2　“应”表示严格,在正常情况下应该这样做的用词。

B1.3　“一般”表示首先这样做,但在特殊情况下,允许有相应选择的用词。

B1.4　“洗消剂”系指食(饮)具消毒剂、洗涤消毒剂总的简称。

B1.5　“洁净水”指符合国家规定的城乡《生活饮用水卫生标准》的用水。

附加说明:

本标准由卫生部卫生监督司提出。

本标准由武汉市卫生防疫站、广东省食品卫生监督检验所、卫生部食品卫生监督检验所负责起草。

本标准主要起草人李志刚、梁建生、定光丽、戴昌芳、周桂莲。

本标准由卫生部委托技术归口单位卫生部食品卫生监督检验所负责解释。

中华人民共和国价格法

第一章　总则

第一条

为了规范价格行为,发挥价格合理配置资源的作用,稳定市场价格总水平,保护消费者和经营者的合法权益,促进社会主义市场经济健康发展,制定本法。

第二条

在中华人民共和国境内发生的价格行为,适用本法。

本法所称价格包括商品价格和服务价格。

商品价格是指各类有形产品和无形资产的价格。

服务价格是指各类有偿服务的收费。

第三条

国家实行并逐步完善宏观经济调控下主要由市场形成价格的机制。价格的制定应当符合价值规律,大多数商品和服务价格实行市场调节价,极少数商品和服务价格实行政府指导价或者政府定价。

市场调节价,是指由经营者自主制定,通过市场竞争形成的价格。

本法所称经营者是指从事生产、经营商品或者提供有偿服务的法人、其他组织和个人。

政府指导价,是指依照本法规定,由政府价格主管部门或者其他有关部门,按照定价权限和范围规定基准价及其浮动幅度,指导经营者制定的价格。

政府定价,是指依照本法规定,由政府价格主管部门或者其他有关部门,按照定价权限和范围制定的价格。

第四条

国家支持和促进公平、公开、合法的市场竞争,维护正常的价格秩序,对价格活动实行管理、监督和必要的调控。

第五条

国务院价格主管部门统一负责全国的价格工作。国务院其他有关部门在各自的职责范围内,负责有关的价格工作。

县级以上地方各级人民政府价格主管部门负责本行政区域内的价格工作。县级以上地方各级人民政府其他有关部门在各自的职责范围内,负责有关的价格工作。

第二章　经营者的价格行为

第六条

商品价格和服务价格,除依照本法第十八条规定适用政府指导价或者政府定价外,实行市场调节价,由经营者依照本法自主制定。

第七条

经营者定价,应当遵循公平、合法和诚实信用的原则。

第八条

经营者定价的基本依据是生产经营成本和市场供求状况。

第九条

经营者应当努力改进生产经营管理，降低生产经营成本，为消费者提供价格合理的商品和服务，并在市场竞争中获取合法利润。

第十条

经营者应当根据其经营条件建立、健全内部价格管理制度，准确记录与核定商品和服务的生产经营成本，不得弄虚作假。

第十一条

经营者进行价格活动，享有下列权利：

（一）自主制定属于市场调节的价格；

（二）在政府指导价规定的幅度内制定价格；

（三）制定属于政府指导价、政府定价产品范围内的新产品的试销价格，特定产品除外；

（四）检举、控告侵犯其依法自主定价权利的行为。

第十二条

经营者进行价格活动，应当遵守价格法律、法规，执行依法制定的政府指导价、政府定价和法定的价格干预措施、紧急措施。

第十三条

经营者销售、收购商品和提供服务，应当按照政府价格主管部门的规定明码标价，注明商品的品名、产地、规格、等级、计价单位、价格或者服务的项目、收费标准等有关情况。经营者不得在标价之外加价出售商品，不得收取任何未予标明的费用。

第十四条

经营者不得有下列不正当价格行为：

（一）相互串通，操纵市场价格，损害其他经营者或者消费者的合法权益；

（二）在依法降价处理鲜活商品、季节性商品、积压商品等商品外，为了排挤竞争对手或者独占市场，以低于成本的价格倾销，扰乱正常的生产经营秩序，损害国家利益或者其他经营者的合法权益；

（三）捏造、散布涨价信息，哄抬价格，推动商品价格过高上涨的；

（四）利用虚假的或者使人误解的价格手段，诱骗消费者或者其他经营者与其进行交易；

（五）提供相同商品或者服务，对具有同等交易条件的其他经营者实行价格歧视；

（六）采取抬高等级或者压低等级等手段收购、销售商品或者提供服务，变相提高或者压低价格；

（七）违反法律、法规的规定牟取暴利；

（八）法律、行政法规禁止的其他不正当价格行为。

第十五条

各类中介机构提供有偿服务收取费用，应当遵守本法的规定。法律另有规定的，按照有关规定执行。

第十六条

经营者销售进口商品、收购出口商品，应当遵守本章的有关规定，维护国内市场秩序。

第十七条

行业组织应当遵守价格法律、法规，加强价格自律，接受政府价格主管部门的工作指导。

第三章　政府的定价行为

第十八条

下列商品和服务价格，政府在必要时可以实行政府指导价或者政府定价：

（一）与国民经济发展和人民生活关系重大的极少数商品价格；

（二）资源稀缺的少数商品价格；

（三）自然垄断经营的商品价格；

（四）重要的公用事业价格；

（五）重要的公益性服务价格。

第十九条

政府指导价、政府定价的定价权限和具体适用范围，以中央的和地方的定价目录为依据。

中央定价目录由国务院价格主管部门制定、修订，报国务院批准后公布。

地方定价目录由省、自治区、直辖市人民政府价格主管部门按照中央定价目录规定的定价权限和具体适用范围制定，经本级人民政府审核同意，报国务院价格主管部门审定后公布。

省、自治区、直辖市人民政府以下各级地方人民政府不得制定定价目录。

第二十条

国务院价格主管部门和其他有关部门,按照中央定价目录规定的定价权限和具体适用范围制定政府指导价、政府定价;其中重要的商品和服务价格的政府指导价、政府定价,应当按照规定经国务院批准。

省、自治区、直辖市人民政府价格主管部门和其他有关部门,应当按照地方定价目录规定的定价权限和具体适用范围制定在本地区执行的政府指导价、政府定价。

市、县人民政府可以根据省、自治区、直辖市人民政府的授权,按照地方定价目录规定的定价权限和具体适用范围制定在本地区执行的政府指导价、政府定价。

第二十一条

制定政府指导价、政府定价,应当依据有关商品或者服务的社会平均成本和市场供求状况、国民经济与社会发展要求以及社会承受能力,实行合理的购销差价、批零差价、地区差价和季节差价。

第二十二条

政府价格主管部门和其他有关部门制定政府指导价、政府定价,应当开展价格、成本调查,听取消费者、经营者和有关方面的意见。

政府价格主管部门开展对政府指导价、政府定价的价格、成本调查时,有关单位应当如实反映情况,提供必需的账簿、文件以及其他资料。

第二十三条

制定关系群众切身利益的公用事业价格、公益性服务价格、自然垄断经营的商品价格等政府指导价、政府定价,应当建立听证会制度,由政府价格主管部门主持,征求消费者、经营者和有关方面的意见,论证其必要性、可行性。

第二十四条

政府指导价、政府定价制定后,由制定价格的部门向消费者、经营者公布。

第二十五条

政府指导价、政府定价的具体适用范围、价格水平,应当根据经济运行情况,按照规定的定价权限和程序适时调整。

消费者、经营者可以对政府指导价、政府定价提出调整建议。

第四章 价格总水平调控

第二十六条

稳定市场价格总水平是国家重要的宏观经济政策目标。国家根据国民经济发展的需要和社会承受能力，确定市场价格总水平调控目标，列入国民经济和社会发展计划，并综合运用货币、财政、投资、进出口等方面的政策和措施，予以实现。

第二十七条

政府可以建立重要商品储备制度，设立价格调节基金，调控价格，稳定市场。

第二十八条

为适应价格调控和管理的需要，政府价格主管部门应当建立价格监测制度，对重要商品、服务价格的变动进行监测。

第二十九条

政府在粮食等重要农产品的市场购买价格过低时，可以在收购中实行保护价格，并采取相应的经济措施保证其实现。

第三十条

当重要商品和服务价格显著上涨或者有可能显著上涨，国务院和省、自治区、直辖市人民政府可以对部分价格采取限定差价率或者利润率、规定限价、实行提价申报制度和调价备案制度等干预措施。

省、自治区、直辖市人民政府采取前款规定的干预措施，应当报国务院备案。

第三十一条

当市场价格总水平出现剧烈波动等异常状态时，国务院可以在全国范围内或者部分区域内采取临时集中定价权限、部分或者全面冻结价格的紧急措施。

第三十二条

依照本法第三十条、第三十一条的规定实行干预措施、紧急措施的情形消除后，应当及时解除干预措施、紧急措施。

第五章　价格监督检查

第三十三条

县级以上各级人民政府价格主管部门，依法对价格活动进行监督检查，并依照本法的规定对价格违法行为实施行政处罚。

第三十四条

政府价格主管部门进行价格监督检查时，可以行使下列职权：

（一）询问当事人或者有关人员，并要求其提供证明材料和与价格违法行为有关的其他资料；

（二）查询、复制与价格违法行为有关的账簿、单据、凭证、文件及其他资料，核对与价格违法行为有关的银行资料；

（三）检查与价格违法行为有关的财物，必要时可以责令当事人暂停相关营业；

（四）在证据可能灭失或者以后难以取得的情况下，可以依法先行登记保存，当事人或者有关人员不得转移、隐匿或者销毁。

第三十五条

经营者接受政府价格主管部门的监督检查时，应当如实提供价格监督检查所必需的账薄、单据、凭证、文件以及其他资料。

第三十六条

政府部门价格工作人员不得将依法取得的资料或者了解的情况用于依法进行价格管理以外的任何其他目的，不得泄露当事人的商业秘密。

第三十七条

消费者组织、职工价格监督组织、居民委员会、村民委员会等组织以及消费者，有权对价格行为进行社会监督。政府价格主管部门应当充分发挥群众的价格监督作用。

新闻单位有权进行价格舆论监督。

第三十八条

政府价格主管部门应当建立对价格违法行为的举报制度。

任何单位和个人均有权对价格违法行为进行举报。政府价格主管部门应当对举报人员给予鼓励，并负责为举报者保密。

第六章　法律责任

第三十九条

经营者不执行政府指导价、政府定价以及法定的价格干预措施、紧急措施的，责令改正，没收违法所得，可以并处违法所得五倍以下的罚款；没有违法所得的，可以处以罚款；情节严重的，责令停业整顿。

第四十条

经营者有本法第十四条所列行为之一的，责令改正，没收违法所得，可以并处违法所得五倍以下的罚款；没有违法所得的，予以警告，可以并处罚款；情节严重的，责令停业整顿，或者由工商行政管理机关吊销营业执照。有关法律对本法第十四条所列行为的处罚及处罚机关另有规定的，可以依照有关法律的规定执行。

有本法第十四条第(一)项、第(二)项所列行为,属于全国性的,由国务院价格主管部门认定;属于是省及省以下区域性的,由省、自治区、直辖市人民政府价格主管部门认定。

第四十一条

经营者因价格违法行为致使消费者或者其他经营者多付价款的,应当退还多付部分;造成损害的,应当依法承担赔偿责任。

第四十二条

经营者违反明码标价规定的,责令改正,没收违法所得,可以并处五千元以下罚款。

第四十三条

经营者被责令暂停相关营业而不停止的,或者转移、隐匿、销毁依法登记保存的财物的,处相关营业所得或者转移、隐匿、销毁的财物价值一倍以上三倍以下的罚款。

第四十四条

拒绝按照规定提供监督检查所需资料或者提供虚假资料的,责令改正,予以警告;逾期不改正的,可以处以罚款。

第四十五条

地方各级人民政府或者各级人民政府有关部门违反本法规定,超越定价权限和范围擅自制定、调整价格或者不执行法定的价格干预措施、紧急措施的,责令改正,并可以通报批评;对直接负责的主管人员和其他直接责任人员,依法给予行政处分。

第四十六条

价格工作人员泄露国家秘密、商业秘密以及滥用职权、徇私舞弊、玩忽职守、索贿受贿,构成犯罪的,依法追究刑事责任;尚不构成犯罪的,依法给予处分。

第七章　附则

第四十七条

国家行政机关的收费,应当依法进行,严格控制收费项目,限定收费范围、标准。收费的具体管理办法由国务院另行制定。

中华人民共和国主席令

第九号

《中华人民共和国食品安全法》已由中华人民共和国第十一届全国人民代表大会常务委员会第七次会议于2009年2月28日通过，现予公布，自2009年6月1日起施行。

中华人民共和国主席　胡锦涛

2009年2月28日

中华人民共和国食品安全法

（2009年2月28日第十一届全国人民代表大会常务委员会第七次会议通过）

目　录

第一章　总　则
第二章　食品安全风险监测和评估
第三章　食品安全标准
第四章　食品生产经营
第五章　食品检验
第六章　食品进出口
第七章　食品安全事故处置
第八章　监督管理
第九章　法律责任
第十章　附　则

第一章　总　则

第一条　为保证食品安全，保障公众身体健康和生命安全，制定本法。

第二条 在中华人民共和国境内从事下列活动，应当遵守本法：

（一）食品生产和加工（以下称食品生产），食品流通和餐饮服务（以下称食品经营）；

（二）食品添加剂的生产经营；

（三）用于食品的包装材料、容器、洗涤剂、消毒剂和用于食品生产经营的工具、设备（以下称食品相关产品）的生产经营；

（四）食品生产经营者使用食品添加剂、食品相关产品；

（五）对食品、食品添加剂和食品相关产品的安全管理。

供食用的源于农业的初级产品（以下称食用农产品）的质量安全管理，遵守《中华人民共和国农产品质量安全法》的规定。但是，制定有关食用农产品的质量安全标准、公布食用农产品安全有关信息，应当遵守本法的有关规定。

第三条 食品生产经营者应当依照法律、法规和食品安全标准从事生产经营活动，对社会和公众负责，保证食品安全，接受社会监督，承担社会责任。

第四条 国务院设立食品安全委员会，其工作职责由国务院规定。

国务院卫生行政部门承担食品安全综合协调职责，负责食品安全风险评估、食品安全标准制定、食品安全信息公布、食品检验机构的资质认定条件和检验规范的制定，组织查处食品安全重大事故。

国务院质量监督、工商行政管理和国家食品药品监督管理部门依照本法和国务院规定的职责，分别对食品生产、食品流通、餐饮服务活动实施监督管理。

第五条 县级以上地方人民政府统一负责、领导、组织、协调本行政区域的食品安全监督管理工作，建立健全食品安全全程监督管理的工作机制；统一领导、指挥食品安全突发事件应对工作；完善、落实食品安全监督管理责任制，对食品安全监督管理部门进行评议、考核。

县级以上地方人民政府依照本法和国务院的规定确定本级卫生行政、农业行政、质量监督、工商行政管理、食品药品监督管理部门的食品安全监督管理职责。有关部门在各自职责范围内负责本行政区域的食品安全监督管理工作。

上级人民政府所属部门在下级行政区域设置的机构应当在所在地人民政府的统一组织、协调下，依法做好食品安全监督管理工作。

第六条 县级以上卫生行政、农业行政、质量监督、工商行政管理、食品药品监督管理部门应当加强沟通、密切配合，按照各自职责分工，依法行使职权，承担责任。

第七条 食品行业协会应当加强行业自律，引导食品生产经营者依法生产经营，推动行业诚信建设，宣传、普及食品安全知识。

第八条 国家鼓励社会团体、基层群众性自治组织开展食品安全法律、法规以及食品安全标准和知识的普及工作，倡导健康的饮食方式，增强消费者食品安全意识和自我保护能力。

新闻媒体应当开展食品安全法律、法规以及食品安全标准和知识的公益宣传，并对违反本法的行为进行舆论监督。

第九条 国家鼓励和支持开展与食品安全有关的基础研究和应用研究，鼓励和支持食品生产经营者为提高食品安全水平采用先进技术和先进管理规范。

第十条 任何组织或者个人有权举报食品生产经营中违反本法的行为，有权向有关部门了解食品安全信息，对食品安全监督管理工作提出意见和建议。

第二章　食品安全风险监测和评估

第十一条 国家建立食品安全风险监测制度，对食源性疾病、食品污染以及食品中的有害因素进行监测。

国务院卫生行政部门会同国务院有关部门制定、实施国家食品安全风险监测计划。省、自治区、直辖市人民政府卫生行政部门根据国家食品安全风险监测计划，结合本行政区域的具体情况，组织制定、实施本行政区域的食品安全风险监测方案。

第十二条 国务院农业行政、质量监督、工商行政管理和国家食品药品监督管理等有关部门获知有关食品安全风险信息后，应当立即向国务院卫生行政部门通报。国务院卫生行政部门会同有关部门对信息核实后，应当及时调整食品安全风险监测计划。

第十三条 国家建立食品安全风险评估制度，对食品、食品添加剂中生物性、化学性和物理性危害进行风险评估。

国务院卫生行政部门负责组织食品安全风险评估工作，成立由医学、农业、食品、营养等方面的专家组成的食品安全风险评估专家委员会进行食品安全风险评估。

对农药、肥料、生长调节剂、兽药、饲料和饲料添加剂等的安全性评估，应当有食品安全风险评估专家委员会的专家参加。

食品安全风险评估应当运用科学方法，根据食品安全风险监测信息、科学数据以及其他有关信息进行。

第十四条 国务院卫生行政部门通过食品安全风险监测或者接到举报发现食品可能存在安全隐患的,应当立即组织进行检验和食品安全风险评估。

第十五条 国务院农业行政、质量监督、工商行政管理和国家食品药品监督管理等有关部门应当向国务院卫生行政部门提出食品安全风险评估的建议,并提供有关信息和资料。

国务院卫生行政部门应当及时向国务院有关部门通报食品安全风险评估的结果。

第十六条 食品安全风险评估结果是制定、修订食品安全标准和对食品安全实施监督管理的科学依据。

食品安全风险评估结果得出食品不安全结论的,国务院质量监督、工商行政管理和国家食品药品监督管理部门应当依据各自职责立即采取相应措施,确保该食品停止生产经营,并告知消费者停止食用;需要制定、修订相关食品安全国家标准的,国务院卫生行政部门应当立即制定、修订。

第十七条 国务院卫生行政部门应当会同国务院有关部门,根据食品安全风险评估结果、食品安全监督管理信息,对食品安全状况进行综合分析。对经综合分析表明可能具有较高程度安全风险的食品,国务院卫生行政部门应当及时提出食品安全风险警示,并予以公布。

第三章 食品安全标准

第十八条 制定食品安全标准,应当以保障公众身体健康为宗旨,做到科学合理、安全可靠。

第十九条 食品安全标准是强制执行的标准。除食品安全标准外,不得制定其他的食品强制性标准。

第二十条 食品安全标准应当包括下列内容:

(一)食品、食品相关产品中的致病性微生物、农药残留、兽药残留、重金属、污染物质以及其他危害人体健康物质的限量规定;

(二)食品添加剂的品种、使用范围、用量;

(三)专供婴幼儿和其他特定人群的主辅食品的营养成分要求;

(四)对与食品安全、营养有关的标签、标识、说明书的要求;

(五)食品生产经营过程的卫生要求;

(六)与食品安全有关的质量要求;

（七）食品检验方法与规程；

（八）其他需要制定为食品安全标准的内容。

第二十一条 食品安全国家标准由国务院卫生行政部门负责制定、公布，国务院标准化行政部门提供国家标准编号。

食品中农药残留、兽药残留的限量规定及其检验方法与规程由国务院卫生行政部门、国务院农业行政部门制定。

屠宰畜、禽的检验规程由国务院有关主管部门会同国务院卫生行政部门制定。

有关产品国家标准涉及食品安全国家标准规定内容的，应当与食品安全国家标准相一致。

第二十二条 国务院卫生行政部门应当对现行的食用农产品质量安全标准、食品卫生标准、食品质量标准和有关食品的行业标准中强制执行的标准予以整合，统一公布为食品安全国家标准。

本法规定的食品安全国家标准公布前，食品生产经营者应当按照现行食用农产品质量安全标准、食品卫生标准、食品质量标准和有关食品的行业标准生产经营食品。

第二十三条 食品安全国家标准应当经食品安全国家标准审评委员会审查通过。食品安全国家标准审评委员会由医学、农业、食品、营养等方面的专家以及国务院有关部门的代表组成。

制定食品安全国家标准，应当依据食品安全风险评估结果并充分考虑食用农产品质量安全风险评估结果，参照相关的国际标准和国际食品安全风险评估结果，并广泛听取食品生产经营者和消费者的意见。

第二十四条 没有食品安全国家标准的，可以制定食品安全地方标准。

省、自治区、直辖市人民政府卫生行政部门组织制定食品安全地方标准，应当参照执行本法有关食品安全国家标准制定的规定，并报国务院卫生行政部门备案。

第二十五条 企业生产的食品没有食品安全国家标准或者地方标准的，应当制定企业标准，作为组织生产的依据。国家鼓励食品生产企业制定严于食品安全国家标准或者地方标准的企业标准。企业标准应当报省级卫生行政部门备案，在本企业内部适用。

第二十六条 食品安全标准应当供公众免费查阅。

第四章 食品生产经营

第二十七条 食品生产经营应当符合食品安全标准,并符合下列要求:

(一)具有与生产经营的食品品种、数量相适应的食品原料处理和食品加工、包装、贮存等场所,保持该场所环境整洁,并与有毒、有害场所以及其他污染源保持规定的距离;

(二)具有与生产经营的食品品种、数量相适应的生产经营设备或者设施,有相应的消毒、更衣、盥洗、采光、照明、通风、防腐、防尘、防蝇、防鼠、防虫、洗涤以及处理废水、存放垃圾和废弃物的设备或者设施;

(三)有食品安全专业技术人员、管理人员和保证食品安全的规章制度;

(四)具有合理的设备布局和工艺流程,防止待加工食品与直接入口食品、原料与成品交叉污染,避免食品接触有毒物、不洁物;

(五)餐具、饮具和盛放直接入口食品的容器,使用前应当洗净、消毒,炊具、用具用后应当洗净,保持清洁;

(六)贮存、运输和装卸食品的容器、工具和设备应当安全、无害,保持清洁,防止食品污染,并符合保证食品安全所需的温度等特殊要求,不得将食品与有毒、有害物品一同运输;

(七)直接入口的食品应当有小包装或者使用无毒、清洁的包装材料、餐具;

(八)食品生产经营人员应当保持个人卫生,生产经营食品时,应当将手洗净,穿戴清洁的工作衣、帽;销售无包装的直接入口食品时,应当使用无毒、清洁的售货工具;

(九)用水应当符合国家规定的生活饮用水卫生标准;

(十)使用的洗涤剂、消毒剂应当对人体安全、无害;

(十一)法律、法规规定的其他要求。

第二十八条 禁止生产经营下列食品:

(一)用非食品原料生产的食品或者添加食品添加剂以外的化学物质和其他可能危害人体健康物质的食品,或者用回收食品作为原料生产的食品;

(二)致病性微生物、农药残留、兽药残留、重金属、污染物质以及其他危害人体健康的物质含量超过食品安全标准限量的食品;

(三)营养成分不符合食品安全标准的专供婴幼儿和其他特定人群的主辅食品;

(四)腐败变质、油脂酸败、霉变生虫、污秽不洁、混有异物、掺假掺杂或者感官性状异常的食品；

（五）病死、毒死或者死因不明的禽、畜、兽、水产动物肉类及其制品；

（六）未经动物卫生监督机构检疫或者检疫不合格的肉类，或者未经检验或者检验不合格的肉类制品；

（七）被包装材料、容器、运输工具等污染的食品；

（八）超过保质期的食品；

（九）无标签的预包装食品；

（十）国家为防病等特殊需要明令禁止生产经营的食品；

（十一）其他不符合食品安全标准或者要求的食品。

第二十九条 国家对食品生产经营实行许可制度。从事食品生产、食品流通、餐饮服务，应当依法取得食品生产许可、食品流通许可、餐饮服务许可。

取得食品生产许可的食品生产者在其生产场所销售其生产的食品，不需要取得食品流通的许可；取得餐饮服务许可的餐饮服务提供者在其餐饮服务场所出售其制作加工的食品，不需要取得食品生产和流通的许可；农民个人销售其自产的食用农产品，不需要取得食品流通的许可。

食品生产加工小作坊和食品摊贩从事食品生产经营活动，应当符合本法规定的与其生产经营规模、条件相适应的食品安全要求，保证所生产经营的食品卫生、无毒、无害，有关部门应当对其加强监督管理，具体管理办法由省、自治区、直辖市人民代表大会常务委员会依照本法制定。

第三十条 县级以上地方人民政府鼓励食品生产加工小作坊改进生产条件；鼓励食品摊贩进入集中交易市场、店铺等固定场所经营。

第三十一条 县级以上质量监督、工商行政管理、食品药品监督管理部门应当依照《中华人民共和国行政许可法》的规定，审核申请人提交的本法第二十七条第一项至第四项规定要求的相关资料，必要时对申请人的生产经营场所进行现场核查；对符合规定条件的，决定准予许可；对不符合规定条件的，决定不予许可并书面说明理由。

第三十二条 食品生产经营企业应当建立健全本单位的食品安全管理制度，加强对职工食品安全知识的培训，配备专职或者兼职食品安全管理人员，做好对所生产经营食品的检验工作，依法从事食品生产经营活动。

第三十三条 国家鼓励食品生产经营企业符合良好生产规范要求，实施危害分析与关键控制点体系，提高食品安全管理水平。

对通过良好生产规范、危害分析与关键控制点体系认证的食品生产经营企业，认证机构应当依法实施跟踪调查；对不再符合认证要求的企业，应当依法撤销认证，及时向有关质量监督、工商行政管理、食品药品监督管理部门通报，并向社会公布。认证机构实施跟踪调查不收取任何费用。

第三十四条 食品生产经营者应当建立并执行从业人员健康管理制度。患有痢疾、伤寒、病毒性肝炎等消化道传染病的人员，以及患有活动性肺结核、化脓性或者渗出性皮肤病等有碍食品安全的疾病的人员，不得从事接触直接入口食品的工作。

食品生产经营人员每年应当进行健康检查，取得健康证明后方可参加工作。

第三十五条 食用农产品生产者应当依照食品安全标准和国家有关规定使用农药、肥料、生长调节剂、兽药、饲料和饲料添加剂等农业投入品。食用农产品的生产企业和农民专业合作经济组织应当建立食用农产品生产记录制度。

县级以上农业行政部门应当加强对农业投入品使用的管理和指导，建立健全农业投入品的安全使用制度。

第三十六条 食品生产者采购食品原料、食品添加剂、食品相关产品，应当查验供货者的许可证和产品合格证明文件；对无法提供合格证明文件的食品原料，应当依照食品安全标准进行检验；不得采购或者使用不符合食品安全标准的食品原料、食品添加剂、食品相关产品。

食品生产企业应当建立食品原料、食品添加剂、食品相关产品进货查验记录制度，如实记录食品原料、食品添加剂、食品相关产品的名称、规格、数量、供货者名称及联系方式、进货日期等内容。

食品原料、食品添加剂、食品相关产品进货查验记录应当真实，保存期限不得少于二年。

第三十七条 食品生产企业应当建立食品出厂检验记录制度，查验出厂食品的检验合格证和安全状况，并如实记录食品的名称、规格、数量、生产日期、生产批号、检验合格证号、购货者名称及联系方式、销售日期等内容。

食品出厂检验记录应当真实，保存期限不得少于二年。

第三十八条 食品、食品添加剂和食品相关产品的生产者，应当依照食品安全标准对所生产的食品、食品添加剂和食品相关产品进行检验，检验合格后方可出厂或者销售。

第三十九条 食品经营者采购食品，应当查验供货者的许可证和食品合格的证明文件。

食品经营企业应当建立食品进货查验记录制度，如实记录食品的名称、规格、数量、生产批号、保质期、供货者名称及联系方式、进货日期等内容。

食品进货查验记录应当真实，保存期限不得少于二年。

实行统一配送经营方式的食品经营企业，可以由企业总部统一查验供货者的许可证和食品合格的证明文件，进行食品进货查验记录。

第四十条 食品经营者应当按照保证食品安全的要求贮存食品，定期检查库存食品，及时清理变质或者超过保质期的食品。

第四十一条 食品经营者贮存散装食品，应当在贮存位置标明食品的名称、生产日期、保质期、生产者名称及联系方式等内容。

食品经营者销售散装食品，应当在散装食品的容器、外包装上标明食品的名称、生产日期、保质期、生产经营者名称及联系方式等内容。

第四十二条 预包装食品的包装上应当有标签。标签应当标明下列事项：

（一）名称、规格、净含量、生产日期；

（二）成分或者配料表；

（三）生产者的名称、地址、联系方式；

（四）保质期；

（五）产品标准代号；

（六）贮存条件；

（七）所使用的食品添加剂在国家标准中的通用名称；

（八）生产许可证编号；

（九）法律、法规或者食品安全标准规定必须标明的其他事项。

专供婴幼儿和其他特定人群的主辅食品，其标签还应当标明主要营养成分及其含量。

第四十三条 国家对食品添加剂的生产实行许可制度。申请食品添加剂生产许可的条件、程序，按照国家有关工业产品生产许可证管理的规定执行。

第四十四条 申请利用新的食品原料从事食品生产或者从事食品添加剂新品种、食品相关产品新品种生产活动的单位或者个人，应当向国务院卫生行政部门提交相关产品的安全性评估材料。国务院卫生行政部门应当自收到申请之日起六十日内组织对相关产品的安全性评估材料进行审查；对符合食品安全要求的，依法决定准予许可并予以公布;对不符合食品安全要求的,决定不予许可并书面说明理由。

第四十五条 食品添加剂应当在技术上确有必要且经过风险评估证明安全可靠,方可列入允许使用的范围。国务院卫生行政部门应当根据技术必要性和食品安全风险评估结果,及时对食品添加剂的品种、使用范围、用量的标准进行修订。

第四十六条 食品生产者应当依照食品安全标准关于食品添加剂的品种、使用范围、用量的规定使用食品添加剂;不得在食品生产中使用食品添加剂以外的化学物质和其他可能危害人体健康的物质。

第四十七条 食品添加剂应当有标签、说明书和包装。标签、说明书应当载明本法第四十二条第一款第一项至第六项、第八项、第九项规定的事项,以及食品添加剂的使用范围、用量、使用方法,并在标签上载明"食品添加剂"字样。

第四十八条 食品和食品添加剂的标签、说明书,不得含有虚假、夸大的内容,不得涉及疾病预防、治疗功能。生产者对标签、说明书上所载明的内容负责。

食品和食品添加剂的标签、说明书应当清楚、明显,容易辨识。

食品和食品添加剂与其标签、说明书所载明的内容不符的,不得上市销售。

第四十九条 食品经营者应当按照食品标签标示的警示标志、警示说明或者注意事项的要求,销售预包装食品。

第五十条 生产经营的食品中不得添加药品,但是可以添加按照传统既是食品又是中药材的物质。按照传统既是食品又是中药材的物质的目录由国务院卫生行政部门制定、公布。

第五十一条 国家对声称具有特定保健功能的食品实行严格监管。有关监督管理部门应当依法履职,承担责任。具体管理办法由国务院规定。

声称具有特定保健功能的食品不得对人体产生急性、亚急性或者慢性危害,其标签、说明书不得涉及疾病预防、治疗功能,内容必须真实,应当载明适宜人群、不适宜人群、功效成分或者标志性成分及其含量等;产品的功能和成分必须与标签、说明书相一致。

第五十二条 集中交易市场的开办者、柜台出租者和展销会举办者,应当审查入场食品经营者的许可证,明确入场食品经营者的食品安全管理责任,定期对入场食品经营者的经营环境和条件进行检查,发现食品经营者有违反本法规定的行为的,应当及时制止并立即报告所在地县级工商行政管理部门或者食品药品监督管理部门。

集中交易市场的开办者、柜台出租者和展销会举办者未履行前款规定义务,本市场发生食品安全事故的，应当承担连带责任。

第五十三条 国家建立食品召回制度。食品生产者发现其生产的食品不符合食品安全标准，应当立即停止生产，召回已经上市销售的食品，通知相关生产经营者和消费者，并记录召回和通知情况。

食品经营者发现其经营的食品不符合食品安全标准，应当立即停止经营，通知相关生产经营者和消费者，并记录停止经营和通知情况。食品生产者认为应当召回的，应当立即召回。

食品生产者应当对召回的食品采取补救、无害化处理、销毁等措施，并将食品召回和处理情况向县级以上质量监督部门报告。

食品生产经营者未依照本条规定召回或者停止经营不符合食品安全标准的食品的，县级以上质量监督、工商行政管理、食品药品监督管理部门可以责令其召回或者停止经营。

第五十四条 食品广告的内容应当真实合法，不得含有虚假、夸大的内容，不得涉及疾病预防、治疗功能。

食品安全监督管理部门或者承担食品检验职责的机构、食品行业协会、消费者协会不得以广告或者其他形式向消费者推荐食品。

第五十五条 社会团体或者其他组织、个人在虚假广告中向消费者推荐食品，使消费者的合法权益受到损害的，与食品生产经营者承担连带责任。

第五十六条 地方各级人民政府鼓励食品规模化生产和连锁经营、配送。

第五章 食品检验

第五十七条 食品检验机构按照国家有关认证认可的规定取得资质认定后，方可从事食品检验活动。但是，法律另有规定的除外。

食品检验机构的资质认定条件和检验规范，由国务院卫生行政部门规定。

本法施行前经国务院有关主管部门批准设立或者经依法认定的食品检验机构，可以依照本法继续从事食品检验活动。

第五十八条 食品检验由食品检验机构指定的检验人独立进行。

检验人应当依照有关法律、法规的规定，并依照食品安全标准和检验规范对食品进行检验，尊重科学，恪守职业道德，保证出具的检验数据和结论客观、公正，不得出具虚假的检验报告。

第五十九条 食品检验实行食品检验机构与检验人负责制。食品检验报告应当加盖食品检验机构公章,并有检验人的签名或者盖章。食品检验机构和检验人对出具的食品检验报告负责。

第六十条 食品安全监督管理部门对食品不得实施免检。

县级以上质量监督、工商行政管理、食品药品监督管理部门应当对食品进行定期或者不定期的抽样检验。进行抽样检验,应当购买抽取的样品,不收取检验费和其他任何费用。

县级以上质量监督、工商行政管理、食品药品监督管理部门在执法工作中需要对食品进行检验的,应当委托符合本法规定的食品检验机构进行,并支付相关费用。对检验结论有异议的,可以依法进行复检。

第六十一条 食品生产经营企业可以自行对所生产的食品进行检验,也可以委托符合本法规定的食品检验机构进行检验。

食品行业协会等组织、消费者需要委托食品检验机构对食品进行检验的,应当委托符合本法规定的食品检验机构进行。

第六章 食品进出口

第六十二条 进口的食品、食品添加剂以及食品相关产品应当符合我国食品安全国家标准。

进口的食品应当经出入境检验检疫机构检验合格后,海关凭出入境检验检疫机构签发的通关证明放行。

第六十三条 进口尚无食品安全国家标准的食品,或者首次进口食品添加剂新品种、食品相关产品新品种,进口商应当向国务院卫生行政部门提出申请并提交相关的安全性评估材料。国务院卫生行政部门依照本法第四十四条的规定作出是否准予许可的决定,并及时制定相应的食品安全国家标准。

第六十四条 境外发生的食品安全事件可能对我国境内造成影响,或者在进口食品中发现严重食品安全问题的,国家出入境检验检疫部门应当及时采取风险预警或者控制措施,并向国务院卫生行政、农业行政、工商行政管理和国家食品药品监督管理部门通报。接到通报的部门应当及时采取相应措施。

第六十五条 向我国境内出口食品的出口商或者代理商应当向国家出入境检验检疫部门备案。向我国境内出口食品的境外食品生产企业应当经国家出入境检验检疫疫部门注册。

国家出入境检验检疫部门应当定期公布已经备案的出口商、代理商和已经注册的境外食品生产企业名单。

第六十六条 进口的预包装食品应当有中文标签、中文说明书。标签、说明书应当符合本法以及我国其他有关法律、行政法规的规定和食品安全国家标准的要求，载明食品的原产地以及境内代理商的名称、地址、联系方式。预包装食品没有中文标签、中文说明书或者标签、说明书不符合本条规定的，不得进口。

第六十七条 进口商应当建立食品进口和销售记录制度，如实记录食品的名称、规格、数量、生产日期、生产或者进口批号、保质期、出口商和购货者名称及联系方式、交货日期等内容。

食品进口和销售记录应当真实，保存期限不得少于二年。

第六十八条 出口的食品由出入境检验检疫机构进行监督、抽检，海关凭出入境检验检疫机构签发的通关证明放行。

出口食品生产企业和出口食品原料种植、养殖场应当向国家出入境检验检疫部门备案。

第六十九条 国家出入境检验检疫部门应当收集、汇总进出口食品安全信息，并及时通报相关部门、机构和企业。

国家出入境检验检疫部门应当建立进出口食品的进口商、出口商和出口食品生产企业的信誉记录，并予以公布。对有不良记录的进口商、出口商和出口食品生产企业，应当加强对其进出口食品的检验检疫。

第七章　食品安全事故处置

第七十条 国务院组织制定国家食品安全事故应急预案。

县级以上地方人民政府应当根据有关法律、法规的规定和上级人民政府的食品安全事故应急预案以及本地区的实际情况，制定本行政区域的食品安全事故应急预案，并报上一级人民政府备案。

食品生产经营企业应当制定食品安全事故处置方案，定期检查本企业各项食品安全防范措施的落实情况，及时消除食品安全事故隐患。

第七十一条 发生食品安全事故的单位应当立即予以处置，防止事故扩大。事故发生单位和接收病人进行治疗的单位应当及时向事故发生地县级卫生行政部门报告。

农业行政、质量监督、工商行政管理、食品药品监督管理部门在日常监督管理中发现食品安全事故，或者接到有关食品安全事故的举报，应当立即向卫生行政部门通报。

发生重大食品安全事故的，接到报告的县级卫生行政部门应当按照规定向本级人民政府和上级人民政府卫生行政部门报告。县级人民政府和上级人民政府卫生行政部门应当按照规定上报。

任何单位或者个人不得对食品安全事故隐瞒、谎报、缓报，不得毁灭有关证据。

第七十二条 县级以上卫生行政部门接到食品安全事故的报告后，应当立即会同有关农业行政、质量监督、工商行政管理、食品药品监督管理部门进行调查处理，并采取下列措施，防止或者减轻社会危害：

（一）开展应急救援工作，对因食品安全事故导致人身伤害的人员，卫生行政部门应当立即组织救治；

（二）封存可能导致食品安全事故的食品及其原料，并立即进行检验；对确认属于被污染的食品及其原料，责令食品生产经营者依照本法第五十三条的规定予以召回、停止经营并销毁；

（三）封存被污染的食品用工具及用具，并责令进行清洗消毒；

（四）做好信息发布工作，依法对食品安全事故及其处理情况进行发布，并对可能产生的危害加以解释、说明。

发生重大食品安全事故的，县级以上人民政府应当立即成立食品安全事故处置指挥机构，启动应急预案，依照前款规定进行处置。

第七十三条 发生重大食品安全事故，设区的市级以上人民政府卫生行政部门应当立即会同有关部门进行事故责任调查，督促有关部门履行职责，向本级人民政府提出事故责任调查处理报告。

重大食品安全事故涉及两个以上省、自治区、直辖市的，由国务院卫生行政部门依照前款规定组织事故责任调查。

第七十四条 发生食品安全事故，县级以上疾病预防控制机构应当协助卫生行政部门和有关部门对事故现场进行卫生处理，并对与食品安全事故有关的因素开展流行病学调查。

第七十五条 调查食品安全事故，除了查明事故单位的责任，还应当查明负有监督管理和认证职责的监督管理部门、认证机构的工作人员失职、渎职情况。

第八章　监督管理

第七十六条　县级以上地方人民政府组织本级卫生行政、农业行政、质量监督、工商行政管理、食品药品监督管理部门制定本行政区域的食品安全年度监督管理计划，并按照年度计划组织开展工作。

第七十七条　县级以上质量监督、工商行政管理、食品药品监督管理部门履行各自食品安全监督管理职责，有权采取下列措施：

（一）进入生产经营场所实施现场检查；

（二）对生产经营的食品进行抽样检验；

（三）查阅、复制有关合同、票据、账簿以及其他有关资料；

（四）查封、扣押有证据证明不符合食品安全标准的食品，违法使用的食品原料、食品添加剂、食品相关产品，以及用于违法生产经营或者被污染的工具、设备；

（五）查封违法从事食品生产经营活动的场所。

县级以上农业行政部门应当依照《中华人民共和国农产品质量安全法》规定的职责，对食用农产品进行监督管理。

第七十八条　县级以上质量监督、工商行政管理、食品药品监督管理部门对食品生产经营者进行监督检查，应当记录监督检查的情况和处理结果。监督检查记录经监督检查人员和食品生产经营者签字后归档。

第七十九条　县级以上质量监督、工商行政管理、食品药品监督管理部门应当建立食品生产经营者食品安全信用档案，记录许可颁发、日常监督检查结果、违法行为查处等情况；根据食品安全信用档案的记录，对有不良信用记录的食品生产经营者增加监督检查频次。

第八十条　县级以上卫生行政、质量监督、工商行政管理、食品药品监督管理部门接到咨询、投诉、举报，对属于本部门职责的，应当受理，并及时进行答复、核实、处理；对不属于本部门职责的，应当书面通知并移交有权处理的部门处理。有权处理的部门应当及时处理，不得推诿；属于食品安全事故的，依照本法第七章有关规定进行处置。

第八十一条　县级以上卫生行政、质量监督、工商行政管理、食品药品监督管理部门应当按照法定权限和程序履行食品安全监督管理职责；对生产经营者的同一违法行为，不得给予二次以上罚款的行政处罚；涉嫌犯罪的，应当依法向公安机关移送。

第八十二条 国家建立食品安全信息统一公布制度。下列信息由国务院卫生行政部门统一公布：

（一）国家食品安全总体情况；

（二）食品安全风险评估信息和食品安全风险警示信息；

（三）重大食品安全事故及其处理信息；

（四）其他重要的食品安全信息和国务院确定的需要统一公布的信息。

前款第二项、第三项规定的信息，其影响限于特定区域的，也可以由有关省、自治区、直辖市人民政府卫生行政部门公布。县级以上农业行政、质量监督、工商行政管理、食品药品监督管理部门依据各自职责公布食品安全日常监督管理信息。

食品安全监督管理部门公布信息，应当做到准确、及时、客观。

第八十三条 县级以上地方卫生行政、农业行政、质量监督、工商行政管理、食品药品监督管理部门获知本法第八十二条第一款规定的需要统一公布的信息，应当向上级主管部门报告，由上级主管部门立即报告国务院卫生行政部门；必要时，可以直接向国务院卫生行政部门报告。

县级以上卫生行政、农业行政、质量监督、工商行政管理、食品药品监督管理部门应当相互通报获知的食品安全信息。

第九章　法律责任

第八十四条 违反本法规定，未经许可从事食品生产经营活动，或者未经许可生产食品添加剂的，由有关主管部门按照各自职责分工，没收违法所得、违法生产经营的食品、食品添加剂和用于违法生产经营的工具、设备、原料等物品；违法生产经营的食品、食品添加剂货值金额不足一万元的，并处二千元以上五万元以下罚款；货值金额一万元以上的，并处货值金额五倍以上十倍以下罚款。

第八十五条 违反本法规定，有下列情形之一的，由有关主管部门按照各自职责分工，没收违法所得、违法生产经营的食品和用于违法生产经营的工具、设备、原料等物品；违法生产经营的食品货值金额不足一万元的，并处二千元以上五万元以下罚款；货值金额一万元以上的，并处货值金额五倍以上十倍以下罚款；情节严重的，吊销许可证：

（一）用非食品原料生产食品或者在食品中添加食品添加剂以外的化学物质和其他可能危害人体健康的物质，或者用回收食品作为原料生产食品；

（二）生产经营致病性微生物、农药残留、兽药残留、重金属、污染物质以及其他危害人体健康的物质含量超过食品安全标准限量的食品；

（三）生产经营营养成分不符合食品安全标准的专供婴幼儿和其他特定人群的主辅食品；

（四）经营腐败变质、油脂酸败、霉变生虫、污秽不洁、混有异物、掺假掺杂或者感官性状异常的食品；

（五）经营病死、毒死或者死因不明的禽、畜、兽、水产动物肉类，或者生产经营病死、毒死或者死因不明的禽、畜、兽、水产动物肉类的制品；

（六）经营未经动物卫生监督机构检疫或者检疫不合格的肉类，或者生产经营未经检验或者检验不合格的肉类制品；

（七）经营超过保质期的食品；

（八）生产经营国家为防病等特殊需要明令禁止生产经营的食品；

（九）利用新的食品原料从事食品生产或者从事食品添加剂新品种、食品相关产品新品种生产，未经过安全性评估；

（十）食品生产经营者在有关主管部门责令其召回或者停止经营不符合食品安全标准的食品后，仍拒不召回或者停止经营的。

第八十六条 违反本法规定，有下列情形之一的，由有关主管部门按照各自职责分工，没收违法所得、违法生产经营的食品和用于违法生产经营的工具、设备、原料等物品；违法生产经营的食品货值金额不足一万元的，并处二千元以上五万元以下罚款；货值金额一万元以上的，并处货值金额两倍以上五倍以下罚款；情节严重的，责令停产停业，直至吊销许可证：

（一）经营被包装材料、容器、运输工具等污染的食品；

（二）生产经营无标签的预包装食品、食品添加剂或者标签、说明书不符合本法规定的食品、食品添加剂；

（三）食品生产者采购、使用不符合食品安全标准的食品原料、食品添加剂、食品相关产品；

（四）食品生产经营者在食品中添加药品。

第八十七条 违反本法规定，有下列情形之一的，由有关主管部门按照各自职责分工，责令改正，给予警告；拒不改正的，处二千元以上二万元以下罚款；情节严重的，责令停产停业，直至吊销许可证：

（一）未对采购的食品原料和生产的食品、食品添加剂、食品相关产品进行检验；

（二）未建立并遵守查验记录制度、出厂检验记录制度；

（三）制定食品安全企业标准未依照本法规定备案；

（四）未按规定要求贮存、销售食品或者清理库存食品；

（五）进货时未查验许可证和相关证明文件；

（六）生产的食品、食品添加剂的标签、说明书涉及疾病预防、治疗功能；

（七）安排患有本法第三十四条所列疾病的人员从事接触直接入口食品的工作。

第八十八条 违反本法规定，事故单位在发生食品安全事故后未进行处置、报告的，由有关主管部门按照各自职责分工，责令改正，给予警告；毁灭有关证据的，责令停产停业，并处二千元以上十万元以下罚款；造成严重后果的，由原发证部门吊销许可证。

第八十九条 违反本法规定，有下列情形之一的，依照本法第八十五条的规定给予处罚：

（一）进口不符合我国食品安全国家标准的食品；

（二）进口尚无食品安全国家标准的食品，或者首次进口食品添加剂新品种、食品相关产品新品种，未经过安全性评估；

（三）出口商未遵守本法的规定出口食品。

违反本法规定，进口商未建立并遵守食品进口和销售记录制度的，依照本法第八十七条的规定给予处罚。

第九十条 违反本法规定，集中交易市场的开办者、柜台出租者、展销会的举办者允许未取得许可的食品经营者进入市场销售食品，或者未履行检查、报告等义务的，由有关主管部门按照各自职责分工，处二千元以上五万元以下罚款；造成严重后果的，责令停业，由原发证部门吊销许可证。

第九十一条 违反本法规定，未按照要求进行食品运输的，由有关主管部门按照各自职责分工，责令改正，给予警告；拒不改正的，责令停产停业，并处二千元以上五万元以下罚款；情节严重的，由原发证部门吊销许可证。

第九十二条 被吊销食品生产、流通或者餐饮服务许可证的单位，其直接负责的主管人员自处罚决定做出之日起五年内不得从事食品生产经营管理工作。

食品生产经营者聘用不得从事食品生产经营管理工作的人员从事管理工作的，由原发证部门吊销许可证。

第九十三条 违反本法规定，食品检验机构、食品检验人员出具虚假检验报告的，由授予其资质的主管部门或者机构撤销该检验机构的检验资格；依法对检验机构直接负责的主管人员和食品检验人员给予撤职或者开除的处分。

违反本法规定，受到刑事处罚或者开除处分的食品检验机构人员，自刑罚执行完毕或者处分决定做出之日起十年内不得从事食品检验工作。食品检验机构聘用不得从事食品检验工作的人员的，由授予其资质的主管部门或者机构撤销该检验机构的检验资格。

第九十四条 违反本法规定，在广告中对食品质量作虚假宣传，欺骗消费者的，依照《中华人民共和国广告法》的规定给予处罚。

违反本法规定，食品安全监督管理部门或者承担食品检验职责的机构、食品行业协会、消费者协会以广告或者其他形式向消费者推荐食品的，由有关主管部门没收违法所得，依法对直接负责的主管人员和其他直接责任人员给予记大过、降级或者撤职的处分。

第九十五条 违反本法规定，县级以上地方人民政府在食品安全监督管理中未履行职责，本行政区域出现重大食品安全事故、造成严重社会影响的，依法对直接负责的主管人员和其他直接责任人员给予记大过、降级、撤职或者开除的处分。

违反本法规定，县级以上卫生行政、农业行政、质量监督、工商行政管理、食品药品监督管理部门或者其他有关行政部门不履行本法规定的职责或者滥用职权、玩忽职守、徇私舞弊的，依法对直接负责的主管人员和其他直接责任人员给予记大过或者降级的处分；造成严重后果的，给予撤职或者开除的处分；其主要负责人应当引咎辞职。

第九十六条 违反本法规定，造成人身、财产或者其他损害的，依法承担赔偿责任。

生产不符合食品安全标准的食品或者销售明知是不符合食品安全标准的食品，消费者除要求赔偿损失外，还可以向生产者或者销售者要求支付价款十倍的赔偿金。

第九十七条 违反本法规定，应当承担民事赔偿责任和缴纳罚款、罚金，其财产不足以同时支付时，先承担民事赔偿责任。

第九十八条 违反本法规定，构成犯罪的，依法追究刑事责任。

第十章　附　则

第九十九条 本法下列用语的含义：

食品，指各种供人食用或者饮用的成品和原料以及按照传统既是食品又是药品的物品，但是不包括以治疗为目的的物品。

食品安全，指食品无毒、无害，符合应当有的营养要求，对人体健康不造成任何急性、亚急性或者慢性危害。

预包装食品，指预先定量包装或者制作在包装材料和容器中的食品。

食品添加剂，指为改善食品品质和色、香、味以及为防腐、保鲜和加工工艺的需要而加入食品中的人工合成或者天然物质。

用于食品的包装材料和容器，指包装、盛放食品或者食品添加剂用的纸、竹、木、金属、搪瓷、陶瓷、塑料、橡胶、天然纤维、化学纤维、玻璃等制品和直接接触食品或者食品添加剂的涂料。

用于食品生产经营的工具、设备，指在食品或者食品添加剂生产、流通、使用过程中直接接触食品或者食品添加剂的机械、管道、传送带、容器、用具、餐具等。

用于食品的洗涤剂、消毒剂，指直接用于洗涤或者消毒食品、餐饮具以及直接接触食品的工具、设备或者食品包装材料和容器的物质。

保质期，指预包装食品在标签指明的贮存条件下保持品质的期限。

食源性疾病，指食品中致病因素进入人体引起的感染性、中毒性等疾病。

食物中毒，指食用了被有毒有害物质污染的食品或者食用了含有毒有害物质的食品后出现的急性、亚急性疾病。

食品安全事故，指食物中毒、食源性疾病、食品污染等源于食品，对人体健康有危害或者可能有危害的事故。

第一百条 食品生产经营者在本法施行前已经取得相应许可证的，该许可证继续有效。

第一百〇一条 乳品、转基因食品、生猪屠宰、酒类和食盐的食品安全管理，适用本法；法律、行政法规另有规定的，依照其规定。

第一百〇二条 铁路运营中食品安全的管理办法由国务院卫生行政部门会同国务院有关部门依照本法制定。

军队专用食品和自供食品的食品安全管理办法由中央军事委员会依照本法制定。

第一百〇三条 国务院根据实际需要，可以对食品安全监督管理体制作出调整。

第一百〇四条 本法自2009年6月1日起施行。《中华人民共和国食品卫生法》同时废止。

主要参考文献

[1] 陈文华. 中国茶艺馆学[M]. 南昌:江西教育出版社,2010.
[2] 余悦. 中国茶馆[M]. 北京:中央民族大学出版社,2002.
[3] 范增平. 中华茶艺学[M]. 北京:台海出版社,2003.
[4] 陈文华. 中国茶艺馆学[M]. 南昌:江西教育出版社,2010.
[5] 王笛. 茶馆——成都的公共生活和微观世界(1900—1950)[M]. 北京:社会科学文献出版社,2010.
[6] 梁颖. 茶艺馆管理与运营[M]. 沈阳:辽宁科技出版社,2004.
[7] 刘清荣. 中国茶馆的流变与未来走向[M]. 北京:中国农业出版社,2007.
[8] 谭波,陆尧. 北京茶馆又添新宠——浅谈五福茶艺馆经营特色[J]. 农业考古,1998,(2).
[9] 刘清荣. 古为今用 洋为中用——茶艺馆经营方式初探[J]. 农业考古,1999,(4).
[10] 陈文华. 从茶馆到茶艺馆[J]. 农业考古,2009,(2).
[11] 苗泽华,薛永基,吴莉. 文化营销 + 体验营销——创造中国茶馆营销新模式[J]. 中国市场,2005,(11).
[12] 柯作楷,王文静. 茶馆经营中感觉的把握与数值化管理——白沙源的尝试[J]. 茶叶通讯, 2008,(1).
[13] 陈曦,夏浩芳,王晓云. 中国茶馆研究概述与展望[J]. 工会博览:理论研究,2009,(11).
[14] 金兑妍,屠幼英. 以韩国茶馆经营模式为例探讨中国茶馆经营新模式[J]. 茶叶,2011,37(1).
[15] 李晓军. 近年来的茶馆研究综述[J]. 农业考古,2012,(2).
[16] 王璐,回瑞娟,孙雨石. 中国茶馆连锁经营的问题及对策研究——以北京市东城区为例[J]. 现代商业,2013,(8).
[17] 沈伟,胡乱. 从 Tavana 茶看国内茶馆的机会[J]. 普洱,2013,(12).
[18] 王珏. 星巴克的成功对中国茶馆的经营启示[J]. 农业考古,2013,(5).
[19] 周岚. 关于杭州中小型清茶馆可持续发展的探讨[J]. 长春理工大学学报:社会科学版,2014,(1).
[20] 姚佳文. 强茶梦与茶馆业振兴——面对未来的中国茶馆[J]. 茶博览,2014,(3).
[21] 梁颖. 茶艺馆管理与运营[M]. 沈阳:辽宁科技出版社,2004.

[22] 周爱东.茶馆经营管理务实[M].北京:中国商业出版社,2007.
[23] 张绮曼,郑曙旸.室内设计资料集[M].北京:中国建工出版社,1991.
[24] 陈保胜,陈忠华.建筑装饰构造资料集(上、下)[M].北京:中国建筑工业出版社,1995.
[25] 中国建筑装饰协会.建筑装饰实用手册——建筑装饰构造(1、2)[M].北京:中国建筑工业出版社,1999.
[26] 高祥生,韩巍,过伟敏.室内设计师手册(上、下)[M].北京:中国建筑工业出版社,2008.
[27] 董万里.室内环境设计[M].重庆:重庆大学出版社,2003.
[28] 李朝阳.室内空间设计[M].北京:中国建筑工业出版社,2011.
[29] 彭一刚.建筑空间组合论[M].北京:中国建筑出版社,2008.
[30]楢崎雄之.图解店铺的规划与设计[M].北京:科学出版社,1996.
[31] 张世琪.餐馆卖场设计[M].沈阳:辽宁科学技术出版社,2002.
[32] 雷尼.咖啡店与西餐厅空间设计[M].北京:中国计划出版社,2005.
[33] 读图时代.中国顶级茶馆设计图鉴[M].北京:中国轻工业出版社,2007.
[34] 沈福熙.建筑概论[M].上海:同济大学出版社,1994.
[35] 田学哲.建筑初步[M].北京:中国建筑工业出版社,1999.
[36] 刘常宝,肖永添.品牌管理[M].北京:机械工业出版社,2009.
[37] 魏鹏程.基于品牌成长历程的中国企业品牌建设之路[J].山西经济管理干部学院学报,2010.
[38] 李艳平.品牌建设是提升企业利润和价值的现代化手段[J].科技资讯,2011.
[39] 叶琪等.基于品牌建设的细节营销应用研究[J].江西青年职业学院学报,2009.
[40] 孙义.论企业品牌发展的阶段性及管理战略[J].现代商业,2008.
[41] 刘倩等.探索培育品牌的最佳途径及其现实意义[J].改革与开放,2009.
[42] 刘一庆.浅析企业品牌建设的重要性[J].西江月,2012.
[43] 韩开.浅析企业品牌的战略管理与设计[J].经济师,2011.
[44] 梁胜利.实施推进企业品牌经营战略打造品牌生产力[J].全国商情理论研究,2011.
[45] 吴莉.基于顾客体验的茶馆品牌驱动因素及其作用研究学位论文[D].杭州:浙江大学,2008.

[46] 青藤茶馆官网 http://www.qtcg.cc/main.asp
[47] 泊园茶馆官网 http://www.bylcg.com
[48] F·W·泰罗著.科学管理原理[M].胡隆昶,冼子恩,黄丽颖,译.北京:中国社会科学出版社,1984.
[49] 李燕萍.人力资源管理[M].武汉:武汉大学出版社,2004.
[50] 曾晓.人力资源管理[M].上海:立信会计出版社,2007.
[51] 张玉改.酒店人力资源管理[M].北京:中国林业出版社,2008.
[52] 唐钦仁.酒店人力资源管理实务[M].广州:广东经济出版社,2006:6.
[53] 胡子祥,李爱国.茶楼经营与管理[M].成都:四川科学技术出版社,2006.
[54] 许燕.新编现代酒店总经理工作实务全书[M].北京:企业管理出版社,2007.
[55] 陈安萍.酒店财务管理[M].北京:中国旅游出版社,2012.
[56] 詹罗九.茶叶经营管理[M].北京:农业出版社,1992.
[57] 徐传宏.中国茶馆[M].济南:山东科学技术出版社,2005.
[58] 胡子祥.茶楼经营与管理[M].成都:四川科学技术出版社,2003.
[59] 倪雪华.论茶馆的成本控制[J].知识经济,2012,(17).
[60] 胡子祥,李爱国.茶楼经营与管理[M].成都:四川科学技术出版社,2003.
[61] 张荣,夏燕红.茶馆行业顾客体验价值驱动因素分析——以杭州茶馆业为例[J].长春理工大学学报,2010,(5).
[62] 石学娟.加强企业固定资产管理研究[J].管理视野,2012,(1).
[63] 杨永善.说陶论艺[M].哈尔滨:黑龙江省美术出版社,2001.
[64] 胡小军.中国古代茶具[M].上海:上海文化出版社,1998.
[65] 赵有生.现代企业管理[M].北京:清华大学出版社,2012.
[66] 滕宝红.酒吧服务员岗位作业手册[M].北京:人民邮电出版社,2008.
[67] 郭凡.如何开一家有特色的小酒吧[M].北京:中国经济出版社,2005.
[68] 吉根宝.酒店管理实务[M].北京:清华大学出版社,2011.
[69] 江用文,童启庆.茶艺技师培训教材[M].北京:金盾出版社,2008.
[70] 林治.中国茶艺学[M].西安:世界图书出版西安公司,2011.